COLLECTION TEL

Nikolaus Harnoncourt

Le discours musical

Pour une nouvelle conception
de la musique

*Traduit de l'allemand (Autriche)
par Dennis Collins*

Gallimard

Titre original :

MUSIK ALS KLANGREDE
WEGE ZU EINEM NEUEN MUSIKVERSTÄNDNIS

© *Residenz Verlag, Salzburg und Wien, 1982.*
© *Éditions Gallimard, 1984, pour la traduction française.*

I

PRINCIPES FONDAMENTAUX DE LA MUSIQUE ET DE L'INTERPRÉTATION

La musique dans notre vie

Du Moyen Age jusqu'à la Révolution française, la musique a toujours été l'un des piliers de notre culture et de notre vie. La *comprendre* faisait partie de la culture générale. Aujourd'hui, la musique est devenue un simple ornement, qui permet de remplir des soirées vides en allant au concert ou à l'opéra, d'organiser des festivités publiques ou, chez soi, au moyen de la radio, de chasser ou de meubler le silence créé par la solitude. D'où ce paradoxe : nous entendons aujourd'hui beaucoup plus de musique qu'autrefois — presque sans interruption —, mais elle n'a pratiquement plus aucun sens pour notre vie : elle n'est plus qu'un joli petit décor.

Ce ne sont pas du tout les valeurs que respectaient les hommes des siècles précédents qui nous paraissent aujourd'hui importantes. Eux consacraient toutes leurs forces, leurs peines et leur amour à bâtir des temples et des cathédrales, au lieu de les vouer à la machine et au confort. L'homme de notre temps accorde plus de valeur à une automobile ou un avion qu'à un violon, plus d'importance au schéma d'un appareil électronique qu'à une symphonie. Nous payons bien trop cher ce qui nous paraît commode et indispensable ; sans réfléchir, nous rejetons l'intensité de la vie pour la séduction factice du confort — et ce que nous avons un jour vraiment perdu, nous ne le retrouverons jamais.

Cette modification radicale de la signification de la musique s'est opérée au cours des deux derniers siècles avec une rapidité croissante. Et elle s'est accompagnée d'un changement d'attitude vis-à-vis de la musique contemporaine — et d'ailleurs de l'art en général : car tant que la musique faisait essentiellement partie de la vie, elle ne pouvait naître que du présent. Elle était le langage vivant de l'indicible, et seuls les contemporains pouvaient la comprendre. La musique transformait l'homme — l'auditeur, mais aussi le musicien. Elle devait toujours être créée à neuf, de même que les hommes devaient toujours se construire de nouvelles maisons — correspondant à un nouveau mode d'existence, à une nouvelle vie spirituelle. On n'était plus à même de comprendre ni d'utiliser la musique ancienne, celle des générations passées ; on se contentait d'admirer à l'occasion sa perfection artistique.

Depuis que la musique n'est plus au centre de notre vie, il en va tout autrement ; en tant qu'ornement, la musique doit en premier lieu être « belle ». Elle ne doit en aucun cas déranger, nous effrayer. La musique d'aujourd'hui ne peut satisfaire à cette exigence, parce que — comme tout art — elle est le reflet de la vie spirituelle de son temps, donc du présent. Une confrontation honnête et impitoyable avec notre condition spirituelle ne peut cependant pas qu'être belle ; elle intervient dans notre vie, donc elle dérange. D'où le paradoxe qui a voulu que l'on se détourne de l'art d'aujourd'hui parce qu'il dérange, peut-être même parce qu'il doit déranger. On ne voulait pas d'affrontement, on ne cherchait que la beauté qui puisse distraire de la grisaille quotidienne. Ainsi l'art — et la musique en particulier — devint un simple ornement ; et on se tourna vers l'art historique, la musique ancienne : car c'est là que l'on trouve la beauté et l'harmonie tant désirées.

A mon sens, ce retour à la musique ancienne — et j'entends par là toute musique qui n'a pas été composée par les générations vivant actuellement — n'a pu se produire qu'à la faveur de toute une série de malentendus frappants. Nous n'avons plus usage que d'une « belle » musique, que le présent ne peut manifestement pas nous offrir. Or une telle musique, uniquement « belle », n'a jamais existé. Si la « beauté » est une composante de toute musique, nous ne pouvons en faire un critère déterminant qu'à condition de négliger et d'ignorer toutes les autres composantes.

Mais depuis que nous ne pouvons plus comprendre, que nous ne voulons peut-être plus comprendre la musique comme un tout, il nous est possible de la réduire à sa beauté, de la niveler en quelque sorte. Depuis qu'elle n'est plus qu'une agréable garniture de notre vie quotidienne, nous ne sommes plus à même de comprendre la musique ancienne — celle que nous nommons vraiment musique — dans sa totalité, car nous ne pourrions plus dans ce cas la réduire à l'esthétique.

Nous nous trouvons donc aujourd'hui dans une situation pratiquement sans issue, où nous croyons toujours à la puissance et à la force transformatrices de la musique, mais où il nous faut constater que la situation intellectuelle de notre époque, de manière générale, l'a repoussée de sa position centrale vers le bord — elle était émouvante, elle n'est plus que jolie. Mais on ne saurait s'estimer satisfait ; je dirais même que s'il me fallait admettre que telle est la situation irréversible de notre art, je cesserais aussitôt de faire de la musique.

Je crois donc, avec un espoir toujours croissant, que bientôt nous apercevrons tous que nous ne pouvons renoncer à la musique — et cette réduction absurde dont je parle est bien un renoncement — que nous pouvons faire confiance à la force de la musique d'un Monteverdi, d'un Bach ou d'un Mozart et à ce qu'elle dit. Plus nous nous efforcerons de comprendre et de saisir cette musique, plus nous verrons comme elle va bien au-delà de la beauté, comme elle nous trouble et nous inquiète par la diversité de son langage. Il nous faudra en fin de compte, pour peu que l'on comprenne ainsi la musique de Monteverdi, Bach ou Mozart, revenir à la musique de notre temps, celle qui parle notre langue, qui constitue notre culture et la prolonge. Beaucoup de choses qui rendent notre époque aussi disharmonieuse et terrifiante ne tiennent-elles pas à ce que l'art n'intervient plus dans notre vie ? Ne nous contentons-nous pas, avec un manque d'imagination honteux, du langage du « dicible » ?

Qu'aurait pensé Einstein, qu'aurait-il trouvé s'il n'avait joué du violon ? Les hypothèses audacieuses et inventives ne sont-elles pas le fruit du seul esprit d'imagination — avant de pouvoir ensuite être démontrées par le penseur logique ?

Ce n'est pas un hasard si la réduction de la musique au beau et, partant, à ce qui est intelligible par tous s'est effectuée à l'époque de la Révolution française. Dans l'histoire, il y a toujours eu des périodes où l'on a essayé de simplifier le contenu émotionnel de la musique au point qu'elle puisse être comprise par tout le monde. Chacune de ces tentatives a échoué, conduisant à une diversité et à une complexité nouvelles. La musique ne peut être mise à la portée de tous que réduite à un art primitif, ou alors si chacun en apprend le langage.

La tentative la plus fructueuse pour simplifier la musique et la rendre compréhensible par tous eut donc lieu à la suite de la Révolution française. On essaya alors, pour la première fois dans le cadre d'une nation importante, de mettre la musique au service des nouvelles idées politiques — le programme que l'on s'est ingénié à appliquer au Conservatoire était la première uniformisation de notre histoire de la musique. Aujourd'hui encore, c'est d'après ces méthodes qu'on forme des musiciens à la musique européenne dans le monde entier, et on explique aux auditeurs — suivant ces mêmes principes — qu'il n'est pas nécessaire d'apprendre la musique pour la comprendre ; qu'il suffit désormais de la trouver belle. Chacun se sent donc le droit et la capacité de juger de la valeur et de l'exécution de la musique — point de vue qui vaut peut-être pour la musique post-révolutionnaire, mais en aucun cas pour la musique des époques antérieures.

Je suis intimement persuadé qu'il est d'une importance décisive, pour la survie de la spiritualité européenne, de *vivre* avec notre culture. Cela suppose, pour ce qui concerne la musique, deux activités.

Premièrement : il faut former les musiciens suivant de nouvelles méthodes — ou suivant des méthodes qui prévalaient il y a deux siècles. Dans nos écoles de musique on n'apprend pas la musique comme une langue, mais uniquement la technique de la pratique musicale ; le squelette technocratique, sans vie.

Deuxièmement : la formation musicale générale doit être repensée à neuf et recevoir la place qui lui revient. Ainsi verra-t-on sous un angle nouveau les grandes œuvres du passé, dans cette diversité qui nous bouleverse et nous transforme. Et l'on sera à nouveau prêt pour le neuf.

Nous avons tous besoin de la musique; sans elle nous ne pouvons vivre.

L'interprétation de la musique historique

Dans la vie musicale d'aujourd'hui la musique historique joue un rôle prépondérant, au point qu'il serait bon de s'attaquer aux problèmes qui s'y rattachent. Face à la musique historique, il est deux attitudes radicalement différentes, qui correspondent à deux manières de la rendre non moins différentes : l'une la transpose au présent ; l'autre essaye de la voir avec les yeux de l'époque où elle est née.

La première conception est la plus naturelle et la plus courante à toutes les époques où il existe une musique contemporaine vraiment vivante. Elle est également la seule possible tout au long de l'histoire de la musique occidentale, des débuts de la polyphonie jusque dans la deuxième moitié du XIXe siècle, et aujourd'hui encore beaucoup de grands musiciens y adhèrent. Cette conception vient de ce que le langage musical a toujours été considéré comme étant absolument lié à son temps. Ainsi, vers le milieu du XVIIIe siècle, par exemple, on trouvait les compositions du début du siècle désespérément démodées, même si on reconnaissait leur valeur en tant que telles. On est sans cesse surpris par l'enthousiasme avec lequel, autrefois, on appréciait les compositions contemporaines comme des exploits inédits. La musique ancienne n'était considérée que comme une étape préparatoire, dans le meilleur des cas comme un objet d'études ; ou encore, en certaines rares occasions, elle était arrangée pour quelque exécution particulière. Lors de ces rares exécutions de musique ancienne — au XVIIIe siècle par exemple — on estimait qu'une certaine modernisation était absolument indispensable. En revanche, les compositeurs de notre temps qui adaptent des œuvres historiques savent parfaitement qu'elles seraient tout aussi facilement acceptées par le public sans être arrangées ; aujourd'hui l'arrangement n'est donc plus dicté par une nécessité absolue comme aux siècles précédents — si tant est qu'on jouât de la musique historique, elle était alors modernisée —, mais par la conception tout à fait personnelle de l'arrangeur. Des chefs comme Furtwängler ou Stokowski, animés par un idéal post-romantique, restituaient toute la musique ancienne dans cet esprit. C'est ainsi que les œuvres pour orgue de Bach furent instrumentées pour un orchestre wagnérien, ou ses *Passions* exécutées avec des effectifs gigantesques, dans un style hyper-romantique.

La deuxième conception — celle qui prétend être fidèle à l'œuvre — est sensiblement plus récente que celle dont il était question plus haut, ne datant que du début du XXe siècle à peu près. Depuis, on exige de plus en plus des restitutions de musique historique qu'elles soient « authentiques », et certains interprètes — non des moindres — prétendent en avoir fait leur idéal. On s'efforce de rendre justice à la musique ancienne en tant que telle et de la restituer conformément à l'esprit de l'époque de sa création. Cette attitude face à la musique historique — ne pas la rapporter au présent mais se replacer soi-même dans le passé — est le symptôme de l'absence d'une musique contemporaine vraiment vivante. La musique d'aujourd'hui ne satisfait ni les musiciens ni le public, dont la plus grande part s'en détourne carrément ; et pour combler le vide qui s'est ainsi créé, on revient à la musique historique. Ces derniers temps, on s'est même tacitement habitué à comprendre, sous le vocable musique, en premier lieu la musique historique ; au mieux on l'applique accessoirement à la musique contemporaine. Cette situation est absolument nouvelle dans l'histoire de la musique. Un exemple pourrait l'illustrer : si l'on bannissait aujourd'hui la musique historique des salles de concert pour ne plus donner que des œuvres modernes, les salles seraient bientôt désertes — alors qu'il se serait passé exactement la même chose du temps de Mozart si l'on avait privé le public de musique contemporaine pour ne lui offrir que de la musique ancienne (de la musique baroque par exemple). On voit donc que la vie musicale repose aujourd'hui sur la musique historique, en particulier sur celle du XIXe siècle. *Depuis la naissance de la polyphonie, cela n'avait encore jamais été le cas.* De même, on ne ressentait autrefois dans la restitution de musique historique aucun besoin d'authenticité telle qu'on l'exige aujourd'hui. La perspective historique est par essence absolument étrangère à une époque culturellement vivante. Cela, on le voit aussi dans les autres arts : ainsi, par exemple, on n'avait autrefois aucun scrupule à ajouter une sacristie baroque à une église gothique, à ôter les plus somptueux autels gothiques et à les remplacer par des autels baroques, alors qu'aujourd'hui on restaure et on sauvegarde tout méticuleusement. Cette conception historique a pourtant un avantage : elle nous permet pour la première fois dans l'histoire de l'art occidental chrétien d'adopter un point de vue libre et ainsi d'embrasser toute la création du passé. C'est ce qui explique la place sans cesse croissante qu'occupe la musique historique dans les programmes de concerts.

La dernière époque créatrice vivante, musicalement, aura été le post-romantisme. La musique de Bruckner, Brahms, Tchaïkovski, Richard Strauss, entre autres, était encore l'expression de leur époque. Mais toute la vie musicale s'est alors figée : aujourd'hui encore, c'est cette musique qu'on écoute le plus souvent et le plus volontiers, et la formation des musiciens dans les conservatoires obéit toujours aux principes de cette époque. Il semble presque qu'on ne veuille pas reconnaître que de nombreuses décennies se sont écoulées depuis.

Si nous pratiquons aujourd'hui la musique historique, nous ne pouvons plus le faire comme nos prédécesseurs des grandes époques. Nous avons perdu cette spontanéité qui nous aurait permis de tout ramener à l'époque actuelle ; la volonté du compositeur est pour nous l'autorité suprême ; nous voyons la musique ancienne en tant que telle, dans sa propre époque, et devons nous efforcer de la restituer authentiquement, non pas pour des raisons d'historicité, mais parce que cela nous paraît aujourd'hui la seule voie juste pour la rendre de manière vivante et respectueuse. Mais une restitution est fidèle à partir du moment où elle s'approche de la conception qu'avait le compositeur au moment de la composition. On voit que ce n'est réalisable que jusqu'à un certain point : l'idée première d'une œuvre ne se laisse que deviner, en particulier lorsqu'il s'agit de musique d'époques très reculées. Les indices qui nous révèlent la volonté du compositeur sont les indications d'exécution, l'instrumentation et les nombreux usages de la pratique d'exécution, en évolution constante, que le compositeur supposait naturellement connus de ses contemporains. Cela signifie pour nous une étude approfondie, qui risque de nous faire tomber dans une erreur dangereuse : jouer la musique ancienne uniquement d'après nos connaissances. C'est ainsi que naissent ces exécutions musicologiques que l'on connaît, souvent irréprochables historiquement, mais qui manquent de vie. Il faut leur préférer une restitution entièrement erronée historiquement, mais musicalement vivante. Les connaissances musicologiques ne doivent évidemment pas être une fin en soi, mais uniquement nous donner les moyens de parvenir à la meilleure restitution, car finalement celle-ci n'est authentique que lorsque l'œuvre prend l'expression la plus belle et la plus claire ; et cela se produit lorsque les connaissances et la conscience des responsabilités s'unissent à la plus profonde sensibilité musicale.

Jusqu'à présent, on n'a accordé que très peu d'attention aux transformations continuelles de la pratique musicale, les tenant même pour secondaires. La faute en incombe à cette conception qui voit un « développement » à partir de formes originales primitives, passant par des étapes intermédiaires plus ou moins déficientes, jusqu'à leur forme définitive « idéale », laquelle est alors supérieure en tout point aux « étapes préliminaires ». Cette optique, vestige des temps où l'art était vivant, est encore très répandue aujourd'hui. Aux yeux des hommes d'alors la musique, la technique de jeu et les instruments de musique s'étaient « élevés » jusqu'à ce niveau le plus haut, celui de leur temps. Mais depuis que nous sommes en mesure d'avoir une vue d'ensemble, cette opinion, en ce qui concerne la musique, s'est trouvée réfutée : nous ne pouvons plus établir de différence de valeur entre la musique de Brahms, Mozart, Josquin ou Dufay — la théorie du progrès n'est plus défendable. On parle maintenant de l'intemporalité de toutes les grandes œuvres d'art, et cette conception, telle qu'on l'entend communément, est aussi erronée que celle de progrès. La musique, comme tout art, est étroitement liée à son temps, elle est l'expression vivante uniquement de son époque, et n'est parfaitement comprise que des contemporains. Notre « compréhension » de la musique ancienne ne peut que nous laisser deviner l'esprit dans lequel elle est née. La musique, on le voit, correspond toujours à la situation spirituelle de son temps. Son contenu ne peut jamais outrepasser les capacités expressives humaines, et tout ce que l'on gagne d'un côté doit être payé par une perte d'un autre côté.

En général, les idées sur la nature et l'étendue des modifications qu'a subies la pratique musicale, en d'innombrables étapes, ne sont pas très claires, si bien qu'il n'est pas inutile d'y revenir brièvement ; ainsi la notation, soumise jusqu'au cœur du XVIIe siècle à de constantes modifications et dont certains signes, alors tenus pour « fixés », n'en ont pas moins continué d'être utilisés de façon très diverse jusqu'à la fin du XVIIIe siècle. Le musicien d'aujourd'hui joue exactement ce qui est écrit dans les notes, sans savoir que la notation mathématiquement exacte n'est devenue chose courante qu'au XIXe siècle. En outre, la gigantesque question de l'improvisation, indissociable jusque vers la fin du XVIIIe siècle de la pratique musicale dans son ensemble, constitue une immense source de problèmes. Pour distinguer les différentes phases d'évolution correspondant à chaque période, il faut d'importantes connaissances spécialisées, dont la mise en pratique apparaît dans l'aspect formel et structurel de la restitution. Mais ce qui constitue une différence immédiatement perceptible, c'est l'image sonore (c'est-à-dire le timbre, le caractère et la puissance des instruments, entre autres). Car de même que la lecture de la notation ou la pratique de l'improvisation ont été soumises à de perpétuelles modifications suivant l'esprit de l'époque, la conception et l'idéal sonores se sont modifiés simultanément, et avec eux les instruments en tant que tels, leur mode de jeu et même la technique de chant. A cette question de l'image sonore il faut encore rattacher le lieu d'exécution, c'est-à-dire ses dimensions et son acoustique.

Même dans le domaine des transformations du mode de jeu —

donc de la technique — on ne saurait parler de « progrès » ; elle s'adapte toujours parfaitement, comme les instruments, aux exigences de son temps. A cela on pourrait objecter que les exigences de la technique de jeu n'ont cessé de grandir, ce qui est vrai, mais uniquement en ce qui concerne certains domaines de la technique, alors que dans d'autres domaines elles sont allées décroissant. Certes, aucun violoniste du XVIIe siècle ne pourrait par exemple jouer le *Concerto* de Brahms ; mais, de même, aucun violoniste jouant Brahms n'est en mesure de rendre de manière irréprochable les œuvres difficiles de la musique de violon du XVIIe ; c'est une tout autre technique qu'il faut pour chacune de ces deux musiques, qui sont en soi également difficiles, mais radicalement différentes.

On découvre de semblables transformations dans l'instrumentation et les instruments. Chaque époque a le genre d'instruments qui convient le mieux à sa musique. Dans leur imagination, les compositeurs entendent les instruments de leur temps ; ils écrivent souvent suivant les désirs de certains instrumentistes ; on a toujours exigé que la musique soit jouable, en fonction des possibilités de chaque instrument ; seules les pièces mal composées étaient injouables, et leur auteur se rendait ridicule. Que beaucoup d'œuvres de maîtres anciens passent aujourd'hui pour presque injouables (par exemple les parties d'instruments à vent dans la musique baroque), cela tient à ce que les musiciens abordent ces œuvres avec les instruments actuels et la technique d'aujourd'hui. C'est malheureusement une exigence pratiquement impossible à satisfaire que de demander à un musicien d'aujourd'hui de savoir jouer sur des instruments anciens avec la technique ancienne. Il ne faut donc pas reprocher aux compositeurs d'autrefois ce passage injouable ou telle autre difficulté ou encore, comme cela se produit souvent, considérer la pratique musicale des époques antérieures comme insuffisante techniquement. On en arrive donc à la conclusion que, de tous temps, les meilleurs musiciens pouvaient restituer les œuvres les plus difficiles de leurs compositeurs.

Tout cela laisse deviner les immenses difficultés auxquelles viennent se heurter les tentatives d'un musicien soucieux d'authenticité. Les compromis sont inévitables : il est tant de questions qui restent obscures, tant d'instruments qui n'existent plus ou pour lesquels on ne trouve plus de musiciens. Mais là où il est possible d'atteindre à un haut degré d'authenticité, on est récompensé par des richesses insoupçonnées. Les œuvres se dévoilent sous un jour entièrement neuf, et ancien en même temps, et beaucoup de problèmes se résolvent alors d'eux-mêmes. Ainsi restituées, elles sonnent non seulement plus justes historiquement, mais aussi plus vivantes, parce qu'elles sont présentées avec les moyens qui leur correspondent, et nous donnent une idée des forces spirituelles qui ont rendu le passé fécond. La pratique de la musique ancienne revêt alors pour nous, au-delà de la seule jouissance esthétique, un sens profond.

Intelligence de la musique et formation musicale

Il est de nombreux indices qui montrent que nous allons vers une débâcle culturelle générale, dont la musique ne serait bien entendu pas exclue, puisqu'elle n'est qu'une partie de notre vie spirituelle, et ne peut donc exprimer en tant que telle que ce qui se trouve dans la totalité. Si la situation est vraiment aussi grave que je la vois, alors il n'est pas bon que nous restions de simples spectateurs inactifs, à attendre que tout soit fini.

La formation des musiciens joue évidemment ici un grand rôle — et par « musicien » j'aimerais entendre tous ceux qui s'occupent professionnellement de musique, y compris les auditeurs professionnels, et, au fond, même le public. Examinons d'abord — sous cet angle — la place de la musique dans l'histoire. Il n'est peut-être pas inintéressant de remarquer que dans de nombreuses langues « poésie » et « chant » s'expriment par le même mot. Autrement dit : dès l'instant que le langage revêt une profondeur qui va au-delà du simple constat, il est associé au chant, parce que le chant peut exprimer plus clairement un message qui dépasse la simple information. Cela nous est difficile à comprendre, car c'est une idée qui ne fait plus partie de notre conception de la musique. Grâce aux notes, aux mélodies, aux harmonies la parole, le sens verbal peuvent être intensifiés, permettant ainsi d'atteindre à une compréhension qui dépasse la simple logique.

Mais l'effet de la musique ne resta pas limité à un renforcement et à un approfondissement de l'expression parlée ; la musique découvrit bientôt sa propre esthétique (dont la relation avec le langage demeura cependant toujours reconnaissable) et un grand nombre de moyens d'expression particuliers : rythme, mélodie, harmonie, etc. Ainsi naquit un vocabulaire qui donna à la musique un immense pouvoir sur le corps et l'esprit des hommes.

Il suffit d'observer des hommes qui écoutent de la musique pour voir qu'elle les incite au mouvement ; rester assis sans bouger exige en fait une concentration défensive. Chaque mouvement peut s'intensifier jusqu'à l'extase. Mais même le simple enchaînement de dissonance à consonance produit tension et détente. Dans la mélodie aussi, on retrouve le même phénomène : chaque succession mélodique obéit à certaines lois, et lorsque la mélodie correspond exactement à ces lois, on sait après quatre ou cinq notes ce que devront être la sixième et la septième ; cette succession, cette préaudition produisent une détente corporelle. Lorsque le compositeur veut provoquer chez l'auditeur une tension, il trompe cette attente, en le faisant errer mélodiquement pour recréer la détente à un autre endroit. C'est un processus extraordinairement complexe auquel les compositeurs ont recouru au cours des nombreux siècles de l'histoire de la musique occidentale. Lorsque nous assistons à un concert et que nous écoutons vraiment intensément — et pour autant que la musique soit intensément et bien jouée —, nous ressentons la tension et la détente, les modifications qui se produisent dans notre circulation, dans notre « audition corporelle ». La même chose vaut aussi pour la représentation des sentiments, d'une nature calme, franchement gaie ou douloureuse jusqu'à l'éveil de la joie la plus intense, de la fureur ou de la colère ; tout cela est exprimé dans la musique de manière à provoquer chez l'auditeur une émotion et des sensations corporelles. A ces transformations de l'homme par la musique il faut évidemment rattacher aussi celles qui touchent le spirituel. En ce sens, la musique a aussi une fonction morale et pendant des siècles elle a été en mesure d'influencer fortement les hommes sur le plan spirituel et de les transformer.

Il va sans dire que la musique n'est pas intemporelle, mais au contraire liée à son époque et, comme toutes les expressions culturelles de l'homme, indispensable à sa vie. Pendant un millier d'années, dans la musique occidentale, la musique et la vie furent indissociables ; c'est-à-dire que la musique était une partie essentielle de la vie — la musique du moment présent. A partir du moment où cette unité avait disparu, il fallut trouver une nouvelle manière de comprendre la musique. Dès que l'on songe à la musique d'aujourd'hui, on remarque un clivage : nous faisons une distinction entre « musique populaire », « musique légère », « musique sérieuse » (concept qui pour moi n'existe pas). Au sein de ces groupes isolés il existe encore des parcelles d'unité — mais l'unité de la musique et de la vie, ainsi que de la musique dans son ensemble, est perdue.

Dans la musique populaire, on peut encore déceler une certaine unité avec le peuple en question ; mais dès qu'elle est réduite à des enclaves, elle fait à proprement parler partie des coutumes. (Et c'est aussi un déclin culturel, car la coutume ne devrait pas être une chose qu'il faille « cultiver », mais plutôt un élément qui appartienne à la vie. Si nous la désignons comme « coutume », c'est qu'elle est déjà devenue un objet de musée.) Dans la musique de variétés en revanche nous trouvons encore des vestiges de l'ancienne fonction de la musique : l'influence corporelle sur l'auditeur y est très clairement perceptible. Il me semble qu'il n'est pas inutile de réfléchir à la question suivante : pourquoi existe-t-il d'une part une musique de variétés actuelle qui joue un rôle absolument indispensable dans la vie culturelle, mais aucune « musique sérieuse » de l'autre qui pourrait y jouer un rôle ?

Dans la musique de variétés se trouvent sauvegardés bien des aspects de l'ancienne conception de la musique : ainsi l'unité de la poésie et du chant, qui était si importante aux origines de la musique, l'unité de l'auditeur et de l'exécutant, et celle de la musique avec son époque ; la musique de variétés ne peut avoir plus de cinq ou dix ans et appartient donc au présent. C'est peut-être grâce à elle qu'on peut le mieux comprendre ce qu'était autrefois la musique dans la vie ; car dans son domaine — si étroit soit-il — la musique de variétés est une composante essentielle de la vie.

Nous en arrivons maintenant à notre parent pauvre, la « musique sérieuse », que nous avons à son tour déjà divisée en « moderne » et « classique ». La musique moderne, « pratiquée » par des musiciens importants et illustres, comme cela se fait depuis un millier d'années, n'existe que pour un cercle minuscule d'intéressés, qui voyagent et sont partout les mêmes. Je ne dis pas cela de manière ironique, mais le ressens bien plus comme le symptôme d'une rupture qui n'est pas facile à comprendre ni à expliquer. Car lorsque la musique se sépare de son public, ce n'est ni la faute de la musique ni celle du public. En tout cas elle n'incombe ni à l'art en général ni à la musique, mais à la situation spirituelle de l'époque. C'est *là* qu'il faudrait que quelque chose change, car la musique est nécessairement un miroir du présent et il faudrait, si l'on voulait changer la musique, changer d'abord le présent. Il n'y a pas de crise de la musique, mais la musique reflète une crise de notre époque. Il serait donc tout aussi absurde de vouloir transformer la musique que ce le serait pour un médecin de soigner les symptômes plutôt que la maladie. On ne pourra donc pas « guérir » la musique contemporaine en prenant des mesures « politico-culturelles », par exemple en encourageant certaines tendances qui « plaisent » — quiconque croit que ce serait possible ne comprend pas la fonction de la musique dans la vie humaine. Un authentique compositeur écrit, qu'il le veuille ou non, ainsi que la situation spirituelle de son époque l'exige de lui — sinon ce serait un parodiste, qui produirait des imitations sur commande.

Mais qu'avons-nous fait ? Nous nous sommes « sauvés » ; nous avons tenté, dès l'instant où l'unité entre la création culturelle du présent et la vie avait disparu, de fuir dans le passé. L'homme soi-disant « cultivé » cherche à sauvegarder, à son époque, *la* partie de l'héritage culturel, musical du millénaire précédent qu'il peut embrasser du regard pour la première fois, car il n'existe plus de présent vivant — et cela en isolant une ou deux composantes du tout, qui ont pour lui une valeur qu'il pense comprendre. Voici donc comment se fait et s'écoute aujourd'hui la musique : nous isolons de l'ensemble de la musique des dernières mille années la composante esthétique et y trouvons notre plaisir. Nous ne prenons que la partie qui flatte l'oreille, ce qui est « beau » ; ce faisant, nous ne remarquons pas que nous dégradons ainsi complètement la musique. Il ne nous intéresse nullement de savoir si nous ne passons tout simplement pas à côté de l'essentiel du contenu de cette musique en y cherchant des beautés qui, dans la problématique d'une œuvre, n'occupent qu'une place limitée.

J'en viens ainsi à la question suivante : quelle doit être la place de la musique à notre époque? Une transformation est-elle possible? Cela a-t-il un sens d'essayer de rien changer? Le rôle que joue actuellement la musique dans notre vie est-il absolument faux? A mon sens, la situation est inquiétante, et si on ne réussit pas à restaurer une unité entre notre écoute de la musique, notre besoin de musique et la vie musicale — que ce soit en retrouvant un équilibre entre l'offre et la demande dans la musique contemporaine ou en découvrant une nouvelle manière de comprendre la musique classique, ancienne — la fin est proche. Dans ce cas nous ne sommes plus que les conservateurs d'un musée et nous ne montrons alors rien de plus que ce qui a existé autrefois; je ne sais pas s'il y a beaucoup de musiciens que cela intéresse.

Venons-en maintenant au rôle du musicien. Au Moyen Age, la séparation était très nette entre théoriciens, praticiens et musiciens « complets ». Le *théoricien* était celui qui comprenait la construction de la musique, mais ne l'exécutait pas. Il ne pouvait pas la jouer, ni composer, mais il comprenait comment elle s'assemblait et se construisait théoriquement — et il bénéficiait d'une haute estime de la part de ses contemporains car on considérait la théorie de la musique comme une science autonome pour laquelle la musique jouée n'avait au fond aucune importance. (On trouve incidemment certains reflets de cette conception aujourd'hui chez les musicologues.) Le *praticien* n'avait en revanche aucune connaissance de la théorie musicale, mais il savait jouer la musique. Son intelligence de la musique était instinctive; même s'il ne pouvait rien expliquer théoriquement, même s'il ne connaissait pas les relations historiques, il était cependant toujours en mesure de *faire la musique* dont on avait besoin. Pour illustrer cela, prenons un exemple se rapportant au langage : le linguiste perçoit et comprend la construction et l'histoire de la langue. L'homme de la rue, le contemporain, n'en a aucune idée, mais il peut parler cette langue de manière correcte et convaincante, car c'est le langage de son époque. Telle est la situation de l'instrumentiste ou du chanteur pendant mille années d'histoire occidentale ; il ne sait pas mais il peut ; il comprend sans savoir.

Il y avait encore le « *musicien complet* » à la fois théoricien et praticien. Il connaissait et comprenait la théorie, mais ne la considérait pas comme une chose isolée et coupée de la pratique qui se suffit à elle-même ; il pouvait composer *et* faire de la musique, dans la mesure où il connaissait et comprenait toutes les relations. Il était tenu en plus haute estime que les théoriciens et les praticiens, car il maîtrisait toutes les formes de l'exécution et du savoir.

Qu'en est-il aujourd'hui ? Le compositeur actuel est certainement un musicien dans le dernier sens que nous venons de dire. Il possède le savoir théorique, connaît les possibilités pratiques ; mais ce qui lui fait défaut, c'est le contact vivant avec l'auditeur, avec les hommes qui ont absolument *besoin* de sa musique. Manifestement, il manque vraiment cette demande vivante de musique toute neuve, faite précisément pour la satisfaire. Le praticien, le musicien exécutant est en principe aussi ignorant qu'il l'était déjà il y a des siècles. Ce qui l'intéresse avant tout, c'est l'exécution, la perfection technique, l'approbation immédiate ou le succès. Il ne crée pas de musique, mais se contente de la jouer. Comme cependant il n'existe plus d'unité entre son époque et la musique qu'il joue, il lui manque la compréhension spontanée de cette musique, laquelle allait de soi pour les praticiens des époques antérieures, qui *ne* jouaient *que* la musique de leurs contemporains.

Notre vie musicale se trouve donc dans une situation fatale : il y a partout des théâtres lyriques, des orchestres symphoniques, des salles de concert ; pour le public, l'offre est riche. Mais nous y jouons une musique que nous ne comprenons absolument pas, qui était destinée aux hommes d'une tout autre époque. Et le plus étonnant de cette situation, c'est que nous ignorons tout de ce problème, car nous croyons qu'il n'y a rien à *comprendre,* que la musique s'adresse directement au cœur. Tout musicien aspire à la beauté et à l'émotion ; cela lui est naturel et constitue la base de ses capacités d'expression. Le savoir, qui serait indispensable précisément parce qu'il n'y a plus d'unité entre la musique et l'époque, ne l'intéresse nullement, et ne saurait d'ailleurs l'intéresser, car il ne mesure pas l'importance de ce savoir. Résultat : il n'imagine que les dimensions purement esthétiques et émotionnelles de la musique, et ignore le reste du contenu. Cette situation se trouve encore aggravée par l'image de l'artiste forgée au XIXe siècle ; petit à petit, le romantisme du XIXe siècle a fait de l'artiste une espèce de surhomme qui, par intuition, acquiert une intelligence qui dépasse de beaucoup celle de l'homme « normal ». Il devient ainsi une espèce de véritable demi-dieu, se prend lui-même pour tel et se fait honorer en conséquence. Ce « demi-dieu » est un phénomène absolument prodigieux à l'époque romantique — songeons à la situation de Berlioz, de Liszt ou de Wagner — qui convient parfaitement à cette période. S'il est vrai que l'on embrassait l'ourlet de la robe de chambre de Wagner, c'est parfaitement normal pour *son* époque. Mais l'image de l'artiste, telle qu'elle s'est formée à cette époque décadente, est restée comme pétrifiée, à l'instar de tant de choses de ce siècle.

Posons maintenant la question : que devrait être le véritable artiste ? C'est la manière dont il faudrait comprendre la musique aujourd'hui qui devrait nécessairement le définir. Si le musicien a vraiment le devoir de prendre en charge l'ensemble de l'héritage musical — pour autant qu'il soit intéressant pour nous — et pas uniquement dans ses aspects esthétiques et techniques, il doit acquérir pour cela les connaissances nécessaires. Aucune voie ne permet d'y échapper. La musique du passé — parce que l'histoire a suivi son cours, parce qu'elle est loin du présent, parce qu'elle est séparée de son époque — est devenue dans sa totalité une langue étrangère. Certains aspects peuvent avoir une valeur générale et intemporelle, mais son message particulier est lié à l'époque et ne peut être retrouvé que si on la rend aujourd'hui dans une espèce de traduction. Autrement dit : pour autant que la musique des époques passées soit encore aujourd'hui d'actualité dans un sens large et profond, et si elle doit être restituée avec tout ce qu'elle exprime — ou du moins avec une plus grande part que ce qui est normalement le cas aujourd'hui — il faut redécouvrir l'intelligence de cette musique à partir de ses propres lois. Il nous faut savoir ce que la musique veut dire pour comprendre ce que nous voulons dire *par elle*. Le savoir doit maintenant précéder la pure sensibilité et l'intuition. Sans ce savoir historique, on ne peut pas rendre de manière adéquate la musique historique, notre prétendue « musique sérieuse ».

Quant à la formation des musiciens, elle se faisait autrefois de la manière suivante : le musicien formait des apprentis suivant sa spécialité ; c'est-à-dire que la relation de maître à apprenti, qui était habituelle chez les artisans depuis des siècles, prévalait aussi en musique. On allait chez tel maître pour apprendre auprès de lui « le métier », pour faire le genre de musique qui était le sien. Il s'agissait tout d'abord de technique musicale : composition et instrument ; mais s'y ajoutait aussi la rhétorique, pour pouvoir rendre la musique éloquente. On n'a cessé de répéter, en particulier à l'époque de la musique baroque, d'environ 1600 jusqu'aux dernières décennies du XVIIIe siècle, que la musique était un *langage de sons,* qu'en elle il s'agissait d'un dialogue, d'une discussion dramatique. Le maître enseignait donc son art à l'apprenti, et tous les aspects de son art. Il ne lui apprenait pas seulement à jouer d'un instrument ou à chanter, mais aussi à rendre la musique. Dans cette relation naturelle, il ne se posait aucun problème ; l'évolution stylistique s'opérait progressivement d'une génération à l'autre, si bien qu'il n'y avait pas à proprement parler de remise en cause des connaissances, mais plutôt une croissance et une transformation organiques.

Cette évolution a été marquée par quelques ruptures qui ne sont pas sans intérêt et qui ont remis en question et transformé la relation de maître à apprenti. L'une de ces ruptures est la Révolution française. Parmi les modifications importantes qu'elle a provoquées, on remarque que la formation musicale générale mais aussi la vie musicale ont assumé une fonction fondamentalement nouvelle. La relation maître-apprenti fut alors remplacée par un système, une institution : le Conservatoire. On pourrait qualifier le système de ce Conservatoire d'éducation musicale politique. La Révolution française avait presque tous les musiciens de son côté, et on se rendait compte que grâce à l'art, et grâce en particulier à la musique, qui ne mettait pas en œuvre un texte mais des « poisons » à l'effet secret, on pouvait influencer les hommes. Bien entendu, on connaissait depuis longtemps l'usage politique de la musique afin d'endoctriner ouvertement ou insidieusement les citoyens ou les sujets ; mais jamais auparavant on ne l'avait exploité de façon aussi systématique.

Dans la méthode française, élaborée jusque dans les moindres détails pour aboutir à une uniformisation du style musical, il s'agissait d'intégrer la musique au projet politique global. Le principe théorique était le suivant : la musique doit être suffisamment simple pour pouvoir être comprise de tous (le mot « comprendre » n'étant à proprement parler plus justifié) ; elle doit toucher, soulever, endormir tout un chacun... qu'il soit cultivé ou non ; elle doit être une « langue » que chacun comprenne sans devoir l'apprendre.

Ces exigences n'étaient nécessaires et possibles que parce que la musique de l'époque précédente s'adressait avant tout à ceux qui avaient reçu une « formation », donc aux hommes qui avaient appris la langue musicale. La formation musicale avait toujours figuré en Occident parmi les domaines essentiels de l'éducation. Lorsqu'on renonça à la formation musicale traditionnelle, la communauté élitaire des musiciens et auditeurs avertis cessa d'exister. Si la musique doit s'adresser à tout le monde, c'est-à-dire si l'auditeur n'a absolument plus besoin de rien comprendre à la musique, il faut alors bannir de la musique tout discours — qui exige d'être compris ; les compositeurs doivent écrire une musique qui s'adresse de la manière la plus simple et la plus immédiate directement à la sensibilité. (Les philosophes disent à ce propos : lorsque l'art ne fait que plaire, c'est qu'il n'est plus bon que pour les ignorants.)

Dans ces conditions, Cherubini mit donc un terme à l'ancienne relation maître-apprenti au Conservatoire. Il fit écrire par les plus grands noms de l'époque des ouvrages d'enseignement qui devaient réaliser dans la musique le nouvel idéal d'*égalité*[1]. C'est dans cette optique que Baillot écrivit son *Art du violon* et Kreutzer ses *Etudes*. Les professeurs de musique les plus importants en France durent consigner les nouvelles idées sur la musique dans un système rigide. Techniquement, il s'agissait de remplacer la

---

1. En français dans le texte. (*N.d.T.*)

rhétorique par la peinture. C'est ainsi que se développèrent le *sostenuto*, la grande ligne, le *legato* moderne. Evidemment, la grande ligne mélodique existait déjà auparavant, mais elle était, de manière toujours audible, constituée d'un assemblage de petites cellules. Cette révolution dans l'éducation musicale fut menée de façon tellement radicale qu'en l'espace de quelques dizaines d'années, partout en Europe, les musiciens furent formés selon le système du Conservatoire. Mais ce qui me paraît franchement grotesque, c'est que ce système soit aujourd'hui encore *la base* de notre éducation musicale! Tout ce qui auparavant avait de l'importance a été ainsi anéanti.

Il est intéressant de noter que l'un des premiers grands partisans de cette nouvelle manière de faire de la musique fut Richard Wagner. Il dirigea l'orchestre du Conservatoire et fut enthousiasmé de voir comme les tirés et les poussés des violons se fondaient les uns dans les autres sans couture, comme leurs mélodies étaient amples, et de constater que désormais on pouvait peindre à l'aide de la musique. Il répéta ensuite constamment qu'il n'avait jamais obtenu pareil *legato* avec des orchestres allemands. A mon sens, cette méthode est parfaite pour la musique de Wagner, mais elle est absolument fatale à la musique d'avant Mozart. Strictement parlant, le musicien d'aujourd'hui reçoit une formation dont ni le maître ni lui-même ne comprennent vraiment la portée. Il apprend les systèmes de Baillot et de Kreutzer, qui ont été conçus pour les musiciens de leur temps, et les applique à la musique d'époques et de styles tout autres. Sans les repenser, manifestement, on reprend encore dans l'éducation musicale actuelle tous les principes théoriques qui, il y a cent quatre-vingts ans, étaient très judicieux, mais qu'on ne comprend plus.

Aujourd'hui, où la musique actuelle est la musique historique (qu'on le veuille ou non), la formation musicale devrait être tout autre et reposer sur des principes différents. Elle ne devrait pas constamment se limiter à apprendre à quel endroit de l'instrument il faut poser le doigt pour obtenir telle note et à acquérir une certaine virtuosité. Une formation trop fortement axée sur la technique ne produit pas des musiciens mais des acrobates insignifiants. Brahms disait un jour qu'il faudrait consacrer autant de temps à lire qu'à travailler le piano pour devenir bon musicien. Aujourd'hui encore, l'essentiel est là. Puisque nous jouons la musique d'à peu près quatre siècles, il nous faut, à la différence des musiciens des époques antérieures, étudier les conditions d'exécution les plus adaptées à chaque genre de musique. Un violoniste ayant acquis la plus parfaite des techniques inspirées de Paganini et de Kreutzer ne devrait pas se sentir armé pour jouer Bach ou Mozart. Pour cela, il doit s'efforcer de comprendre à nouveau et d'apprendre les données techniques et le sens de la musique « éloquente » du XVIIIe siècle.

Il ne s'agit ici que d'un aspect du problème, car il faudrait aussi amener l'auditeur à une compréhension bien plus large. Actuellement, il est encore victime — sans le savoir — de l'infantilisation qui a fait suite à la Révolution française. La beauté et le sentiment sont pour lui, comme pour la plupart des musiciens, les seules composantes auxquelles se réduisent la perception et la compréhension musicales. En quoi consiste la formation de l'auditeur ? Dans l'éducation musicale qu'il a reçue à l'école et dans les concerts auxquels il assiste. Et même celui qui n'a aucune éducation musicale et qui ne va jamais au concert est cependant formé musicalement, car il n'est personne dans le monde occidental qui n'écoute la radio. Les sons qui quotidiennement se déversent sur l'auditeur le forment musicalement en lui dictant, à son insu, la valeur et la signification — positive ou négative — de la musique.

Encore un aspect, vu du public : à quels concerts allons-nous donc ? A ceux seulement où l'on joue de la musique que nous connaissons. C'est un fait que tout organisateur de concert peut confirmer. Pour autant que le programme joue un rôle, l'auditeur ne veut entendre que ce qu'il connaît déjà. Cela tient à nos habitudes auditives. Lorsque le déroulement d'une œuvre musicale est conçu, dans son effet sur l'auditeur, de manière que toute sa personne soit transportée et même souvent littéralement déchirée, par cette œuvre, alors cela suppose que nous *ne* la connaissions *pas*, que nous l'entendions pour la première fois. Le compositeur peut alors, au lieu de combler notre attente, nous causer soudain un choc, par exemple en préparant une cadence normale et en amenant une cadence rompue ; une cadence rompue *que l'on connaît déjà* ne rompt rien, n'est plus une cadence rompue. Il existe des possibilités infinies de ce genre, et notre musique est bâtie sur cette manière de conduire l'auditeur, par des surprises et des chocs, à la compréhension et à l'expérience qui correspondent à l'idée de l'œuvre. Mais aujourd'hui, surprises et chocs sont exclus : lorsque nous entendons une symphonie classique, dans laquelle le compositeur a inséré des centaines de chocs de ce genre, nous tendons déjà l'oreille, deux mesures avant le passage en question, pour entendre « comment cela sonne aujourd'hui ». Il ne faudrait donc — pour être rigoureux — plus du tout jouer cette musique si elle est déjà connue au point qu'elle ne puisse plus nous surprendre ou nous effrayer ou nous ensorceler — si ce n'est peut-être par le *comment* de l'exécution. Or pour nous, le charme ne peut pas être trop usé, car nous ne souhaitons plus du tout être captivés et étonnés ; nous cherchons bien plus à en tirer plaisir et à savoir : comment un tel joue-t-il cela ? Tel « beau passage » peut paraître encore plus beau ou tel ralenti encore plus étiré, ou encore un peu moins. C'est dans ces petites comparaisons de diverses possibilités que s'épuise notre audition musicale, avec laquelle nous en sommes parvenus à un stade ridiculement primitif de réception. Ce seul désir que nous avons — et qui était étranger aux hommes d'autrefois —, d'entendre souvent une œuvre que nous aimons, suffit à montrer la différence essentielle entre les habitudes d'écoute d'hier et d'aujourd'hui. Je suis persuadé qu'il n'y a personne aujourd'hui qui souhaite, plutôt que de réentendre les œuvres qu'il a déjà entendues souvent, n'en entendre que de nouvelles. Nous sommes comme des enfants qui veulent qu'on leur raconte toujours la même histoire, parce que nous avons gardé en mémoire certaines beautés découvertes lors de la première audition.

Si nous ne réussissons pas à retrouver un intérêt pour ce que nous ne connaissons pas encore — que ce soit ancien ou nouveau —, si nous ne réussissons pas à redécouvrir la signification de l'effet qu'exerce la musique — sur notre esprit et sur notre corps —, alors cela n'a plus aucun sens de faire de la musique. C'est peine perdue pour les grands compositeurs que d'avoir empli leurs œuvres d'une expression musicale qui aujourd'hui ne nous touche plus du tout, que nous ne comprenons plus. S'ils avaient voulu n'y mettre que la beauté, qui seule signifie pour nous quelque chose aujourd'hui, ils auraient pu s'épargner beaucoup de temps, de peine et de force.

La maîtrise technique de la musique à elle seule ne suffit pas. Je crois que ce n'est que si nous réussissons à réapprendre aux musiciens le langage, ou plutôt les nombreux langages de nombreux styles musicaux, et du même coup à amener les auditeurs, par leur formation, à comprendre ce langage, qu'un jour cette pratique musicale abrutissante et esthétisante ne sera plus acceptée, de même que la monotonie des programmes. (Ces quelques pièces, toujours les mêmes, que l'on joue de Tokyo à Moscou et Paris, sont-elles vraiment l'essence de la musique occidentale?) Et, conséquence logique de cela, la séparation entre musique de variétés et musique « sérieuse » et, en fin de compte, entre la musique et son époque disparaîtra, et la vie culturelle retrouvera son unité.

Tel doit être le but de la formation musicale à notre époque. Comme il existe déjà pour cela les institutions, il ne devrait pas être difficile de modifier et d'influencer leurs objectifs, de leur donner un contenu nouveau. Ce que la Révolution française a réussi à faire avec son système au Conservatoire — transformer radicalement la vie musicale —, l'époque actuelle devrait également y parvenir, à condition que l'on soit convaincu de la nécessité de ces transformations.

Problèmes de notation

En tant que musicien, l'on est constamment confronté à la question de savoir comment un compositeur fixe ses idées et ses souhaits, et comment il essaye ainsi de les transmettre à ses contemporains et à la postérité. On perçoit sans cesse les limites de ces efforts, et on constate les tentatives que font divers compositeurs pour éviter l'ambiguïté au moyen d'indications plus ou moins précises. Chez chaque compositeur, il se forme donc une sorte de notation personnelle, que l'on ne peut déchiffrer aujourd'hui qu'à condition de l'étudier dans son contexte historique. Par ailleurs, il est une erreur encore très répandue, et des plus dangereuses, qui consiste à croire que les notes, les indications de caractère et de mouvement ainsi que les nuances ont toujours eu la même signification qu'aujourd'hui. Cette optique erronée a été encouragée par le fait que depuis des siècles on utilise les mêmes signes graphiques pour noter la musique, sans que l'on prenne suffisamment garde à ceci, que la notation n'est pas simplement une méthode intemporelle et internationale pour transcrire la musique, valable telle quelle pour plusieurs siècles ; la signification des différents signes de notation s'est transformée, en suivant les évolutions stylistiques de la musique, les intentions des compositeurs et des exécutants. On peut étudier leurs différentes acceptions pour une part dans les ouvrages didactiques ; dans d'autres cas il faut les tirer du contexte musical et philologique, ce qui comporte toujours des risques d'erreur. La notation est donc un système de rébus extrêmement complexe. Quiconque a jamais essayé de traduire en notes une idée musicale ou une structure rythmique sait que c'est relativement facile. Mais pour peu qu'on demande alors à un musicien de jouer ce qui est ainsi écrit, on remarque qu'il ne joue pas du tout ce que l'on pensait.

Nous avons donc une notation qui doit nous renseigner aussi bien sur les notes isolées que sur le déroulement des pièces de musique. Il devrait cependant être clair pour tout musicien que cette notation est très inexacte, qu'elle ne nous indique pas *précisément* les choses que justement elle nous dit : elle ne nous donne aucune indication sur la longueur d'un son, aucune indication sur sa hauteur, aucune indication sur le tempo non plus, car les critères techniques que nécessiteraient ces indications ne peuvent être transmis par la notation. On ne pourrait indiquer précisément la durée d'une note qu'avec une unité de temps ; la hauteur d'une note ne pourrait être rigoureusement représentée que par une fréquence ; un tempo constant pourrait éventuellement être indiqué par le métronome — mais il n'existe pas de tempo constant.

N'est-il pas tout à fait étonnant que des musiques complètement différentes par leur essence et leur style — comme par exemple une scène d'opéra de Monteverdi et une symphonie de Gustav Mahler — soient écrites avec la *même* notation ? Lorsqu'on a conscience des différences extrêmes entre les divers genres de musique, il doit tout de même sembler curieux que pour la musique de toutes les époques et de tous les styles on utilise depuis à peu près 1500 les mêmes signes.

Malgré cette identité des signes graphiques, on peut discerner deux principes radicalement différents pour ce qui est de leur usage :

1. C'est l'*œuvre*, la composition elle-même, qui est notée — sa *restitution* détaillée n'étant alors pas indiquée par la notation.

2. C'est l'*exécution* qui est notée, la notation étant alors en même temps une *indication de jeu* ; elle ne montre donc pas (comme dans le premier cas) la forme et la structure de la composition, qu'il faut retrouver à partir d'autres informations, mais la restitution, aussi précisément que possible : c'est *ainsi* qu'il faut jouer ici — l'œuvre se livre alors pour ainsi dire d'elle-même lors de l'exécution.

En règle générale, jusqu'à environ 1800, la musique est notée suivant le principe de l'*œuvre*, et ensuite comme indication de *jeu*. Il existe cependant de nombreux chevauchements ; ainsi par exemple les tablatures (notation de la position des doigts) pour certains instruments, dès les XVIe et XVIIe siècles, sont de véritables indications de jeu — qui ne représentent donc pas l'*œuvre* graphiquement. Ces tablatures montrent de manière précise où le musicien doit placer les doigts pour pincer les cordes (d'un luth par exemple) — si bien que la musique prend naissance lors de l'exécution sonore. Lorsqu'on examine une tablature, on ne peut pas s'imaginer de sons, on ne voit que les positions — c'est ici le cas extrême de notation en tant qu'indication de *jeu*. Dans les compositions d'après 1800, écrites dans la notation habituelle, au sens d'indication de jeu (dans les œuvres de Berlioz, de Richard Strauss et de beaucoup d'autres, par exemple), ce qui est indiqué aussi précisément que possible, c'est comment ce qui est écrit doit sonner ; ce n'est qu'avec une exécution précise de ces notes, qui respecte toutes les indications, que naît la musique.

Si en revanche nous voulons jouer la musique notée suivant le principe de l'œuvre, qui est donc antérieure à la limite que nous venons d'évoquer (aux alentours de 1800), il nous manque un « mode d'emploi » précis. Pour cela, il nous faut recourir à d'autres sources. Toute cette question pose bien entendu aussi un important problème pédagogique, car on apprend normalement la notation d'abord, et ensuite seulement à donner forme à la musique ; la notation est tacitement supposée valable pour toute musique, et personne ne dit aux élèves qu'il faut lire la musique *antérieure* à cette limite concernant la notation autrement que celle qui vient après. Les enseignants comme les élèves ont bien trop peu conscience de ceci, que dans un cas on a affaire directement à une indication de jeu, alors que dans l'autre cas on a sous les yeux une composition, une œuvre notée d'une manière fondamentalement différente. Ces deux possibilités différentes de lecture d'une seule et même notation — notation de l'œuvre et indication de jeu — devraient être expliquées à tout élève musicien dès le début de son enseignement théorique, instrumental et vocal. Faute de quoi il chantera ou jouera dans les deux cas « ce qui est marqué » (exigence courante chez les professeurs de musique), et ne peut alors absolument pas rendre justice à la notation de l'*œuvre* sans l'avoir analysée. C'est peut-être la notion d'orthographe qui permettrait d'expliquer tout cela le plus simplement. Il existe une orthographe musicale, qui découle des traités de musique, des théories musicales, des traités d'harmonie. De cette orthographe résultent certaines particularités de notation ; ainsi le fait que les retards, trilles et appoggiatures ne soient souvent pas notés, ce qui est toujours agaçant lorsqu'on croit devoir jouer la musique telle qu'elle est écrite. Ou que l'ornementation ne soit pas fixée : le fait de la noter eût été une entrave à l'imagination créatrice du musicien, celle qui précisément est requise pour l'ornementation libre. (Pour bien jouer un adagio au XVIIe et au XVIIIe siècle, le musicien devait jouer en improvisant librement les ornements qui correspondent à l'expression de la pièce et la renforcent.)

Quand donc je regarde un morceau de musique, je cherche en premier lieu à voir l'œuvre et à déterminer comment il faut la lire, ce que signifiaient ces notes pour les musiciens d'autrefois. La notation de cette époque-là, qui ne représentait pas la manière de jouer, mais l'œuvre, exige de nous, pour sa lecture, la même connaissance qu'elle requérait des musiciens pour qui l'œuvre fut écrite.

Prenons un exemple qui devait être évident pour tout musicien d'aujourd'hui : la musique de danse viennoise du XIXe siècle, une polka ou une valse de Johann Strauss. Le compositeur essayait ici d'intégrer à la notation ce qui lui paraissait indispensable aux musiciens de l'orchestre assis devant lui ; ceux-ci savaient parfaitement ce qu'était une valse ou une polka et comment elle devait se jouer. Lorsqu'on donne cette musique à un orchestre qui ne possède pas ces notions, qui ne connaît pas ces danses, et que les musiciens jouent exactement ce qui est indiqué par les notes, il en ressort une musique complètement différente. On ne peut pas écrire cette musique de danse exactement comme elle doit être jouée. Souvent il faut jouer une note un peu plus tôt ou plus tard, la faire un peu plus courte ou plus longue qu'elle n'est écrite, etc. On aurait beau jouer cette musique exactement — avec une exactitude métronomique —, le résultat n'aurait cependant rien à voir avec l'œuvre imaginée par le compositeur.

Si donc, pour bien comprendre la notation de la musique de Johann Strauss, on se heurte déjà à des problèmes de ce genre, bien qu'ici il n'y ait jamais eu de rupture de la tradition, quelles ne seront pas les difficultés pour une musique dont la tradition est complètement perdue, au point qu'on ne sait plus comment cette musique était vraiment jouée du temps du compositeur? Supposons un instant qu'on n'ait plus du tout joué Strauss pendant un siècle, qu'on l'ait ensuite « redécouvert », qu'on ait trouvé cette musique intéressante et qu'on ait recommencé à la jouer. On n'ose imaginer comment cela sonnerait! C'est ainsi qu'il en va, me semble-t-il, des grands compositeurs du XVIIe et du XVIIIe siècles, avec la musique de qui nous n'avons pas de lien continu, puisque leurs œuvres n'ont pas été jouées pendant des siècles. Il n'existe personne qui puisse dire de *façon certaine* comment lire cette musique, comment procéder dans le détail lorsqu'on la joue.

Bien entendu, on trouve à ce sujet bien des informations dans les sources — mais chacun n'y lit en fin de compte que ce qu'*il* s'imagine lui-même. Lorsqu'on lit par exemple dans les sources que toute note doit être écourtée de la moitié de sa valeur écrite, on peut le prendre à la lettre : chaque note ne doit être tenue que pour la moitié de sa valeur. Mais on pourrait aussi le comprendre autrement ; il existe en effet également une vieille règle qui dit que toute note doit finir en mourant. La note prend naissance et s'éteint — un peu comme le son d'une cloche —, elle finit « en se perdant », sans que l'on puisse en entendre précisément la fin, car l'illusion, l'imagination de l'auditeur, qui prolonge la note, est indissociable de l'expérience réelle de l'audition. On ne peut donc déterminer exactement la valeur d'une note : on pourrait considérer un son comme une note parfaitement soutenue, mais aussi comme une note très amplement raccourcie, suivant que l'on tienne compte ou non de l'illusion.

Il existe en outre certains cas où il est techniquement ou musicalement impossible de soutenir le son et de respecter le texte à la lettre ; ces cas montrent tout au moins que la notation et la pratique divergent souvent sur ce point. On le voit clairement lorsqu'il s'agit de jouer des accords sur un instrument à cordes (qui, pour des raisons techniques, ne peut soutenir toutes les notes) ou lorsqu'on a affaire à un instrument sur lequel on ne peut soutenir les notes dans toute leur durée (le piano, le clavecin ou d'autres instruments à cordes pincées). Sur un clavecin ou un luth, il est vraiment impossible d'entendre de note soutenue longuement ; on n'entend que l'attaque de la note, qui ensuite meurt — l'imagination supplée le reste ; le son réel s'éteint. Cette extinction ne signifie pas pour autant qu'il cesse d'exister, mais plutôt que c'est « l'oreille interne » qui continue de l'entendre jusqu'à ce que l'entrée de la note suivante vienne le remplacer. Si cette note devait continuer de sonner avec toute sa force, elle nuirait à la transparence auditive de la composition et obscurcirait en outre l'entrée de la note suivante — phénomène qu'on entend souvent lors des concerts d'orgue (à l'orgue on peut théoriquement soutenir chaque note aussi longtemps précisément que le demande sa notation). La réalité (un son soutenu) n'est pas meilleure que l'imagination (l'illusion de ce son) ; au contraire, dans certaines conditions, elle peut entraver et troubler la compréhension du reste. On l'entend très clairement dans *L'Art de la fugue* de Bach, pour toutes les fugues qui comportent une augmentation ; on les comprend bien mieux au clavecin qu'à l'orgue, bien que l'orgue puisse soutenir les notes. Au violon, par exemple, il n'existe pas d'accords de quatre sons dont on pourrait tenir les quatre voix pendant toute une mesure, car dès l'instant où l'on arrive sur la corde de *mi*, il ne reste plus rien de la note de basse sur la corde de *sol*. On ne peut faire sonner simultanément les notes de l'accord, ce qui veut dire qu'à chaque fois, quoi qu'on fasse, il faut considérer la notation comme une image graphique de la composition et l'exécution comme une représentation musicale devant correspondre aux possibilités techniques et aux facultés perceptives de l'auditeur. Autrement dit, ici, les notes de l'accord seront jouées successivement et non simultanément. Cela vaut pour les instruments à cordes, pour le luth mais aussi parfois pour le clavecin et le piano, lorsque l'accord dépasse l'étendue de la main ou que le claveciniste ne souhaite pas jouer toutes les notes ensemble.

Il ne suffit donc nullement de nous approprier les ouvrages

d'enseignement historiques et de dire : chaque note doit être écourtée, chaque note a sa force et sa douceur. Même si l'on suivait à la lettre les règles qui y sont exposées, une grande partie de la musique ancienne pourrait sonner comme une grossière caricature. Elle paraîtrait sans doute encore plus défigurée que si un bon musicien jouait tout de façon « erronée » par ignorance. Les règles des anciens traités ne commencent à être intéressantes pour la pratique que lorsque nous les comprenons — ou du moins lorsqu'elles ont pour nous un sens, que nous les comprenions ou non dans leur acception originale.

Je suis très sceptique et me demande si on peut encore aujourd'hui comprendre parfaitement cette musique. Il faut toujours garder à l'esprit que tous les traités ont été écrits pour les contemporains de l'auteur, au XVIIe ou au XVIIIe siècle, et que cet auteur peut supposer qu'il est un important fonds de connaissances qui va de soi et dont il n'a nullement besoin de parler. Ce n'est pas à nous que son enseignement s'adresse, mais à ses contemporains. Toutes ces informations précieuses ne prennent donc leur sens pour nous aussi que si nous possédons ces mêmes connaissances fondamentales qui allaient de soi. Le non-écrit, le supposé serait donc plus important sans doute que l'écrit ! Je considère en tout cas qu'il est très courant, et vraisemblable, que l'étude des sources conduise à des erreurs d'interprétation, et les nombreux recueils de citations qui ont été publiés ces dernières années ne devraient jamais être tenus pour des preuves, car l'on pourrait tout aussi facilement prouver le contraire avec des citations extraites de leur contexte. Je voudrais donc avant tout mettre les musiciens en garde : il ne faut pas surestimer la compréhension que l'on peut avoir de la musique historique. Ce n'est que si nous voyons vraiment le sens qui se trouve derrière ces préceptes et ces traités anciens qu'une interprétation musicale suivant ces règles sera concluante.

Les informations que nous possédons proviennent de toute une série de traités des XVIIe et XVIIIe siècles. A lire une seule de ces sources, par exemple la méthode de flûte de Quantz, on s'imagine savoir déjà une foule de choses. On en lit alors une autre et on y trouve tout autre chose, souvent même le contraire. Dès qu'on lit plusieurs auteurs, on relève, sur des sujets analogues, de très nombreuses contradictions, et ce n'est que lorsqu'on compare entre elles un grand nombre de sources que l'on commence à comprendre que ces contradictions ne sont qu'apparentes. C'est alors seulement qu'on peut en avoir une image un tant soit peu pondérée. Si l'on copie différentes citations côte à côte, on découvre précisément les diverses tendances d'où sont issus les auteurs. La musique et la pratique musicale n'étaient en effet nullement unifiées autrefois. Tel auteur s'arrêtera à ce que son père a dit ou écrit sur la question, et son optique sera plutôt tournée vers le passé. Tel autre décrit les usages musicaux en un endroit précis — ou est enthousiasmé par un quelconque courant moderne. Tout cela, on le voit assez bien en comparant les sources. En principe, on s'aperçoit que les données implicites les plus courantes ne figurent pas dans de tels textes. Une pratique est plutôt codifiée *au moment où elle menace de tomber dans l'oubli*; ou encore lorsqu'un partisan d'une pratique déjà démodée cherche à la sauvegarder un peu, ainsi qu'on le voit très joliment par exemple dans la *Défense de la basse de viole* de Le Blanc. Bien entendu, il est aussi des auteurs qui veulent introduire une nouveauté et qui pour cela se battent, comme par exemple Muffat, lequel vers la fin du XVIIe siècle voulait faire connaître et adopter le style moderne français en dehors de son pays d'origine. Il s'efforça donc de rassembler les particularités essentielles de ce style afin de le faire comprendre aux musiciens à qui elles n'étaient pas du tout familières. Il faut également tenir compte de l'origine stylistique d'une source : si par exemple on joue une œuvre de 1720 suivant des directives qui datent de 1756, cela n'a pas grand sens. Il faut voir toutes ces données dans leur contexte et chaque fois les évaluer et les estimer à neuf.

Si l'exemple de Johann Strauss, que j'évoquais, me paraît tellement utile, c'est parce que sa musique, me semble-t-il, est encore correctement jouée à Vienne, d'une manière tout à fait naturelle et conforme à son origine. Les musiciens les plus âgés étaient encore en relation, dans leur jeunesse, avec des gens qui eux-mêmes avaient joué sous la direction de Strauss et de ses successeurs. Là-bas, on sait encore spontanément — sans trop y réfléchir — comment dans les nuances répartir l'ombre et la lumière, où jouer court ou long, on sait donner à cette musique l'élan que demande la danse, on sait où se trouve l'esprit de l'ensemble. Ces connaissances nous font défaut pour la musique ancienne — il n'existe pas de tradition ininterrompue ; seules des descriptions nous permettent de tirer des conclusions quant aux tempi et aux raffinements de l'exécution musicale qui ne sont pas écrits. Nous savons bien trop peu — du moins par sensation corporelle — sur les danses anciennes, qui sont très instructives pour les questions de tempo. Lorsqu'on connaît les règles des pas de danse, on peut facilement les appliquer à la musique. Nous avons donc là une possibilité concrète, physiquement perceptible, d'interpréter la notation. Les danses, qui empruntaient autrefois des rythmes et des tempi fixes et connus de tous, sont relativement faciles à reconstituer ; on doit donc les considérer comme la source d'information la plus importante pour ce qui touche la façon de jouer, le tempo et les accents de toute sorte.

Dans le reste de la musique, il faut trouver le rythme fondamental, le tempo et l'accentuation à partir de l'indication de mesure et des barres de mesures. Celles-ci, au début du XVIIe siècle, ne constituaient encore que des repères sans autre signification. Elles sont employées « n'importe où » (en tout cas je n'ai pas encore réussi à y trouver un sens). Ce n'est que dans le courant du XVIIe siècle que la barre de mesure fut « correctement » placée, selon notre acception ; elle nous donne désormais de très importantes indications sur l'accentuation de la musique. Grâce à elle, la hiérarchie des accents — qui existait déjà implicitement —, issue du langage, devient un système visible. Cette hiérarchie — ainsi que je l'expliquerai plus loin de manière plus détaillée — est pour la musique des XVIIe et XVIIIe siècles peut-être la donnée la plus fondamentale et la plus importante. Elle exprime quelque chose de très naturel, à savoir (ceci dit ici de manière très schématique) que, suivant le principe d'accentuation de la langue parlée, avec des syllabes fortes et faibles, à quelque chose de lourd succède quelque chose de léger — ce qui s'exprime aussi dans la manière de jouer. Et c'est bien pour cette raison que les instruments de musique, les instruments à cordes par exemple, sont construits de manière que l'alternance du *forte* et du *piano,* du lourd et du léger puisse être obtenue facilement et naturellement. Lorsqu'on emploie en particulier un archet baroque, le poussé est de lui-même toujours un peu plus faible que le tiré. Il faut donc en principe jouer les temps forts (à 4/4 par exemple les temps un et trois) en tiré. Pour les vents il existe toute une palette de coups de langue, à l'aide desquels on exprime des variations analogues, et les instruments à clavier ont des doigtés spécifiques qui produisent un effet équivalent.

Les instrumentistes d'aujourd'hui pensent souvent qu'on peut aussi obtenir autrement les effets souhaités ; c'est vrai dans bien des cas, on peut bien sûr accentuer aussi un poussé — mais l'inverse est plus naturel. Je pense qu'aujourd'hui encore on devrait d'abord rechercher ces voies naturelles et ne se tourner vers un autre mode d'exécution que si l'on ne peut réaliser telle chose de cette manière. C'est très joliment dit dans les traités de violon de Leopold Mozart et de Geminiani : le premier dit que *tout* accent doit se faire en tiré, le second qu'il faut aussi savoir faire un accent de l'autre manière.

Dans la musique des siècles passés il existe des lois, écrites ou non, dont la connaissance était censée aller de soi pour les musiciens d'alors, mais qu'il nous faut faire l'effort de retrouver. L'une de ces règles dit ceci : une dissonance doit être accentuée, sa résolution doit lui être liée et le son s'éteindre. Bon nombre de musiciens — y compris parmi ceux qui s'occupent beaucoup de musique ancienne — négligent cette règle d'accentuation, à la fois importante et très naturelle, et omettent ainsi de splendides accents que le compositeur a placés à l'aide précisément de ces dissonances, à l'encontre souvent des règles habituelles d'accentuation ; ainsi, il faut parfois accentuer le quatrième temps, qui normalement ne l'est pas, accent qui ira ensuite mourir sur le premier temps qui, lui, est normalement accentué. Cette perturbation essentielle est malheureusement réduite à néant par la plupart des musiciens d'aujourd'hui.

Prenons comme autre exemple des différentes acceptions de la notation, hier et aujourd'hui, la manière dont on lit et joue maintenant les notes pointées, en comparaison de ce qui se faisait au XVIIIe siècle. La règle moderne officielle dit qu'un point ajoute à la note exactement la moitié de sa valeur et que la note brève qui suit occupe précisément la valeur rythmique de ce point de prolongation. Il n'existe pas dans notre notation de méthode de représentation qui permette de différencier les infinies possibilités d'exécution des rythmes pointés, allant des valeurs de notes presque égales au surpointage le plus incisif; sur le papier à musique, tous les rythmes pointés se ressemblent, quelle que soit leur signification. Il est cependant prouvé, ainsi qu'il ressort d'innombrables traités des époques les plus diverses, qu'il existait un nombre pratiquement incalculable de variantes pour jouer ces rythmes pointés, lesquelles consistaient essentiellement à prolonger le point; autrement dit, la note brève qui suit le point devait être jouée après le « bon » moment, presque au tout dernier instant. La seule répartition usuelle aujourd'hui dans le rapport 3 : 1 n'était en tout cas employée que pour de rares exceptions.

Dans les interprétations « modernes », on tient souvent toutes les valeurs de notes rigoureusement selon leur durée exacte (du moins ce qu'on pense l'être), et on exécute les notes pointées avec une précision presque mathématique. La raison pour laquelle on souligne ainsi l'exactitude rythmique tient justement à ceci, que les musiciens, par nature — en quoi ils ont raison — veulent jouer un rythme peu précis, si bien que le chef doit plus ou moins exiger la restitution mathématiquement juste.

Les signes d'articulation tels les points et les liaisons sont souvent mal interprétés, car on ne sait pas suffisamment que leur signification diffère avant et après 1800 et on n'en tient donc pas compte. Notre point de vue repose en général sur la musique du XIXe siècle, qui a réduit de manière aussi radicale que possible la liberté de l'interprète, du fait de la conception autobiographique de la composition. Les détails de l'interprétation étaient bien entendu fixés aussi précisément que possible, chaque nuance, le moindre *ritenuto,* la plus petite modification de tempo, tout cela était prescrit. Comme la notation ne comportait désormais plus de lacunes s'agissant des nuances, du tempo et du phrasé, les musiciens se sont habitués à traduire en sons le texte musical, avec toutes ses indications, de manière pratiquement servile. Cette façon de lire et de jouer la musique, si elle est juste pour la musique du XIXe et du XXe siècle, est entièrement erronée pour la musique baroque et classique. On l'emploie pourtant, par ignorance (et pour toute sorte de musique, pour tous les styles). Le résultat est donc d'autant plus inexact que les musiciens de l'époque baroque jouaient avec des a priori entièrement différents de ceux des musiciens d'aujourd'hui. La notation musicale du XVIIIe siècle ne comporte pratiquement aucune indication de nuances, que peu de prescriptions de tempo et de modifications de tempo, presque pas de signes de phrasé ou d'articulation. Lorsqu'on éditait au XIXe siècle de la musique ancienne, on complétait les indications « manquantes ». C'est ainsi qu'on trouve par exemple dans ces éditions les grandes liaisons dites « de phrasé », qui défigurent gravement ces œuvres dans leur « langage » et qui, pourrait-on presque dire, les transportent au XIXe siècle. On était en tout cas conscient de ce qu'il fallait compléter les liaisons. Le grand malentendu n'a vraiment pris naissance que dans la première moitié de notre siècle, avec la vague de prétendue authenticité — les partitions anciennes furent épurées des ajouts du XIXe siècle et exécutées sous cette forme desséchée. Mais on s'en tenait au principe du XIXe siècle, selon lequel, autant que possible, tout ce que souhaitait le compositeur devait se trouver exprimé dans la notation — et inversement : ce qui n'y figurait pas n'était pas voulu et constituait une déformation arbitraire de l'œuvre. Les compositeurs du baroque et du classique ne pouvaient cependant pas s'en tenir à ces règles, parce qu'elles n'existaient pas encore. Pour eux c'étaient les principes d'*articulation,* dont j'aimerais parler plus loin, qui étaient déterminants. Ceux-ci sont très étroitement liés au problème de la notation, car ils supposent des modes de jeu qui n'étaient qu'occasionnellement inscrits dans les notes et qu'il revenait donc à l'exécutant lui-même, selon son discernement et son goût, de mettre en œuvre. Ces principes, nous les trouvons très clairement formulés chez Leopold Mozart entre autres : « Il ne suffit pourtant pas de jouer les figures de ce genre suivant simplement les coups d'archet que nous avons montrés : il faut aussi les rendre de manière à ce que les changements (de coup d'archet) tombent aussi dans les oreilles »... « Il faut donc non seulement observer très exactement les coulés (liaisons) notés et indiqués : mais aussi lorsque... absolument rien n'est marqué ; il faut alors savoir rendre *soi-même* avec goût, aux *bons endroits,* le coulé et le détaché. » « Je ressentais une grande compassion lorsque j'entendais des violonistes ayant déjà une certaine formation... exécuter des passages très faciles... en allant complètement à l'encontre de la pensée du compositeur. » Il s'agissait donc d'une part de respecter l'articulation expressément prescrite au moyen de points, de traits et de liaisons — et pour cela de simples coups d'archet ou coups de langue ne suffisent aucunement ; il faut en outre les mettre en évidence par un jeu dynamique —, mais d'autre part de trouver les bons modèles d'articulation, là où le compositeur n'a absolument rien indiqué.

En contradiction avec ces exigences, on joue depuis quelque temps dans bien des cas un texte musical « épuré » ; et, partant de ce point de vue de l' « authenticité », on taxe souvent les interprétations les plus vivantes et les plus imaginatives de musique baroque et classique de « romantisantes », et de stylistiquement fausses.

La notation des récitatifs soulève également des questions essentielles. Je voudrais montrer avant tout ici la différence entre récitatifs italien et français. Dans les deux cas se pose le même problème, celui de la transposition en musique de la mélodie et du rythme parlés. Les Italiens le font de manière assez libre, notant le rythme parlé approximativement et en employant dans tous les cas, pour des raisons d'orthographe, une mesure à 4/4. Les accents y apparaissent alors là où ils sont conformes au rythme parlé, que ce soit sur le premier, le deuxième ou le quatrième temps, et les basses extrêmement simples sont notées par-dessous en valeurs longues (il est incontestablement prouvé qu'on ne doit jouer que des notes courtes — autre exemple de la différence entre le texte noté et la réalisation sonore voulue). Du chanteur, on attend qu'il suive exclusivement le rythme parlé et non celui qui est noté. Il est curieux que l'on conteste toujours cette exigence fort claire et qu'on la mette en question en montant les opéras ou en enseignant le chant. Toutes les sources que je connais parlent en faveur d'un chant parlé entièrement libre, qui n'est noté dans une mesure à 4/4 que pour des raisons d'orthographe. Ainsi Türk, en 1787 : « ... La battue de la mesure dans les récitatifs purement narratifs est une habitude hautement absurde... est absolument contraire à l'expression, et trahit une grande ignorance chez un exécutant. » Hiller, en 1774 : « On laisse au chanteur... la possibilité de vouloir déclamer lentement ou vivement, et le contenu des mots... doit seul lui servir de guide... Il est notoire que le récitatif est chanté partout sans considération pour la mesure. » Carl Philipp Emanuel Bach écrit à ce propos : « ... Les autres récitatifs se chantent... sans égard pour la mesure, bien que leur notation les répartisse en mesures. » Enfin, on encourage constamment le chanteur à parler plutôt que chanter dans le récitatif. Niedt : « ... Ce style doit se rapprocher davantage de la parole que du chant... » G. F. Wolf, 1789 : « ... ce doit être un chant qui ressemble plus à un discours qu'à un véritable chant, une déclamation musicale ». Scheibe : « ... On ne peut cependant pas dire du récitatif que ce soit du chant... c'est... un discours chantant. » Rousseau dit aussi dans l'*Encyclopédie :* « ... le meilleur récitatif est celui où l'on chante le moins. » (Ce genre de récitatif resurgit ici et là dans la musique allemande.) Lorsque la libre déclamation suivant le rythme parlé doit prendre fin, il est alors écrit *a tempo* ou une indication de ce genre ; ce qui veut dire que ce qui précède ne doit pas être exécuté en mesure, mais dans un rythme libre, et qu'à partir de là il faut à nouveau observer la mesure.

Ce genre de liberté ne correspond nullement à l'esprit rationnel des Français. C'est ainsi que Lully — qui lui-même était italien —, tira de la langue pathétique des comédiens français une espèce de code des rythmes parlés, qu'il s'efforça de rendre exactement dans la notation. Il en résulta évidemment des mesures compliquées, à 7/4, 3/4, 5/4, complètement impensables dans l'orthographe de la musique d'autrefois, laquelle n'admettait que deux et quatre ou deux et trois ou quatre et trois. On écrivait donc 4/4 ou 2/2 ou 3/4 ; la mesure à 2/2 est exactement deux fois plus rapide.

Rameau, *Castor et Pollux*.

C'est pourquoi, dans le récitatif français, on trouve souvent, en l'espace de cinq mesures, cinq indications différentes. Car par la succession de mesures à 4/4, 3/4 et 2/2 on formait des mesures à 7/4, 6/4, 5/4, 4/4 ou 3/4. Ce système permet donc toutes les possibilités, y compris les mesures les plus complexes, pour peu qu'on n'oublie jamais que l'*alla breve* (2/2) doit être exactement deux fois plus rapide que le 4/4. Ce système de notation très précis (à la différence de celui des Italiens), qui correspond au goût de l'ordre qu'ont les Français, confère aux textes une étonnante scansion rythmique.

Peut-être devrais-je m'arrêter à une autre espèce de notation « sténographique ». A strictement parler, la basse continue n'est en effet rien d'autre qu'une notation raccourcie de la partition, qui indique à l'exécutant le déroulement harmonique de la pièce. Ce qu'il doit jouer n'y est pas fixé, mais dépend de ses connaissances et de son goût. Les opéras français du XVIIe siècle et d'une partie du XVIIIe siècle — jusqu'à Rameau à peu près — ainsi qu'une bonne partie des opéras italiens, avant tout les opéras vénitiens, sont, d'une certaine manière, notés sténographiquement ; c'est-à-dire qu'ils sont notés de sorte que l'exécutant n'a sous les yeux qu'une espèce de squelette de l'œuvre, lequel ne comporte souvent que la basse instrumentale et les parties vocales. Pour les opéras français, il s'y ajoute parfois des indications sur les instruments à employer. Cette façon d'écrire les opéras laisse à l'interprète de nombreuses possibilités d'instrumenter l'œuvre suivant les circonstances et selon son goût, et pour remplir tout le tissu orchestral. Nous avons conservé les parties d'orchestre ainsi élaborées lors de quelques exécutions contemporaines, et elles permettent des comparaisons intéressantes entre des exécutions vraiment historiques qui diffèrent considérablement. C'est ainsi que l'on trouve le même opéra orchestré tantôt avec cors et trompettes, et tantôt pour un petit ensemble de cordes uniquement ; dans chaque matériel d'exécution, les parties intermédiaires sont complètement différentes ; tantôt une œuvre est réalisée à trois voix seulement, tantôt à cinq voix.

Cette diversité tient précisément à ceci, que le compositeur n'écrivait que les voix extrêmes, laissant tout le reste au soin des exécutants. On ne peut malheureusement étudier d'aussi près l'exploitation faite de ces possibilités dans les opéras italiens, car le matériel d'exécution n'a guère été préservé, alors que dans le domaine français nous disposons de nombreux matériels d'exécution des XVIIe et XVIIIe siècles. Dans un cas comme dans l'autre, le principe est le même. Il existe aussi des partitions italiennes dans lesquelles certaines portées pour les parties instrumentales sont restées blanches; l'exécutant a donc, en de tels endroits, la possibilité de compléter l'écriture orchestrale. Cela n'était pas fait normalement par le compositeur, car on considérait que c'était plutôt du ressort de l'exécutant. L'œuvre et l'exécution étaient donc deux choses clairement séparées. Cette liberté créatrice de l'interprète, qui faisait de chaque exécution une expérience unique, non renouvelable, est complètement étrangère au musicien d'aujourd'hui, qui n'en a le plus souvent pas du tout conscience. Il faudrait cependant pouvoir, pour être à nouveau en mesure de donner des exécutions tant soit peu correctes de cette musique ancienne, ressusciter un peu de cette immense richesse de connaissances qui autrefois étaient évidentes et les faire partager au musicien d'aujourd'hui. Et pas uniquement au soi-disant « spécialiste » de musique ancienne. Même si la question d'exactitude stylistique dans l'exécution reste à jamais insoluble (Dieu merci !) — car la notation est bien trop ambiguë — nous serons toujours à sa recherche, et nous découvrirons sans cesse de nouvelles facettes aux grands chefs-d'œuvre.

L'articulation

L'articulation est le nom donné à la technique du parler, la manière de rendre les différentes voyelles et consonnes. Selon le *Lexikon* de Meyers (1903), articuler serait « diviser en membres, exposer point par point ; faire clairement ressortir les parties séparées d'un tout, en particulier les sons et les syllabes des mots. En musique, articuler veut dire lier et détacher les notes, et correspond au *legato* et au *staccato* ainsi qu'à leur mélange, pour lequel beaucoup emploient abusivement le mot phrasé ». Pour nous, le problème de l'articulation se pose avant tout dans la musique baroque, ou, de manière un peu plus large, dans la musique d'environ 1600 jusqu'à 1800, car cette musique est, par essence, proche du langage. Tous les théoriciens de l'époque ont abondamment souligné les parallèles existant avec le langage, et la musique était souvent désignée comme un « langage de sons ». Pour simplifier, je dirais, de manière un peu grossière : la musique d'avant 1800 parle, la musique d'après peint. Dans un cas il faut la *comprendre,* de même que tout ce qui est dit suppose une compréhension, dans l'autre elle agit au moyen d'ambiances que l'on n'a pas besoin de comprendre, mais qu'il faut ressentir.

L'articulation musicale (dans la musique des XVIIe et XVIIIe siècles) était d'une part une évidence pour les musiciens, qui n'avaient qu'à s'en tenir aux règles communément admises d'accentuation et de liaison, c'est-à-dire à la « prononciation » musicale ; de l'autre il existait — et il existe — pour les endroits que le compositeur souhaite voir articuler de manière particulière, quelques signes et mots (tels les points, les traits et les lignes ondulées horizontaux et verticaux, les liaisons ; des mots comme *spiccato, staccato, legato, tenuto,* etc.) qui montrent l'exécution voulue. Nous nous heurtons ici au même problème que pour la notation : ces signes d'articulation restent identiques durant des siècles, y compris après 1800, mais leur signification change souvent de manière radicale. Si bien que lorsqu'un musicien qui ignore le caractère parlé, dialogué, de la musique baroque, lit les signes d'articulation de cette musique comme s'ils étaient écrits au XIXe siècle — et cela se produit souvent — son interprétation peindra (malencontreusement), au lieu de parler.

Nous savons tous comment on apprend une langue étrangère ; et pour nous la musique baroque est aussi une langue étrangère car nous ne sommes pas des hommes du baroque. Il nous faut donc, comme pour une langue étrangère, apprendre le vocabulaire, la grammaire et la prononciation — l'articulation musicale, la théorie harmonique et les principes régissant les césures et les accents. Si nous appliquons ces préceptes à l'exécution, cela ne signifie pas, tant s'en faut, que nous faisons de la musique ; c'est plutôt comme si nous épelions à l'aide de notes. Ce sera peut-être bien et joliment épelé ; mais nous ne pouvons faire de la musique qu'à partir du moment où nous ne songeons plus à la grammaire ni au vocabulaire, où nous ne traduisons plus, mais *parlons* tout simplement, bref, lorsque c'est devenu notre langue propre et naturelle. Tel est le but. Nous tâchons donc maintenant d'apprendre la « grammaire » de la musique ancienne. Malheureusement, ce ne sont pas toujours les bons musiciens qui font ces efforts, et on rencontre continuellement des musiciens qui connaissent certes la grammaire musicale, mais qui — sclérosés, comme des professeurs de linguistique — traduisent en quelque sorte la musique. Il ne faut pourtant pas en imputer la faute aux règles, qu'on ne saurait se dispenser de connaître.

Dans la musique baroque, tout est ordonné suivant une hiérarchie, comme c'était autrefois le cas dans tous les domaines de la vie. Je ne voudrais pas chercher à savoir si une telle hiérarchie est bonne ou mauvaise — on a déjà beaucoup dit et écrit là-dessus —, mais uniquement constater qu'elle existe. Il est des notes

« nobles » et des notes « communes », des bonnes et des mauvaises. (Je trouve très intéressant, au vu de la musique aussi bien qu'en rapport avec l'organisation sociale, que cette hiérarchie disparaisse pratiquement avec la Révolution française.) D'après les théoriciens du XVIIe et du XVIIIe siècles dans une mesure ordinaire à 4/4 nous avons des notes bonnes ou mauvaises, « *nobiles* » ou « *viles* » : ainsi le un est noble, le deux est mauvais, le trois est un peu moins noble et le quatre est misérable. Le concept de noblesse se rapporte bien entendu à l'accentuation et se traduit donc ainsi :

<u>un</u> — deux — <u>trois</u> — (quatre)

(*nobiles* = n, *viles* = v. Ces deux signes employés très tôt ressemblent — et ce n'est pas un hasard — aux signes pour le tiré ⊓ et le poussé ⋁.)

Courbe des nuances

Ce schéma d'accentuation, qui ressemble à une espèce de courbe de poids, est un des piliers de la musique baroque. Il se trouve *agrandi* — et s'applique donc aux groupes de mesures (un « bon » groupe est suivi d'un « mauvais »). Nous pouvons superposer la même courbe aussi bien à une seule mesure qu'à des mouvements entiers, et même à des œuvres tout entières, ce qui leur confère une structure aisément reconnaissable en tension et détente. Cette courbe d'accentuation est aussi *réduite,* et vaut alors pour les passages aussi bien en croches qu'en doubles croches. Il en résulte un réseau complexe et enchevêtré de hiérarchies, régies à chaque fois par le même principe d'ordre. Ce genre d'ordre, nous pouvons l'observer partout dans le baroque ; il existe une unité de conception de l'art et de la vie.

Il serait certes très lassant et monotone de jouer toute la musique baroque rigoureusement selon ce schéma d'accentuation. Ce serait presque aussi monotone — et c'est là un concept totalement étranger au baroque — que les exécutions d'une régularité mécanique que l'on entend couramment aujourd'hui. Les deux approches sont erronées et ennuyeuses, car on sait déjà après dix mesures ce que sera la demi-heure qui suit. Dieu merci, il existe quelques hiérarchies supérieures, qui brisent cette monotonie de l'accentuation : la plus puissante est l'harmonie. Une dissonance doit toujours être accentuée, même si elle se trouve sur un temps faible; la résolution de la dissonance — et toute dissonance a sa résolution — ne doit pas être accentuée, faute de quoi ce ne serait plus une « résolution ». Nous pouvons fort bien sentir cela physiquement : lorsque nous ressentons une douleur qui cède progressivement, il vient une sensation de légèreté au moment même où elle se dissipe. (Leopold Mozart emploie un très joli mot dans son *Ecole de violon* pour décrire la manière dont une telle résolution doit sonner : « en se perdant ».) Nous avons ainsi une puissante contre-hiérarchie, qui donne aussitôt rythme et vie à la hiérarchie principale. Celle-ci est comme une structure, un squelette, un schéma ayant un ordre fixé, lequel se voit contredit à plusieurs reprises par les accents des dissonances.

Il existe encore deux autres sous-hiérarchies, qui viennent troubler de manière intéressante les accents principaux : le rythme et l'emphase. Lorsqu'à une note brève succède une plus longue, celle-ci est accentuée systématiquement, même si elle tombe sur un temps « mauvais », inaccentué; il en résulte des rythmes syncopés et rebondissants.

L'accentuation d'emphase tombe sur les notes qui constituent des sommets mélodiques (le chanteur a donc souvent raison, lorsqu'il accentue des notes aiguës, de s'y attarder même un peu plus longtemps). On voit donc comment, à la structure fondamentale établie par la hiérarchie de la mesure, s'ajoutent un grand nombre de contre-hiérarchies. Ainsi l'ordre sinon quelque peu stupide paraît constamment troublé de manière intéressante, et animé à plusieurs niveaux.

La « réduction » des règles d'accentuation que nous venons d'évoquer et leur application aux groupes de croches et de doubles croches nous conduit à l'articulation proprement dite. La liaison et la séparation de notes isolées et des plus petits groupes ou figures de notes sont pour cela les moyens d'expression. Nous avons pour l'articulation quelques signes de prononciation : la liaison, le trait vertical et le point. Ces signes n'étaient pourtant que rarement employés. Pour quelle raison ? Parce que leur emploi, pour les musiciens, était dans une très large mesure évident. Les musiciens savaient ce qu'ils avaient à faire, tout comme il est évident pour nous de parler notre langue maternelle. Le hasard a fait que Jean-Sébastien Bach disposait presque toujours, en tant que professeur et cantor de la Thomasschule, de musiciens jeunes et inexpérimentés, qui manifestement ne savaient pas encore comment articuler ; il leur a donc indiqué dans de nombreuses œuvres toute l'articulation — non sans susciter la colère de ses contemporains, qui n'étaient pas du tout d'accord avec cette façon de faire. Il nous a ainsi laissé toute une série de modèles qui nous apprennent à articuler dans la musique baroque, et donc à nous exprimer à l'aide des sons. Nous pouvons ainsi, d'après ces modèles, articuler de manière sensée les œuvres de Bach, mais aussi de tous les autres compositeurs de cette époque, qui nous sont parvenues avec très peu ou pas du tout de signes d'articulation. En aucun cas, donc, il ne faut jouer d'une manière régulière et inarticulée.

Lorsqu'on parle d'articulation, il faut bien sûr commencer par la note isolée. Leopold Mozart en décrit très clairement l'exécution : « Toute note, y compris celles qui sont jouées le plus fort, est précédée d'un instant de douceur, à peine perceptible : ce ne serait sinon pas une note, mais un bruit désagréable et incompréhensible. Cette même douceur doit s'entendre à la fin de chaque note. » Ailleurs : « De telles notes doivent être jouées fort et être tenues de manière qu'elles se perdent progressivement dans le silence, sans autre pression. Comme le son d'une cloche... s'éteint petit à petit. » Il dit qu'il faut bien soutenir le son quand les notes sont pointées, mais il dit en même temps que le point « ... est tenu à la note de manière qu'il se perde progressivement dans le silence ». Cette apparente contradiction est un exemple typique de la manière dont une source, du fait d'un petit malentendu, peut être interprétée de façon erronée. Beaucoup tiennent l'indication de Mozart, selon quoi il faut soutenir les notes, pour une « preuve » de ce qu'on devait, autrefois déjà, jouer *sostenuto* une valeur de note donnée, c'est-à-dire avec une intensité régulière. Mais manifestement le « son de cloche » était autrefois une évidence communément admise, et le « soutien » indiquait qu'il ne fallait surtout pas jouer la note suivante trop tôt. Pour soutenir une note avec toute sa force (comme on le fait habituellement aujourd'hui), il fallait autrefois que ce soit expressément exigé par l'indication *tenuto* ou *sostenuto*. Dans de tels cas il nous faut réfléchir à ce qu'on a voulu dire, et songer aussi que les auteurs anciens n'écrivaient pas pour nous, mais bien pour leurs contemporains. Le plus important pour nous est souvent ce qu'ils *n*'ont *pas* écrit, car ils n'écrivaient pas ce qui était connu de tous et allait sans dire. Il n'existe pas de traité dont on puisse aujourd'hui tout simplement penser qu'en l'ayant lu on sait tout. Il faut donc être très prudent lorsqu'on manie les citations et, autant que possible, prendre en compte l'ensemble du contexte. Les « contradictions », dans tous les cas, sont des malentendus.

Une note isolée s'articule donc (se prononce) comme une syllabe isolée. Les organistes demandent souvent comment on peut jouer à l'orgue une note qui aille en se perdant. Je pense qu'ici l'espace joue un rôle important. Chaque orgue est intégré à un lieu, et pour un bon facteur l'espace fait partie de l'instrument. Autrefois, jusqu'à il y a une trentaine ou une quarantaine d'années, on pensait que l'orgue était l'instrument du *sostenuto*. Dans les dernières décennies on s'est pourtant aperçu que l'orgue était capable d'un jeu extraordinairement parlant, que les bons orgues anciens avaient un mode de production du son qui suit une sorte de courbe de son de cloche. Les meilleurs organistes savent, sur de bons orgues et dans des lieux adéquats, suivant le moment et la manière dont ils quittent une note, donner l'impression d'une extinction, d'un son de cloche et par conséquent d'un jeu éloquent. C'est une illusion (analogue au toucher « dur » ou « doux » du pianiste), mais en musique seules comptent l'illusion et l'impression qui s'emparent de l'auditeur. Le fait technique (le son de l'orgue ne connaît pas de *diminuendo,* on ne peut pas attaquer doucement ou durement au piano) est absolument secondaire. On remarque continuellement que les grands musiciens étaient également des acousticiens empiriques. Dans chaque lieu, ils savaient aussitôt ce qu'il fallait faire, comment on devait jouer dans ce lieu ou dans tel autre ; ils établissaient toujours le lien entre le lieu et la musique.

Dans la musique d'après 1800 environ, la note isolée me paraît, dans son *sostenuto,* bidimensionnelle, plane, alors qu'un son idéal de la musique plus ancienne, par sa dynamique interne, prend vraiment corps et est donc tridimensionnel. Les instruments correspondent aussi à cette conception idéale d'un son *plat* ou *éloquent* — différence que l'on entend très bien en jouant par exemple la même phrase successivement sur un hautbois baroque et sur un hautbois moderne. On comprend alors aussitôt l'idée qui est à la base de ces deux sons.

Venons-en maintenant aux groupes de sons, ou figures. Comment jouer les notes rapides, comme par exemple les croches dans un *alla breve* (₵) ou les doubles croches dans un allegro à 4/4 (C) ? D'après les principes en usage aujourd'hui, des notes de valeur égale doivent se jouer ou se chanter aussi régulièrement que possible — comme des perles : toutes rigoureusement égales ! Après la Seconde Guerre mondiale, certains orchestres de chambre perfectionnèrent ce principe, et ainsi fut établi un style bien défini pour le jeu des doubles croches, qui suscita un immense enthousiasme dans le monde entier (on donna de manière caractéristique à ce mode d'exécution le nom le plus incongru que l'on pût imaginer : « le coup d'archet Bach »). Pour ce qui est de l'éloquence, en tout cas, cette façon de faire de la musique ne fonctionne pas. Elle a quelque chose de mécanique, et comme en outre notre époque est vouée à la machine, on n'a pas remarqué qu'elle était fausse. Mais nous cherchons maintenant ce qui est juste. Que faut-il donc faire de ces doubles croches ? La plupart des compositeurs n'inscrivaient aucune articulation dans leur partition. Bach fait exception et nous a laissé, nous l'avons dit, de très nombreuses œuvres annotées précisément. Dans la partie instrumentale de l'air de basse de la cantate BWV 47, par exemple, il articule un groupe de quatre notes en mettant un point sur la première et en liant les trois autres. Pourtant, dans la même cantate, la figure revient absolument identique dans la partie vocale, sous le texte « *Jesu, beuge doch mein Herze* », et là les notes sont liées par deux.

Personnellement, je tiens cet exemple pour très important car Bach y dit ceci : Il n'existe pas qu'*une* articulation juste pour une figure musicale donnée, mais plusieurs ; et ici simultanément, qui plus est ! Bien entendu il existe aussi certaines possibilités qui sont complètement fausses ; c'est à nous de les trouver et de les éliminer. En tout cas, on voit que dans la même pièce le compositeur a souhaité tout à fait expressément deux articulations différentes pour le même passage. Et le point d'articulation nous montre bien à quel point il exigeait ces deux variantes précises.

Cela nous amène à une autre réflexion. Dans la peinture à l'huile glacée, la couleur est transparente ; on peut toujours voir une couche à travers l'autre, si bien qu'on peut voir à travers quatre, cinq couches jusqu'au dessin qui est en dessous. Il en va de même pour nous à l'audition d'un morceau de musique bien articulé ; on se promène avec ses oreilles dans les profondeurs et on entend ainsi clairement les différentes couches, qui se fondent cependant en un tout. Au fond, on perçoit le plan, le « dessin » ; à un autre niveau on trouve les accents des dissonances, au suivant une voix qui du fait de sa diction sera liée avec douceur, puis une autre qui sera articulée fortement et durement ; tout cela est synchrone et se passe simultanément. L'auditeur ne peut certes pas saisir en même temps tout ce que contient la pièce, mais il se promène à travers les différents niveaux de la pièce et entend constamment autre chose. L'existence de ces niveaux multiples est d'une importance énorme pour la compréhension de cette musique qui ne se contente presque jamais d'une simple conception plane.

On trouve très fréquemment dans les parties vocales de Bach, ainsi que le montre l'exemple cité ci-dessus, une articulation radicalement différente de celle de l'instrument d'accompagnement. Cette différence est malheureusement considérée le plus souvent aujourd'hui comme une « erreur » du compositeur et

« corrigée ». Il nous est très difficile de saisir et d'admettre cette pluralité de niveaux, et la simultanéité de choses différentes ; *nous voulons un ordre de l'espèce la plus simple.* Alors qu'au XVIIIe siècle on cherchait la plénitude, la démesure : où qu'on écoute, on reçoit une information ; rien n'est uniformisé. On regarde les choses de tous les côtés à la fois ! Il n'existe pas d'articulation synchrone pour les instruments jouant *colla parte.* L'orchestre articule autrement que le chœur. La plupart des « spécialistes du baroque » n'en ont pas conscience, ils veulent toujours niveler, rendre tout le plus égal possible, entendre la musique comme de belles colonnes sonores bien droites, mais non dans sa diversité.

Cette diversité d'articulation n'existe d'ailleurs pas uniquement entre les parties vocales et instrumentales, mais aussi au sein de l'orchestre, et même des pupitres. On trouve, entre autres, dans les parties instrumentales de la *Messe en si mineur* et de la *Passion selon saint Matthieu* de nombreux exemples d'articulations différentes dans plusieurs voix à un seul et même endroit. Autant cela paraît peu vraisemblable à nos yeux épris d'ordre, autant dans la pratique le résultat sonore est beau, varié et éloquent.

Que signifie donc la *liaison* pour un instrument à cordes, pour un instrument à vent, pour un instrument à clavier, pour un chanteur ? Il signifie, fondamentalement, que la première note qui se trouve sous la liaison est accentuée, qu'elle est la plus longue, et que les notes suivantes sont plus douces. Tel est le principe. (On voit qu'il n'est nullement question des notes régulières que demande l'enseignement musical officiel d'aujourd'hui.) Il existe bien entendu des exceptions, mais cette progression à rebours est la règle. Après 1800 on emploie la liaison avec une tout autre signification. Elle n'est alors plus un signe de prononciation mais une indication technique. Dans cette acception, elle est inutilisable et ne veut rien dire pour la musique baroque. Si on ignore cette différence de signification de la liaison, il importe peu qu'il se trouve ou non des liaisons, car les musiciens s'efforcent tous aujourd'hui de rendre l'articulation inaudible, de telle manière que cela sonne comme s'il y avait sur le tout une grande liaison de *legato.*

Dans la musique baroque, la liaison signifie essentiellement qu'on accentue la première note. La hiérarchie fondamentale imposée par la mesure est ici troublée, ainsi que nous l'avons déjà dit, par l'articulation et la dissonance. Et c'est cette *perturbation* qui est intéressante ; de même que dans l'huître la perturbation donne naissance à une perle, la perturbation suscite chez l'auditeur une attention soutenue. On écrit constamment que l'auditeur est transformé par la musique. Cela ne peut se produire que si la musique a sur lui une action corporelle et spirituelle. Prenons un accord de septième de dominante. Lorsqu'on l'entend, on ressent une tension qui est également corporelle. La dissonance demande une résolution, laquelle, lorsqu'elle arrive, produit une sensation de détente et de soulagement. Le compositeur joue avec ce mouvement corporel de tension et détente de l'auditeur. Personne ne peut se soustraire à la contrainte du mouvement corporel en entendant de la musique ; chacun la ressent, ainsi qu'on peut l'observer dans toutes les salles de concert. Cela fait partie de l'expérience musicale. Il s'ensuit que toute la question de l'articulation n'est pas le problème du seul musicien, mais qu'il concerne aussi l'auditeur. Une musique bien articulée sera entendue tout à fait autrement qu'une musique jouée de façon plate. Elle s'adresse à notre sensibilité corporelle, à notre sens du mouvement, et contraint notre esprit à une écoute active, en dialogue.

Le *point* est un signe d'articulation très important. On pense généralement que le point raccourcit la note, car telle est aujourd'hui la règle habituelle. Bon nombre de musicologues, dans leurs annotations d'éditions musicales, appellent ce point le « point d'abréviation », alors même que ce concept n'existait absolument pas à l'époque baroque. A beaucoup d'endroits où Bach met des points, on voit qu'ils annulent toujours ce que l'on y ferait normalement. Ainsi, aux endroits où l'on jouerait large, un point signifie un raccourcissement, aux endroits où l'on jouerait sinon très court, il demande un certain poids. Or peut très souvent considérer le point comme une sorte de signe d'accentuation, et il peut alors même signifier un allongement de la note. Dans de très nombreux cas il veut tout simplement dire : ici il ne faut pas lier ! — ou encore, très souvent, que des notes qui sinon seraient jouées inégales, rythmiquement, doivent être jouées régulièrement. Le principe hiérarchique de la musique baroque ne joue pas uniquement sur l'opposition *forte-piano,* fort-doux, mais aussi sur une différence de durée entre des notes un peu plus longues et un peu plus courtes. Dès qu'il se trouve des points sur les notes, on renonce à ce genre de différenciation. Les points rendent alors toutes les notes égales.

Enfin, on trouve encore des points aux endroits où le compositeur veut clairement montrer où se termine la liaison. Nous avons sans doute tous déjà vu des manuscrits de Bach et d'autres compositeurs baroques ; lorsqu'ils écrivent une liaison, cela signifie en quelque sorte : ici il faut lier, l'exécutant sait d'ailleurs comment ; le point cependant met un terme très précis à cette liaison. Il faut se rappeler qu'une liaison manuscrite — écrite le plus souvent hâtivement — ne peut jamais avoir toute la précision d'une liaison imprimée. Dans chaque cas, le musicien doit donc décider comment le compositeur peut bien avoir conçu telle ou telle liaison ; il existe pour cela une espèce d'orthographe, de convention, et en même temps il émane de tout manuscrit un pouvoir de suggestion presque magique.

Si la liaison se trouve sur des groupes plus importants, ce qui se produit très souvent chez Bach et ses contemporains, cela signifie à peu près : le musicien doit ici articuler comme il en a l'habitude ; on demande à l'exécutant une exécution appropriée. Une grande liaison peut donc signifier aussi — il faut bien s'en rendre compte — une subdivision en nombreuses liaisons plus courtes.

J'ai dit plus haut qu'une dissonance devait toujours être liée à sa résolution. C'est une règle très stricte, qu'on enfreint malheureusement souvent aujourd'hui. Il existe néanmoins quelques pièces — il faut bien que le compositeur ait la possibilité, en enfreignant une règle, d'obtenir un effet particulier —, où la dissonance *et* la résolution sont surmontées de points, en sorte qu'elles sont toutes deux accentuées ; pour l'auditeur d'autrefois, cela devait certainement produire un effet de surprise, car il est tout à fait contraire à la langue parlée d'accentuer aussi la résolution. Cela sonne comme un mot sur lequel on met un mauvais accent, pour lui donner un poids particulier, par exemple en accentuant une syllabe qui normalement ne porte pas d'accent tonique.

Les notions de *spiccato* et de *staccato* reviennent très souvent chez Bach et Vivaldi. Et nous employons aujourd'hui encore ces termes — mais dans une acception qui a changé. *Spiccato* signifie aujourd'hui « sautillé » et est une indication qui renvoie à la technique d'archet. Jusqu'à la fondation du Conservatoire français, le mot signifiait uniquement séparé, détaché, tout comme *staccato*. Cela ne recouvrait pas une sorte particulière de détaché, mais voulait seulement dire qu'on *ne* devait *pas* jouer *legato* ni *cantabile,* dans une grande ligne liée ; les notes devaient être séparées. On trouve très souvent l'indication « *largo e spiccato* » sur des valeurs de notes longues. Cette indication est incompréhensible pour le musicien d'aujourd'hui, et même franchement contradictoire car *largo* (un tempo lent avec des valeurs longues) et *spiccato* (sautillé) s'excluent l'un l'autre. Dans son acception originelle, cette indication signifie simplement une pièce lente, dans laquelle les notes ne doivent pas être liées.

Dans les préludes et autres pièces dans le style de fantaisies, les groupements produits par les liaisons ne concordent souvent pas avec les groupements métriques — par exemple liaisons par trois dans des groupes de quatre. C'est alors un élément de plus qui vient s'opposer à l'accentuation dictée par la hiérarchie métrique, et qui ajoute à la pièce un rythme tout à fait neuf. Une perturbation de ce genre est d'un charme troublant. Du fait de la superposition de plusieurs « hiérarchies », la structure rythmique ordonnée semble s'effondrer pendant un temps bref. On comprend pourquoi Hindemith considérait que le rythme des œuvres pour instrument solo de Bach était si riche.

Les accents : >   >   > >   > >
La hiérarchie primitive. >   >   >   >

Un seul et même passage peut être rendu pratiquement méconnaissable par une articulation différente ; la structure mélodique de tel fragment peut grâce à elle paraître claire, mais aussi parfaitement obscure ; c'est-à-dire que l'on peut, uniquement en plaçant autrement les liaisons d'articulation, imposer à un passage un modèle rythmique qui rend la succession mélodique à peu près méconnaissable pour l'auditeur. On entend par exemple le rythme des imitations mélodiques plus fortement que l'enchaînement mélodique. On peut aussi signaler une imitation uniquement par le rythme. Avec l'articulation, on dispose donc d'un moyen si puissant qu'il peut effacer la mélodie. Je voudrais qu'on comprenne bien ici que l'articulation est certainement le moyen d'expression le plus puissant dont nous disposons pour la musique baroque.

Venons-en maintenant à la dynamique. Tout musicien, pour l'interprétation, se demande d'abord : qu'en est-il des nuances? (Par là il entend *forte, piano,* etc.) Qu'est-ce qui est fort, qu'est-ce qui est doux? — cela passe aujourd'hui pour l'élément déterminant d'une interprétation. Dans la musique baroque, ce genre de dynamique n'avait qu'une importance secondaire. Il n'est guère d'œuvre de cette époque qui soit altérée dans son essence, qu'on la joue *forte* ou *piano*. Dans bien des cas on pourrait renverser tout simplement les nuances, jouer *piano* les passages *forte* et *forte* les passages *piano;* dès lors qu'ils sont bien joués, de manière intéressante, ils auront un sens. Autrement dit, il n'existe pas de dynamique intégrée à la composition. Bien entendu, après 1750, la dynamique joue un rôle de plus en plus essentiel dans la composition. Mais pour l'époque baroque elle ne compte pas encore, la dynamique du baroque étant celle du langage. C'est une micro-dynamique, qui s'applique aux syllabes et aux mots isolés. *Celle-ci* avait dès l'époque baroque une importance extraordinaire, mais on ne l'appelait pas alors dynamique; elle ressortissait au contraire à la question de l'articulation, car elle concernait les notes isolées et les plus petits groupes de notes. Evidemment, on peut jouer un passage d'abord *forte* puis *piano*. Ce ne sera cependant pas un attribut de l'œuvre ou une caractéristique de l'interprétation, mais une décoration supplémentaire, une sorte d'ornementation. La micro-dynamique en revanche est essentielle, car elle représente la *prononciation,* elle rend clair le « discours musical ».

Le rythme pointé a une importance particulière pour ce qui concerne l'articulation et la « prononciation » musicale. C'est un des rythmes premiers de l'homme, bien plus « originel » par exemple qu'un *staccato* régulier. Il est extraordinairement difficile pour un chanteur ou un instrumentiste d'exécuter une suite de notes avec une régularité parfaite. (Dans les conservatoires d'Europe, depuis près de deux siècles, on consacre une bonne partie des efforts à « domestiquer » l'inégalité rythmique naturelle, qui existe encore dans toute musique populaire, et à jouer avec une belle régularité les valeurs de notes égales.) Entre cette égalité, qui ne se rencontre que rarement dans la musique baroque et qui doit toujours être expressément requise au moyen des points ou d'indications, et les notes fortement sur-pointées, il existe une infinité de possibilités intermédiaires. Lorsque par exemple des suites régulières de croches sont jouées très légèrement inégales, avec un certain « swing », de manière que la première de chaque groupe de deux soit un peu plus longue que la seconde, on obtient la forme la plus douce, presque imperceptible, de rythme pointé. L'étape suivante se rapproche du rythme de triolet il vient alors un certain moment où le compositeur éprouve le besoin de noter ce rythme. Il note donc un point après la note longue et raccourcit la seconde de la moitié de sa valeur. Cela ne signifie nullement que la première note doive être exactement trois fois plus longue que la seconde. Il s'agit simplement d'une note longue et d'une brève — c'est le contexte qui décide de combien. La notation n'indique donc qu'une des étapes intermédiaires.

Entre le premier et le second groupe de deux notes, il n'existe qu'une différence progressive dans la manière de pointer.

C'est la nature qui nous dit que le rythme pointé en tant que tel s'oppose à toute division exacte. La longueur des notes longues et la brièveté des notes brèves sont déterminées par le caractère de la pièce et les principes d'écriture. On trouve certes quelques auteurs du XVIIe et XVIIIe siècle qui disent que la note brève d'un rythme pointé doit se jouer au dernier moment, mais je crois qu'ils n'indiquent qu'un cas particulièrement marquant, passant sous silence les nombreuses autres possibilités qui, elles, vont de soi. Si on prend chaque règle à la lettre et que, sans la comprendre, on l'applique systématiquement, on commet de graves erreurs. Je

pense que ceux qui croient en la lettre sont les pires ennemis de la
« religion ». Une foi aveugle dans les sources est dangereuse.

La manière dont on joue aujourd'hui les rythmes pointés, c'est-
à-dire en tenant la note pointée exactement trois fois plus
longtemps que la note brève qui suit, est certes la réalisation
précise du texte écrit, mais c'est sûrement une erreur dans la
plupart des cas. Il en naît une espèce de sous-rythme ordonné, qui
anéantit le rythme pointé. La notation comporte bien entendu une
lacune ici. On n'a pas l'habitude d'exprimer en nombres la relation
souhaitée ; on ne peut pas par exemple écrire 9 au-dessus de la note
longue et 2 au-dessus de la brève. Dans la musique baroque, les
compositeurs écrivent très souvent une noire pointée et trois triples
croches. Ce qui n'est pas pour plaire aux musiciens malheureusement nombreux qui font profession de pédantisme ; ils calculent
donc le nombre de triples croches que devrait comporter une
croche, c'est-à-dire quatre, et les inscrivent en liant la première
d'entre elles à la note longue.

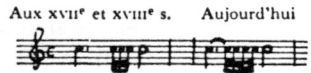

Cela, le compositeur aurait pu le faire aussi s'il l'avait voulu.
Mais ce qu'il souhaitait avoir, c'était une note longue et trois notes
brèves. Il ne faut rien y changer, même dans les nouvelles éditions,
car un rythme pointé se joue autrement — plus librement — qu'un
rythme noté exactement.

Nous avons malheureusement suivi au cours des cinquante
dernières années une tendance dangereuse, visant à une prétendue
authenticité, et oublié ou écarté toutes les bonnes traditions, qui
permettaient pourtant une lecture correcte du texte musical, au
profit de la simple notation musicale. En 1910 encore, ainsi que le
montrent de vieux enregistrements (telle répétition avec Bruno
Walter par exemple) on savait et sentait comment il fallait jouer un
rythme pointé. Ce n'est que depuis que Gustav Mahler a exigé que
l'on joue exactement ce qui est écrit que ces connaissances ont peu
à peu disparu. Je trouve regrettable que ce soit précisément l'idée
de fidélité au texte qui ait ainsi tué la véritable fidélité à l'œuvre, au
point qu'on ait oublié beaucoup de ce qui auparavant constituait

une science encore vivante. Aujourd'hui il nous faut faire l'effort de retrouver ces connaissances. La même chose vaut naturellement pour l'articulation. Beaucoup de musiciens pensent à présent qu'en l'absence de signes d'articulation ils doivent, par fidélité au compositeur, c'est-à-dire par prétendue authenticité — celle qui s'efforce de restituer les notes et non l'œuvre —, jouer les groupes de notes qui ne comportent pas d'indication sans articulation, tels qu'ils sont notés. Cette « authenticité » dont on parle tant me paraît sûrement le plus grand ennemi d'une interprétation honnête, car elle s'efforce de faire sonner la notation elle-même — sans la pensée qu'elle recouvre. La seule notation ne peut pas rendre une pièce de musique ; elle ne peut fournir que des points de repère. L'authenticité, dans le véritable sens du mot, est au contraire celle qui reconnaît dans les notes la pensée du compositeur et les joue donc en conséquence. Lorsque le compositeur écrit une ronde et qu'il pense une double croche, seul fait preuve d'authenticité celui qui joue la double croche, et non celui qui joue la ronde.

Pour conclure au sujet de l'articulation : étudions les sources, efforçons-nous de savoir tout ce que l'on peut savoir au sujet des liaisons et de leur exécution, essayons de sentir pourquoi la résolution d'une dissonance doit se rendre ainsi, pourquoi il faut jouer une note pointée de telle ou telle manière. Mais dès que nous faisons de la musique, oublions à nouveau tout ce que nous avons lu. L'auditeur ne doit pas avoir l'impression que nous jouons ce que nous avons appris. Cela doit être entré dans notre être, faire partie de notre personnalité. Nous ne savons même plus que nous avons appris telle règle ni où nous l'avons lue. Peut-être ferons-nous alors encore beaucoup de « fautes » — contre la lettre. Une « faute » qui vient de ma conviction, de mon goût et de ma sensibilité est plus convaincante que des idées que l'on fait sonner.

Le mouvement

Trouver le tempo dans lequel il faut jouer une pièce, la relation des tempi entre eux dans une grande œuvre en plusieurs mouvements ou dans un opéra, voilà certainement l'un des problèmes essentiels de la musique. Dans la musique grecque ou dans la monodie du début du Moyen Age, il en allait tout autrement. On pouvait jouer une seule et même pièce à différentes allures. La rapidité ne dépendait que du tempérament personnel, de même qu'on peut parler plus ou moins vite. Dans le langage, une phrase n'a pas non plus de tempo déterminé inhérent. La signification du texte n'en est pas tributaire. Dans le grégorien, on trouve souvent de grandes différences de rapidité, sans qu'on ait l'impression que la musique en soit modifiée. Dans ce genre de musique, le tempo ne paraît pas avoir joué un rôle décisif.

Les sources littéraires de l'époque disent ceci : dans la musique grecque, le rythme et le tempo sont une seule et même chose. Cela vient du rythme poétique, qui était le point de départ de toute musique. Les Grecs désignaient la poésie et le chant du même mot, pour eux chanter et réciter de la poésie étaient la même chose. On en conclut qu'ils chantaient en déclamant, ou déclamaient en chantant. Or, il existe en grec ancien trois rythmes et tempi fondamentaux différents :

1. Ceux qui ne comportent que des brèves sont rapides et conviennent aux danses guerrières, ainsi qu'à l'expression passionnée et résolue. Vers 1600, ils entrent dans la musique européenne en même temps que les idées de la Renaissance, tout comme les

notes répétées que Monteverdi a découvertes pour la musique guerrière du *Combattimento,* d'après le modèle grec (Platon), et qu'il a expliquées et justifiées de manière très persuasive.

2. Les rythmes composés de longues et de brèves étaient associés à l'idée de danse en ronde. Il s'agit vraisemblablement de rythmes analogues à ceux de la gigue.

3. Les rythmes composés uniquement de longues étaient en revanche lents ; ils se trouvaient dans les hymnes.

Lorsqu'on a commencé vers 1600 à utiliser la musique grecque dans la musique européenne, on a également repris ces principes expressifs. Le premier et le troisième rythme sont entrés dans le répertoire expressif de la musique occidentale. L'un était qualifié de fougueux, passionné et décidé, l'autre de mou, indécis, et passif.

Dans le grégorien, on trouve dès 900 après J.-C. des lettres indiquant le tempo, qui aujourd'hui, il est vrai, sont interprétées différemment. Au-dessus des neumes (signes qui restituaient de façon schématique les mouvements de mains du chef de chœur et qui devinrent donc la première notation de l'Europe chrétienne) se trouvent des lettres, telles que C (*celeriter*), M (*mediocriter*), T (*tarditer*), soit rapide, modéré, lent. Dans les lectures de la Passion, avec une répartition des rôles, ces différences de tempi devinrent très claires. Les « méchants » parlaient toujours plus rapidement ; et plus une figure était sacrée, plus le rythme était lent : les paroles du Christ étaient récitées très lentement, comme des hymnes. Beaucoup de ces principes se sont intégrés au récitatif du XVIIe siècle.

C'est avec l'avènement de la polyphonie que la question du tempo devient problématique. Il fallait alors, du moins à certains endroits, établir une concordance de tempo et parfois même de rythme. Ceci n'était pas possible avec l'ancienne notation en neumes ; il fallut donc trouver une notation entièrement nouvelle qui permît, dans une certaine mesure, de représenter le tempo et le rythme. A ce premier stade, l'harmonie de la polyphonie paraissait si exceptionnelle qu'il n'était plus question que de « lenteur ». Plusieurs sources parlent de « *moroditas* » pour faire durer la beauté de cette musique. Une belle musique polyphonique devait durer éternellement, on ne pouvait jamais s'en lasser. Malgré ces tempi très lents, qui n'ont prévalu que durant la première phase de la polyphonie, il devait régner, du moins sur les « battues » accentuées (on dirait aujourd'hui sur le *premier temps* de la mesure) une certaine exactitude et précision. Il devait y figurer des octaves, des quintes et des quartes ; à ces points cruciaux, toutes les voix devaient se rencontrer *précisément*. Entre ces « battues », il régnait une certaine liberté rythmique que l'on qualifierait sûrement de désordre aujourd'hui. On donnait ainsi l'impression d'une grande individualité des voix isolées, qui étaient assemblées et structurées métriquement dans une grande charpente de consonances et d'accents. Ce mètre fondamental était battu par le chef (par exemple avec un rouleau de musique).

Le tempo en tant que tel était encore une chose simple alors. Le passé nous a appris à considérer les qualificatifs rapide, lent, modéré comme relatifs. Ce n'est qu'avec la complication du rythme, qui intervient très rapidement dans la polyphonie, que la notation a dû être développée davantage. Ainsi, la musique que l'on exécutait à la cour papale d'Avignon, au XIVe siècle, — uniquement, pour un petit cercle de connaisseurs probablement — était d'une complexité rythmique telle qu'il est aujourd'hui encore très difficile d'en déchiffrer le déroulement d'après les textes musicaux de l'époque. Il est tout à fait impossible de rendre exactement cette musique dans notre notation. Dans la pratique, on ne peut donc pas traduire n'importe quelle musique dans notre notation. Notre croyance au progrès — la notation optimale, la meilleure technique, l'agriculture la plus efficace, etc. — se révèle ici erronée. Les différents systèmes de notation du passé n'étaient pas des étapes primitives vers la notation d'aujourd'hui, mais bien plutôt la notation appropriée à la musique de leur époque. Ils suggéraient aux musiciens le mode de jeu adéquat. La notation, en tant qu'image graphique d'un événement musical a bien quelque chose d'évocateur, elle exige vraiment une exécution qui lui corresponde. Une musique donnée trouvait toujours les signes qui lui convenaient ; par la notation employée autrefois, on pouvait aussi exprimer les valeurs intermédiaires, et tout ce qui a trait au rubato et à l'agogique.

La « brève » (▱ deux fois plus longue que la ronde actuelle : ◯) d'autrefois était une note courte, alors qu'aujourd'hui elle est très longue. Elle comportait trois battues dans le *tempus perfectum*, et deux dans le *tempus imperfectum*. Ce n'est que dans les cas douteux que l'on employait le point de prolongation : ▭ (normalement, une brève même sans point en *tempus perfectum* valait trois battues : ▭). La subdivision des notes se déduisait des signes mensuralistes qui figuraient au début de la ligne (○ = *tempus perfectum* ; C = *tempus imperfectum*, entre autres). Une note était en principe divisée en trois, car la division en trois passait pour parfaite (*perfectum*). La division en quatre, en revanche, était considérée comme imparfaite (*imperfectum*). Tout cela était lié à la mystique des nombres et à la théorie des proportions.

La question du tempo fut réglée vers 1300 par le système complexe de la notation mensuraliste. Cette notation exprimait des proportions d'une unité fondamentale donnée, invariable (la *valor integer*), si bien que la battue, le tempo et la mesure de la musique se trouvent fixés : à partir d'environ 1300 jusqu'assez loin dans le XVIe siècle. Si curieux que cela puisse paraître, on peut aujourd'hui reconstituer bien plus exactement le mouvement d'une pièce de 1500 environ que par exemple un tempo de Monteverdi, Bach ou Mozart. Au XVIe siècle l'ancien système s'affaiblit de plus en plus ; certes, les théoriciens l'enseignaient encore en toute rigueur, mais la pratique ne s'en souciait que fort peu ; c'était en soi un système merveilleux, dont on n'avait plus besoin de la réalisation sonore. Les signes restèrent encore en usage pendant un certain temps, mais dépourvus de leur signification proportionnelle rigoureuse ; certains d'entre eux sont encore employés aujourd'hui (C, ₵).

Après 1600, les différences de tempo s'expriment avant tout par des valeurs de notes différentes, — on qualifie même les valeurs de notes isolées : « très lent... naturel, ni rapide ni lent... modérément rapide... très rapide ». Battue et tempo, du fait que tout est exprimé dans les valeurs des notes, sont une seule et même chose, et le tempo est déterminé par les valeurs de notes. Les premières indications sont encore une confirmation de la notation : *tardo, lento, presto, allegro*, etc., figurent là où des notes longues ou brèves produisent un tempo lent ou rapide. Lorsqu'on regarde les éditions, les parties et les manuscrits anciens, on remarque que de telles indications ne figurent parfois que dans quelques parties, et toujours à des endroits où se trouve un changement de valeurs de notes, alors que le tempo reste constant dans l'absolu. On peut rencontrer par exemple dans une pièce alternativement *lento — presto* (ce sont les plus anciennes indications pour vif et lent), alors même qu'aux endroits où figure *lento* se trouvent des notes longues et aux endroits où figure *presto* des notes brèves. Souvent, également, ces indications n'apparaissent que dans la partie de continuo, qui en général n'a que des notes longues, vraisemblablement pour indiquer par exemple à l'exécutant que le soliste à cet endroit joue des notes rapides. Autrefois, on ne jouait pas sur partition, et la partie soliste n'était que rarement indiquée dans la partie de continuo. C'est pourquoi on notait au-dessus des notes longues de sa partie : *allegro*, ce qui signifiait uniquement que le soliste avait des notes rapides. Mais il arrive aussi qu'une telle indication figure dans la partie soliste, alors qu'on voit très clairement qu'une modification supplémentaire du tempo de base ne serait absolument pas possible, car les valeurs longues de notes — si l'on joue les notes rapides à une allure qui permette précisément encore de les jouer — sont déjà tellement lentes qu'un ralentissement supplémentaire n'aurait aucun sens. L'indication de tempo ne doit donc que confirmer la notation existante, sans modifier le tempo dans l'absolu. (Cette façon d'écrire se retrouve dans la notation jusqu'au cœur du XVIIIe siècle, dans quelques cantates de Bach par exemple.)

Au XVIIe siècle, les compositeurs s'efforçaient de formuler et d'indiquer dans les préfaces de leurs œuvres les tempi qu'ils souhaitaient ; ce n'est que peu à peu que les indications qui y étaient employées furent inscrites en tête de la pièce elle-même. Ils représentent alors des modèles donnés.

J'aimerais illustrer rapidement ici la manière dont des indications de tempo pertinentes sont nées de ces expressions et formules. A l'aide de phrases comme celles-ci : « avec une battue quelque peu accélérée », « d'autant meilleur que c'est plus rapide », « cette partie est à jouer très lentement », « doit être battu très vivement, sinon cela ne sonne pas bien », les auteurs du XVIe siècle s'efforçaient de transmettre leurs souhaits. Au début du XVIIe siècle, on trouve déjà les indications plus récentes de tempo et de caractère dans les préfaces des éditions de Frescobaldi de 1615 et 1637 : « Les commencements des toccatas sont à rendre lentement (*adagio*)... Dans la progression il faut s'attacher à distinguer les passages en les exécutant plus ou moins serrés (*stretti*)... Dans les partitas, que l'on adopte un tempo juste (*tempo giusto*)... Il ne convient pas d'exécuter très vif (*presto*) le commencement et de poursuivre avec lenteur (*languidamente*)... Dans les partitas, lorsqu'on rencontrera des passages... il conviendra d'adopter un tempo large (*tempo largo*). » Ces mots pour désigner le tempo, qui proviennent généralement de la langue italienne courante, furent peu à peu inscrits en tête de la musique, devenant en quelque sorte des termes techniques qui faisaient partie de la notation. Mais ils n'ont de signification qu'en relation avec la notation musicale, et n'ont aucune valeur absolue dans la détermination du tempo ; dans bien des cas il est plus important de les considérer comme des indications de caractère plutôt que de tempo. Fondamentalement, la première chose à découvrir, pour le tempo d'une pièce, est bien le caractère. Il est gai ou triste — avec tous les intermédiaires et toutes les ambiguïtés possibles. Ce qui est triste appelle un mouvement lent, ce qui est gai un vif. *Allegro* signifiait à l'origine un caractère gai (dans la langue parlée italienne, cela veut toujours dire gai), un tempo rapide ou simplement des valeurs de notes brèves dans un tempo neutre. Les mots les plus importants au XVIIe siècle sont : *lento, largo, tardo, grave, adagio, andante, allegro, presto.* Ces indications de tempo italiennes, encore usuelles aujourd'hui, déterminent donc dans la musique du XVIIe siècle le mouvement ainsi que l'expression musicale, laquelle en découle pour ainsi dire. Très souvent on trouve au milieu d'un *adagio* un passage *presto,* mais qui n'est ainsi indiqué que dans la partie qui joue des notes rapides ; le tempo de base demeure alors constant.

La relation des tempi entre eux est d'une importance particulière. Dans la musique de la Renaissance, il existait un tempo de base, qui dérivait de la marche ou du pouls — donc de la nature humaine — et avec lequel tous les autres tempi étaient mis en relation. Il existait pour cela un code de signes complexes, dont notre signe *alla breve* ₵ et le signe C pour la mesure à 4/4 sont encore des vestiges —, mais en tant que signes uniquement, et non plus dans leur acception originelle. Cette relation des tempi entre eux survit encore quelque temps au XVII° siècle dans la relation entre les mesures à quatre temps et les mesures à trois temps, donc entre les mesures binaires et ternaires. Cette relation se relâche d'ailleurs de plus en plus au cours de l'évolution. La relation rigoureuse de 2 à 3, qui permet toujours de considérer une mesure à trois temps comme un triolet par rapport à la mesure à deux temps, est déjà enfreinte très souvent chez Monteverdi. On le voit très clairement lorsque le même motif passe de la mesure à trois temps à la mesure à quatre temps ; il arrive alors très souvent que les rondes ou les blanches de la mesure à trois temps deviennent des croches ou des doubles croches dans la mesure à 4/4. Le mouvement de base se poursuit alors tout simplement.

Certains passages des dernières œuvres de Monteverdi mettent ce phénomène indiscutablement en évidence.

A partir du XVII° siècle, les relations de tempo perdent donc un peu de leur ancienne rigueur ; il devient dès lors plus difficile de trouver une loi, alors que pour l'époque antérieure celle-ci était très claire. Il existe quelques théories qui disent que toute la musique baroque qui n'était pas dirigée était fondamentalement dans un tempo unique, c'est-à-dire qu'elle se jouait toujours dans des rapports entiers, car les musiciens battaient la mesure avec leurs pieds ou avec un bâton. Un *adagio* devait donc être deux fois plus lent qu'un allegro, et ce principe resterait valable jusqu'au classicisme. Je suis persuadé qu'en réalité les relations sont bien plus subtiles et qu'il n'est nullement nécessaire, sous prétexte que des musiciens de province battaient la mesure à l'aide du pied, d'en faire un critère pour le tempo. Il existe dans ce domaine quelques travaux qu'on devrait en tout cas étudier avec la plus grande prudence, car leurs auteurs ne sont le plus souvent pas des praticiens de la musique et les théories qui découlent de leurs travaux se révèlent fréquemment inapplicables dans la pratique. Une lecture critique permet cependant d'en tirer quelque information.

Si les gradations de tempo — accélérations (*accelerandi*) et ralentissements — étaient improvisées spontanément à l'origine, à partir de la fin du XVIe siècle bon nombre de compositeurs cherchent manifestement des possibilités de les exprimer dans la notation. A cet égard, les préfaces de Frescobaldi sont encore une fois importantes. Dans la musique, il écrit les trilles en doubles croches ou en croches, et dans la préface il souligne qu'il ne faut pas les jouer en rythme, donc « comme ils sont écrits », mais *veloce* (rapidement). Cela nous montre avant tout que la notation en doubles croches ne représente qu'une idée approximative : l'exécution rythmiquement libre, d'allure improvisée, est expliquée dans la préface. Cette manière d'écrire fut ensuite remplacée par le signe pour le trille (tr). Les compositeurs et théoriciens anglais de la viole de gambe, comme Morley et Simpson, emploient des méthodes analogues pour rendre du moins de façon allusive des rythmes libres ; ils écrivent souvent des passages rapides qui commencent en doubles croches et se poursuivent en triples. C'était là une méthode très adéquate pour noter un *accelerando* (accélération). Tant qu'on n'avait pas trouvé et mis en usage les indications de tempo de ce genre, on s'efforçait d'exprimer dans les notes l'effet désiré ; l'accélération qui est notée *par paliers* doit se jouer *sans paliers*. Un exemple célèbre en est « Il trotto del cavallo » du *Combattimento* de Monteverdi. Le compositeur y représente l'allure de plus en plus rapide du cheval de telle manière que le même rythme se poursuit soudain deux fois plus rapidement : ▮⊟o|⊟o|od o d |, etc. En réalité, plutôt que cette accélération soudaine, c'est encore une accélération progressive qui est voulue ici (la seule qui soit possible dans le cas d'un cheval vivant), mais dans la notation d'autrefois, celle-ci ne pouvait être rendue autrement. On pouvait également exprimer de cette manière des ralentissements progressifs (*ritenuti*), en doublant simplement les valeurs des notes. Cette façon de noter les modifications de tempo se retrouve encore chez Vivaldi et Haendel, mais elle est souvent mal comprise et interprétée comme un changement brutal de tempo, que l'on joue « tel qu'il est écrit ».

Au XVIIIe siècle, certaines figures (groupes de notes) exigent un tempo donné. Les « figures » musicales sont de courts enchaînements de notes, analogues à des pierres de construction musicales, ou des « mots sonores », qui demandent un certain déroulement cohérent, lorsqu'elles sont articulées de manière intelligible ; ceci conduit à un tempo donné. La mesure et l'indication de tempo appartiennent donc maintenant à deux domaines entièrement différents : la mesure est une donnée extrêmement rationnelle, l'indication de tempo une donnée irrationnelle, qui doit être rapportée à autre chose. L'indication de mesure, même avec une indication de tempo, ne suffit plus maintenant à établir clairement un tempo. Les musiciens disaient qu'on devait deviner d'après la pièce si le mouvement qu'elle exigeait était lent ou vif (Leopold Mozart). Il ne peut s'agir ici que des « figures » — qui servent donc de points de repère pour le tempo.

A l'époque de Bach, le tempo d'une pièce pouvait se déduire, en l'absence d'autres explications, de quatre facteurs : le caractère musical (qu'il fallait donc deviner avec une certaine finesse), le signe de mesure, les plus petites valeurs de notes présentes, et le nombre d'accents par mesure. Les résultats pratiques tirés de ces critères concordent avec d'autres sources, tels les traités par exemple, si bien qu'ils constituent une information extrêmement fiable.

Bien entendu, il n'existait pas — et il n'existe pas — de règles rigides, car le mouvement exact était également déterminé par divers facteurs extra-musicaux, comme l'importance de la formation chorale et orchestrale, l'acoustique de la salle et ainsi de suite. On avait appris et on savait déjà autrefois, bien sûr, qu'un grand orchestre doit jouer plus lentement qu'un petit, qu'il faut jouer moins vite dans une salle réverbérante qu'on ne le ferait dans une acoustique « sèche », etc. En réalité un tempo identique peut paraître différent d'une interprétation à l'autre ; outre la salle et la formation, l'articulation joue également à cet égard un rôle important. Un ensemble dont l'articulation est riche paraît jouer plus rapidement et de façon plus animée que tel autre qui joue de manière ample et uniforme.

En général, les sources nous indiquent que les anciens adoptaient des tempi sensiblement plus rapides qu'on ne leur en prête aujourd'hui, en particulier dans les mouvements lents. Mais même les mouvements vifs étaient manifestement joués avec une haute virtuosité et une grande vélocité, ainsi que le montrent les références au pouls (estimé à 80 battements par minute après un repas) et la technique de jeu (le fait que les doubles croches pouvaient encore être jouées aux cordes en coups d'archet séparés et par les vents en double coup de langue). Quant à Bach, nous sommes renseignés par son fils Philipp Emanuel (cité par Forkel dans sa biographie de Bach) : « Dans l'exécution de ses propres pièces il prenait habituellement un tempo très vif... »

Mozart emploie une quantité inhabituelle d'indications de tempo très différenciées. Un *allegro* par exemple chez lui est très rapide et fougueux. Il y ajoute parfois un mot explicatif (très souvent après coup) comme : *aperto, vivace, assai*. La signification d'*allegro aperto* n'est pas tout à fait claire. Si l'on me disait uniquement *allegro aperto*, sans que je connaisse la pièce en tant que telle, je penserais volontiers qu'*aperto* accélère le tempo. Mais si l'on compare entre eux les mouvements ainsi désignés par Mozart, il semble qu'ils doivent se jouer un peu plus lents, moins fougueux, peut-être aussi plus simplement, plus « ouverts ». L'*allegro vivace* réclame la *vivacité* dans un mouvement par ailleurs gai et rapide ; cette vivacité a trait, de même que dans les mouvements marqués uniquement *vivace*, avant tout à l'accentuation des valeurs de notes brèves, de sorte que le tempo d'ensemble est certes le plus souvent un peu plus lent, mais l'impression de mouvement et de vivacité plus forte que dans l'allegro « normal ». De telles indications sont souvent mal interprétées, si bien que les mouvements paraissent inarticulés et agités. *Allegro assai* signifie une nette accélération.

Les corrections (qu'on ne peut malheureusement trouver que sur les autographes, et non dans les éditions courantes) sont particulièrement riches d'enseignements. L'indication *allegretto* me dit bien plus lorsque je sais que le compositeur à la suite peut-être du travail avec l'orchestre, l'a mise à la place de l'*andante* d'origine.

(On trouve très souvent de telles corrections, extrêmement instructives, chez Haendel aussi.) Des successions d'indications comme *andante* — *più andante* — *più adagio* peuvent mener à des erreurs d'interprétation si l'on ne les comprend pas dans leur acception courante d'autrefois. Il s'agit par exemple de savoir, dans le quatrième mouvement de *Thamos*, K. 345, de Mozart, si *più andante* est plus vif ou plus lent qu'*andante*. Comme *andante* désignait autrefois un tempo plutôt rapide, au sens d' « allant », le renforcement « plus » (*più*) correspond donc à une accélération. Dans le cas du mouvement cité, qui est un mélodrame, le contenu confirme cette interprétation — et cependant ce passage est souvent exécuté à contresens, avec un ralentissement.

J'aimerais pour conclure expliquer encore quelques indications de tempo en rapport avec l'ornementation. Tout d'abord *grave* : ce qualificatif d'un mouvement lent signifie « sérieux », ce qui veut donc dire qu'en principe on ne doit pas ajouter d'ornements. Chez Haendel par exemple, tout musicien éprouve un certain plaisir, en raison de la simplicité mélodique, à improviser des ornement dans les mouvements particulièrement lents. Cela convient à un *largo* ou à un *adagio*, mais non à un *grave*. Les introductions des ouvertures à la française sont presque toujours marquées *grave*, elles sont d'un caractère grave ou solennel de marche, ne sont pas chantantes et ne doivent pas être ornées.

Le mot *adagio* en revanche signifie le plus souvent dans un mouvement lent que l'on peut ou que l'on doit orner. Souvent l'indication *adagio* se trouve sur des notes ou des mesures isolées au sein d'un mouvement *grave*, lorsqu'une modification de tempo du passage n'est absolument pas possible. Elle signifie alors à peu près : ici veuillez orner ! Quantz demande qu'on ne *surcharge* un *adagio* d'ornements ; cependant les exemples qu'il nous donne d'une ornementation « économe » nous paraissent à présent très exubérants et surchargés. Aujourd'hui, on ferait bien de ne pas imiter tout ce qui est recommandé en matière d'improvisation et d'ornementation dans les traités anciens, car l'improvisation est très liée au style et à l'époque. Des ornements rococo improvisés par un homme rococo du XVIIIe siècle ne sauraient se comparer aux ornements rococo que nous proposons aujourd'hui. Le malaise que nous éprouvons, lorsque par exemple un air de Mozart est inondé d'ornements exubérants, repose sur une réaction saine. L'ensemble de l'air est ainsi rabaissé au niveau d'une copie de style. Il serait plus important de donner une mélodie simple de façon imaginative et intéressante plutôt que d'en détourner l'attention par des ornements ingénieux et sportifs. Bien entendu, il existe suffisamment de musique des XVIIe et XVIIIe siècles qui supporte, voire exige, une ornementation improvisée.

L'improvisation et l'ornementation ont toujours été considérées comme un art qui demandait de grandes connaissances, de l'imagination, et le goût le plus fin ; ce sont elles qui donnent à chaque exécution ce caractère unique, qui ne se répète jamais. Dans les descriptions de bons musiciens, entre 1700 et 1760, on entendait par l'expression « bon joueur d'adagios » un musicien qui savait orner de manière sensée. Il pouvait partir de la plus simple des mélodies pour ses ornements, mais il ne devait pas troubler pour autant le contenu expressif de la pièce. Ce n'est que lorsque le caractère fondamental est préservé que l'on peut parler d'un authentique art de l'improvisation. Pour les chanteurs, en ce qui concerne les ornements dans les opéras baroques ou de Mozart, il importait avant tout que ceux-ci soient adaptés au caractère du texte. Le chanteur devait exprimer et renforcer le caractère de la mélodie simple par des ornements justes, trouvés spontanément. L'ornementation qui ne fait que souligner l'habileté du chanteur ou du soliste instrumental est sans valeur — virtuosité vide de sens. Il devait y avoir une nécessité interne aux ornements, qui pouvaient ainsi renforcer l'expression sous-jacente de l'œuvre de manière tout à fait personnelle.

Système sonore et intonation

La hauteur absolue du diapason est une question particulièrement importante, aussi bien pour les chanteurs que pour les instrumentistes. Il existe bon nombre de textes anciens qui disent : le diapason était en France plus haut ou plus bas qu'ailleurs ; ou le diapason d'église était plus haut ou plus bas que le diapason de « chambre », c'est-à-dire dans les lieux où l'on exécutait la musique profane. Mais en dehors du larynx humain et de divers instruments, diapasons à fourche ou à vent anciens qui n'ont pas été modifiés, il n'existe pas de véritables points de repère. Lorsqu'on examine ces instruments, on découvre par exemple que ceux qui datent de l'époque de Monteverdi en Italie étaient presque tous au diapason d'aujourd'hui, ou même un peu plus haut. L'étendue demandée à la voix humaine, pour la basse, allait jusqu'au *do* grave, ce qui est très bas. Mais les auteurs anciens disent aussi que seule une basse ayant une très bonne formation pouvait descendre aussi bas, alors que les basses courantes, telles qu'on les trouvait dans les écoles, ne descendaient que jusqu'au *sol*. Il en va au fond de même aujourd'hui. Il n'est en tout cas que fort peu de voix qui descendent au *do* grave. (Cette limite inférieure permet de conclure que le diapason ne peut pas avoir été plus bas autrefois en Italie — le « diapason ancien » est donc variable et peut-être plus haut ici et plus grave là.) Auparavant on chantait plutôt dans le registre médian et on ne montait que très rarement dans l'extrême aigu. Aujourd'hui il en va autrement : tout chanteur veut, autant que possible, chanter dans le registre le plus aigu — et toute chanteuse de même. Une soprano véritable est malheureuse lorsqu'elle ne peut pas chanter entre le $ré^4$ et le $ré^5$. Les ténors veulent également chanter le plus haut possible ; ils prétendent ainsi qu'il faut faire chanter les parties de ténor de Monteverdi par des barytons, et qu'elles sont trop graves pour un ténor. Praetorius dit cependant expressément (1619) que la voix humaine « lorsqu'elle va dans le médium et un peu dans le grave » est bien plus gracieuse et agréable à écouter que lorsqu'elle « doit forcer et crier dans l'aigu ». Il affirme également que les instruments sonnent mieux dans le grave ; mais aussi que le diapason courant monte sans cesse. Aujourd'hui encore cette tendance subsiste, qui veut qu'au fil du temps le diapason d'un orchestre monte de plus en plus. Quiconque a observé le diapason des différents orchestres au cours des trente dernières années pourra le confirmer. C'est un problème qui a son importance, y compris pour le musicien d'aujourd'hui.

Il faudrait, me semble-t-il, chercher à déterminer d'où vient cette tendance malencontreuse à hausser constamment le diapason. Moi-même, pendant dix-sept ans, j'ai joué en orchestre et constaté que les chefs disent constamment que tel musicien joue trop bas, mais jamais qu'il joue trop haut. Il y a bien entendu à cela une raison, car dans une harmonie qui n'est pas juste, l'oreille se repère automatiquement sur le son le plus aigu relativement. Ce qui en comparaison est plus grave est ressenti comme faux, même si objectivement c'est juste. On pousse donc toutes ces notes censément trop basses vers le haut, jusqu'à ce qu'elles soient aussi hautes que les (trop) hautes. Quelle en est la conséquence ? Chaque musicien, voulant éviter que le chef ne lui dise : « tu es trop bas », s'accorde par avance trop haut. (Cela vaut avant tout pour les deuxièmes instrumentistes des pupitres de vents, car ce sont eux qui s'entendent dire le plus souvent qu'ils jouent trop bas. Lorsqu'ils achètent un instrument neuf, ils le raccourcissent aussitôt, ce qui le rend plus aigu.) La seule issue à ce problème du diapason qui monte irrésistiblement est de savoir à quoi il tient et de toujours se repérer sur une base exacte. Il faut renoncer à se fier aux impressions pour les questions de justesse d'intonation, sinon rien ne sera plus d'accord, car personne ne voudra jouer le plus bas. (Il est un dicton chez les musiciens d'orchestre qui dit : « Plutôt trop haut que faux ! ») Je crois que si les musiciens en savaient un peu plus sur l'intonation et ne s'en remettaient pas toujours au sentiment et à l'oreille, on pourrait très bien maintenir le diapason à un niveau donné.

La question de l'intonation juste est sans réponse. Il n'existe pas de système naturel d'intonation unique qui vaille pour *tous* les hommes. L'éducation nous familiarise avec un système sonore, qui peut être l'un des cinq ou six systèmes sonores de notre culture, ou même un autre, dans lequel la hauteur du son est mesurée à l'aide de grains de blé ou de cailloux — et tout homme qui s'est habitué à un tel système, entend et chante ou joue d'après lui. Dans bon nombre de régions d'Europe, la musique populaire emploie des instruments à vent naturels (des cors, par exemple), sur lesquels on ne peut jouer que les harmoniques naturels. Les mélodies ne peuvent être jouées que dans la quatrième octave (huitième à seizième harmoniques), où la quarte sonne très « impure », car le onzième harmonique se trouve à peu près entre *fa* et *fa* dièse, en sorte que la quarte (*do-fa*) est bien trop haute.

Dans les régions où l'on joue sur de tels instruments, on *chante* aussi cet intervalle, on y est habitué, on le perçoit comme juste ! Il faut comprendre que nous ne pouvons pas faire d'*un* système d'intonation la norme pour tous ; ce qui pour nous est juste peut être faux pour d'autres. Tout ce qui est en accord avec un système donné est donc juste. Le plus souvent, nous avons formé notre oreille au tempérament égal du piano. Les douze demi-tons y sont accordés exactement équidistants, en sorte qu'il n'existe à proprement parler qu'une tonalité majeure unique, transposable par demi-tons ; malheureusement, nos oreilles sont formées à ce système. Si avec ce seul système on entend de la musique dont l'intonation obéit à un autre système — si parfait soit-il — on a l'impression d'entendre jouer faux. Or le système d'intonation de l'époque de Monteverdi, par exemple, du XVIIe siècle, est un de ces *autres* systèmes ! Lorsque aujourd'hui on entend de la musique exécutée même parfaitement suivant ce système, on pense que tout sonne effroyablement faux. Mais, inversement, lorsqu'on entend avec cet autre système dans l'oreille l'intonation actuelle, celle-ci ne paraît pas moins fausse. On voit donc clairement qu'il n'y a pas ici de vérité absolue et objective. On ne peut discuter de la justesse d'intonation qu'au sein d'un système. Si mon intonation est juste au sein d'*un* système, alors elle est parfaite, même si elle paraît fausse à une oreille formée à un autre système.

Malheureusement, à notre époque, où les connaissances profondes et authentiques sont remplacées, souvent très officiellement, par des bavardages ineptes, où l'esbroufe est monnaie courante, on a pris l'habitude de faire de grands discours sur des sujets qu'on ne connaît pas. On ne cherche absolument pas à s'informer : on parle, comme si on comprenait quoi que ce soit à la question. Un des thèmes qui en souffre particulièrement souvent est la musique. Presque tout le monde en parle, comme s'il s'y connaissait, que ce soit de la justesse d'intonation (« Comment, vous n'avez pas entendu comme il a joué faux ? »), des tonalités (« dans la tonalité douce de *mi* bémol majeur... ») et seule l'égale ignorance des interlocuteurs leur permet d'éviter les grands impairs. Les questions concernant l'intonation et les tonalités sont devenues — y compris dans la littérature spécialisée — les plus purs sujets d'esbroufe.

La musique des XVIe et XVIIe siècles était bâtie, pour ce qui concerne l'intonation aussi, sur la théorie dite des proportions, dans laquelle les rapports de fréquences, c'est-à-dire la série des harmoniques, servaient de principe directeur. Le point de référence était le son fondamental, le numéro un de la série des nombres et des sons, correspondant à peu près au point de fuite de la perspective ; il symbolisait l'unité, Dieu. Plus le rapport numérique était simple, et plus il était noble et bon (y compris moralement) ; plus il était compliqué ou éloigné du son premier, plus il était mauvais, chaotique. Tout intervalle peut s'exprimer sous forme de rapport numérique (de proportion) (ainsi l'octave 1:2, la quinte 2:3, etc.) ; sa qualité peut se mesurer en fonction de la proximité de l'unité, du son fondamental comme base (*do* = 1, 2, 4, 8, etc.), de même qu'à sa simplicité. Nos conceptions tirées de la théorie de l'harmonie n'ont ici aucune valeur — la perfection des sons se lisait dans les nombres. Inversement, on pouvait aussi se représenter tous les rapports numériques simples comme des sons. L'harmonie des sphères de Kepler repose là-dessus, mais aussi une architecture « sonnant » harmoniquement ; lorsque les proportions visibles d'un bâtiment étaient réductibles à des rapports numériques simples, on pouvait alors les voir et les entendre comme des « accords ». Palladio a ainsi souvent composé les plans de ses édifices comme une sorte de musique pétrifiée. L'harmonie, dans la musique, repose donc d'après ces théories sur un principe analogue à celui du nombre d'or en architecture. Tous deux produisent sur la sensibilité et l'esprit humain une impression d'ordre, par le biais d'un rapport simple, naturel. L'idée baroque, selon laquelle la musique serait un reflet ou une image de l'ordre divin, valait à cette époque pour toute la musique, fût-elle profane. L'opposition sacré profane ne jouait d'ailleurs pas autrefois un rôle aussi important qu'aujourd'hui. (L'unité entre les diverses tendances de la musique n'était pas encore rompue ; fondamentalement, toute sorte de musique, quelle qu'en fût la forme, était autrefois perçue comme sacrée.)

Les intervalles harmoniques représentent dans la théorie des proportions un ordre créé par Dieu ; toutes les consonances correspondent à des rapports numériques simples (2:3 = la quinte ; 3:4 = la quarte ; 4:5 = la tierce majeure, etc.). Ce qui se rapproche le plus de l'unité est ressenti comme étant plus agréable, plus achevé que ce qui s'en éloigne, et qui est dominé par les mauvaises proportions ou même par le chaos. La relation 4:5:6 passait pour parfaite : elle est bâtie sur le son fondamental (*do*), ses nombres sont consécutifs et produisent trois notes harmoniques consonantes *différentes* (*do, mi, sol*), un accord majeur — harmonie parfaite et consonance la plus noble (*trias musica*). C'était le symbole de la sainte Trinité. (L'intonation devait suivre précisément les quatrième, cinquième et sixième harmoniques !) L'accord parfait mineur (10:12:15, *mi, sol, si*) a une proportion sensiblement plus mauvaise : il n'est *pas* bâti sur le son fondamental, ses nombres sont plus éloignés de un et ne sont *pas* consécutifs, puisqu'il se trouve d'autres nombres (sons) entre eux (11, 13, 14). Cet accord passait pour inférieur, faible et féminin, au sens hiérarchique négatif. (Zarlino nomme l'accord parfait mineur « *affetto tristo* » — mauvais sentiment.) Toutes les harmonies avaient ainsi une valeur « morale », et on comprend pourquoi il fallait autrefois terminer tout morceau sur un accord parfait majeur : on ne pouvait conclure une œuvre dans le chaos. (Les infractions occasionnelles à cette règle trahissent une intention particulière.) Les instruments jouaient un rôle important dans la théorie des proportions. Ainsi la trompette, par exemple, sur laquelle on pouvait jouer exclusivement les harmoniques naturels, devint une sorte d'incarnation sonore de la théorie des proportions ; elle ne devait être introduite que lorsqu'il s'agissait de Dieu ou des plus éminentes altesses. Les tonalités de *do* majeur ou *ré* majeur avec trompettes étaient réservées au pouvoir suprême ; les trompettistes tiraient profit de cette situation et se situaient bien au-dessus des musiciens ordinaires.

Les nombres ont joué un rôle immense non seulement dans la théorie des proportions, mais dans toute la musique baroque. Chez Bach par exemple on rencontre sans cesse des nombres qui représentent des jeux arithmétiques ou des carrés magiques, ou qui renvoient souvent aussi à des passages de la Bible ou à des données biographiques. Ces nombres sont codifiés des manières les plus diverses : par exemple le nombre de répétitions de notes, de mesures, certaines valeurs de notes, différentes hauteurs de notes, etc. La connaissance de la symbolique et de l'alphabet des nombres était chose courante, au point qu'un compositeur pouvait incorporer artificiellement dans ses œuvres des messages codés de ce genre, dont une part était sûrement comprise à l'audition et à la lecture de sa musique.

Dès l'Antiquité, on employait en rapport avec la musique, en même temps que les nombres, de nombreux symboles religieux et astronomiques. Certains chapiteaux de cloîtres espagnols représentent, ainsi que l'a expliqué Marius Schneider dans son livre

Singende Steine (Pierres chantantes), certaines mélodies : lorsqu'on traverse un de ces cloîtres à partir d'un point donné, les sculptures des chapiteaux — des figures symboliques de la littérature et la mythologie grecques, qui sont également des symboles de notes données — forment au moyen de ces notes l'hymne du saint à qui le couvent est dédié ; les chapiteaux purement ornementaux qui se trouvent entre ceux-là représentent les silences.

Outre la théorie des proportions, il existait dans la musique baroque — et il existe encore aujourd'hui — des *caractéristiques tonales*, qui constituaient un élément fondamental pour la représentation des différents sentiments. Celles-ci étaient, peut-être encore plus que la théorie des proportions, très liées à l'intonation et aux divers systèmes qui la régissent. Un bref aperçu éclairera peut-être l'importance, soulignée plus haut, de l'intonation en tant que moyen d'expression.

Dès le début, on s'est efforcé de représenter au moyen de la musique divers états d'âme, afin de toucher l'auditeur. Pour cela, on découvrit bientôt des possibilités de différenciation musicale que l'on peut faire remonter jusqu'à la musique grecque. Dans cette dernière il existait tout d'abord une symbolique et une caractéristique de la *note isolée*. Celle-ci était liée à un symbole, elle incarnait ce symbole. Il s'agissait en premier lieu d'astres, de saisons, d'animaux mythologiques, de dieux qui représentaient et inspiraient un sentiment particulier. Cela aboutit à une sorte de symbolique des tonalités : on transféra à la gamme bâtie sur la note isolée en question la caractéristique de son fondamental ; si bien que cette « tonalité » inspire à l'auditeur l'association correspondante.

Les gammes de la musique grecque sont formées à partir de quintes (et non, comme la série de sons naturels représentée p. 80, à partir des harmoniques de la troisième et de la quatrième octave) :

sol la si do ré mi sol la si

Échelle pythagoricienne
Tierce pythagoricienne

La gamme pythagoricienne ainsi construite devint alors le système d'intonation en vigueur pour toute la musique du Moyen Age. La tierce qui en découle (tierce pythagoricienne) est un intervalle sensiblement plus grand que la tierce naturelle (4:5) décrite plus haut, et n'est pas comme celle-ci consonante mais *dissonante*. Le système pythagoricien paraît très beau et très convaincant dans la musique monodique, de même que la tierce pythagoricienne sonne très bien dans un contexte mélodique. Les divers fragments que l'on peut extraire de cette gamme fondamentale, en commençant à chaque fois sur une note différente, correspondent aux échelles grecques. C'est à partir de ces gammes grecques que furent finalement construits les modes ecclésiastiques du Moyen Age ; ceux-ci portaient les anciens noms grecs (dorien, phrygien, lydien, mixolydien) et chacun d'entre eux était associé à un certain domaine expressif. Tant que la musique demeurait monodique ou que la polyphonie reposait sur les quintes, quartes et octaves, le système d'intonation pythagoricien pouvait être maintenu, et convenait au mieux à la musique de ce genre. Ce n'est qu'avec l'introduction dans la pratique de la *tierce naturelle,* consonance harmonieuse et sensuelle, que la polyphonie put se déployer pleinement. L'accord parfait majeur (le *trias musica*) devint peu à peu l'harmonie centrale, qui déterminait le mode et la tonalité. Finalement, à la fin du XVIIe siècle, il ne restait de tous les modes ecclésiastiques que la gamme majeure — ce qui aurait signifié un appauvrissement considérable des possibilités d'expression si on n'avait pas réussi à donner à chaque transposition de cette gamme unique un caractère propre : en sorte que *si* majeur par exemple produit un autre effet que *do* majeur, bien qu'en principe tous deux utilisent la même échelle. Si la différence résidait auparavant (pour les modes d'église) dans la succession des intervalles, les diverses tonalités, majeures, elles, ne pouvaient plus se distinguer que par une *intonation* différente. La nécessité d'une caractérisation tonale est à la base du système d'accord bien tempéré.

Du « mésotonique » à l'« accord bien tempéré »

Lorsqu'on découvrit que la tierce naturelle, de sonorité si agréable, et avec elle l'accord parfait majeur étaient à la base de notre système tonal, il se posa de nombreuses questions touchant la manière de résoudre les problèmes d'intonation qui s'ensuivaient sur les divers instruments. Seuls les instruments à vent naturels (cors et trompettes) étaient parfaitement adaptés au nouveau principe. Pour les instruments à clavier (orgue, clavicorde et clavecin), il fallait trouver un système d'accord qui permît la nouvelle intonation à tierces pures autant que possible avec les douze notes par octave. Avec l' « accord mésotonique » on découvrit un tel système. Son principe caractéristique est que les tierces majeures doivent être *absolument pures,* au détriment des autres intervalles. (Il faut bien comprendre qu'il ne peut y avoir d'accord « pur » sur un instrument à clavier, et que chaque système favorise certains intervalles aux dépens des autres.) Dans l'accord mésotonique il n'existe pas de changement en-harmonique, car chaque note a une signification unique : un *fa* dièse par exemple ne se confond pas avec un *sol* bémol. Pour obtenir un tel accord à tierces pures, toutes les quintes doivent être passablement réduites ; tel est le prix qu'il faut payer pour les tierces pures.

L'accord « mésotonique » :

      〰〰〰 Intervalles réduits
      -- -- -- Intervalles agrandis
      ——— Intervalles purs

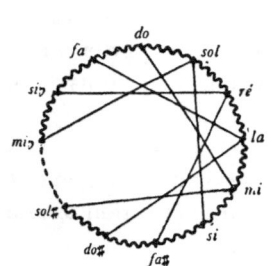

Toutes les quintes de *mi* bémol à *sol* dièse sont réduites d'un quart de comma. Il reste alors la quinte du loup (*sol* dièse-*mi* bémol), bien trop grande, inutilisable musicalement, et qui est en fait une sixte diminuée.
Toutes les tierces indiquées sont pures. Toutes les autres tierces sont bien trop grandes et inutilisables. Le cercle des quintes ne peut être refermé.

Curieusement, on entend à peine la quinte dans un accord parfait dont la tierce est pure, car elle est divisée par cette tierce. Cet accord s'appelle mésotonique car la tierce majeure (*do-mi* par exemple) est divisée (par le *ré*) *exactement en son milieu* et non, comme dans la série des harmoniques dans le rapport 8:9:10 (où il existe un grand ton majeur *do-ré* et un petit ton majeur *ré-mi*). Cet accord à tierces pures paraît harmoniquement très doux et détendu, mais bien entendu toutes les tonalités *praticables* sonnent exactement pareilles. Les gammes et les passages chromatiques sonnent de façon particulièrement intéressante sur un instrument accordé suivant le système mésotonique. Lorsqu'on joue les demi-tons isolés les uns à la suite des autres, l'effet est extraordinairement coloré et diversifié, les demi-tons étant en effet de grandeur très différente. Le concept de chromatisme, exceptionnellement, porte bien son nom ici. Le *fa* dièse y est une nouvelle couleur du *fa*. Le demi-ton chromatique *fa-fa* dièse produit l'effet d'une coloration, alors que le demi-ton *fa* dièse-*sol*, qui n'est pas chromatique, représente un véritable intervalle concret.

Pour les musiciens d'aujourd'hui, il est très difficile dans un premier temps de jouer ou de chanter des tierces pures, car, habitués aux tierces tempérées du piano, ils ont l'impression que les tierces naturelles justes sont fausses et trop petites.

Venons-en maintenant aux accords « bien tempérés ». Tempérer signifie égaliser ; on a donc sciemment accordé quelques intervalles faux (mais autant que possible dans une proportion acceptable) afin de pouvoir jouer dans toutes les tonalités. Le plus primitif des accords bien tempérés est le tempérament dit « égal ». L'octave y est divisée en douze demi-tons rigoureusement égaux, et tous les intervalles à l'exception de l'octave sont quelque peu faussés. Dans cet accord, qui est aujourd'hui couramment usité, il n'existe pas de caractéristiques tonales : toutes les tonalités sonnent de manière identique, mais à des hauteurs différentes. Mais si, comme au XVIIIe siècle, on entend par *bien* tempéré un tempérament à la fois bon et utilisable, ce système d'accord moderne est alors l'un des plus mauvais. (On le connaissait du reste déjà autrefois, même si techniquement il n'était pas réalisable avant l'invention des instruments d'accord électronique.)

Un accord « bien tempéré (Werkmeister)

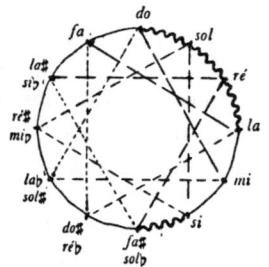

Quatre quintes sont réduites d'un quart de comma *(do-sol ; sol-ré ; ré-la ; la-mi)*, toutes les autres étant pures. Le cercle des quintes est fermé.
Les tierces sont plus ou moins proches de la justesse naturelle. Cette différenciation est à l'origine des caractéristiques tonales.
Les meilleures tierces sont *fa-la* et *do-mi ; sol-si, ré-fa* dièse, *si* bémol-*ré* sont presque aussi bonnes ; *mi* bémol-*sol, la-do* dièse, *mi-sol* dièse, *si-ré* dièse sont franchement plus mauvaises. Toutes les autres tierces sont pythagoriciennes et donc trop grandes pour l'oreille.

Dans les bons systèmes bien tempérés, toutes les tierces majeures ne sont pas égales : *fa-la, do-mi, sol-si, ré-fa* dièse sont ainsi accordées plus pures, c'est-à-dire plus petites, que les autres tierces ; si bien que les quintes doivent également différer entre elles. Toutes les tonalités sont donc praticables, mais sonnent différemment : *fa* majeur paraît bien plus doux et plus détendu que *mi* majeur. Les divers intervalles sont différents dans chaque tonalité, tantôt plus justes, tantôt moins, d'où les caractéristiques tonales. Elles résultent des tensions plus ou moins fortes, conditionnées par l'intonation, qui croissent à mesure que l'on s'éloigne du centre que constitue *do* majeur et qui sont également ressenties comme une espèce de nostalgie des belles tonalités sans tension (*fa* majeur, *do* majeur, *sol* majeur).

On ne devrait en tout cas jamais affirmer précipitamment qu'un musicien joue faux ou juste. Il existe en effet des systèmes très divers, et lorsque quelqu'un joue juste dans un système auquel notre oreille n'est pas habituée, nous sommes injustes à son égard en disant qu'il joue faux. Moi-même je suis tellement habitué aux tempéraments inégaux que le piano tel qu'on l'entend habituellement me paraît effroyablement faux, même s'il est très bien accordé. Ce qui importe avant tout, c'est donc qu'un musicien joue juste dans son système.

Il apparaît dans la pratique, il est vrai, que la musique des XVIe et XVIIe siècles ne peut être exécutée de manière adéquate que dans un tempérament à tierces pures. Lorsqu'on travaille *seulement* avec des chanteurs ou des cordes il n'est pas nécessaire d'employer toutes les caractéristiques de l'accord mésotonique, destiné aux instruments à clavier. On ne cherchera pas à faire les huitième et neuvième harmoniques égaux ni à affaiblir les quintes, mais plutôt à produire des tierces parfaitement justes (ce que de toute façon chacun fait pour les quintes). Il n'est certainement pas souhaitable de parvenir à une pureté absolue pour tous les intervalles, car tout effet artistique est fondé sur la nostalgie de la perfection. La perfection, en tant qu'objectif atteint, serait d'ailleurs inhumaine et qui plus est d'un ennui insupportable. Une part importante de la sensation et de l'audition musicales repose sur la tension entre la nostalgie de la justesse parfaite et le degré de justesse effectivement atteint. Il existe des tonalités ayant un haut degré de justesse et où cette tension est très faible, et d'autres qui sont très peu justes et qui comportent donc beaucoup de tension. L'intonation est ainsi pour l'interprétation un moyen d'expression très important. Il n'existe pourtant pas de système d'intonation qui conviendrait à l'ensemble de la musique occidentale.

Musique et sonorité

Lorsqu'on s'occupe beaucoup, en tant que musicien, des questions de sonorité, qu'on leur accorde une place importante dans le cadre de l'interprétation, il surgit d'inéluctables problèmes touchant aux critères historiques. On connaît à peu près la formation instrumentale et vocale qu'il faut pour la musique à la cour papale d'Avignon au XIVe siècle, pour les différentes chapelles de cour de l'époque Maximilienne (vers 1500) ; on peut se faire une idée assez précise de la chapelle du duc de Bavière que dirigeait Lassus (vers 1560) ; sur la sonorité orchestrale et vocale de l'époque de Monteverdi (après 1600), Monteverdi lui-même, mais aussi Michael Praetorius (1619) nous ont laissé des documents assez précis ; on peut très bien se représenter la sonorité de l'opéra du XVIIe siècle en faisant les études nécessaires ; on tient aujourd'hui pour possible de reconstituer sans peine le son de l'orchestre et du chœur de Bach ; on sait certaines choses sur le monde sonore de la musique de Mozart ; on connaît la sonorité de l'orchestre wagnérien. Au terme de cette évolution se trouve l'orchestre symphonique en usage aujourd'hui.

Récemment encore, l'esthétique musicale et l'organologie adoptaient face à l'ensemble de ces questions complexes un point de vue auquel l'histoire de l'art a renoncé depuis longtemps — celui selon lequel il s'agit d'une évolution à partir d'un stade initial primitif, à travers de constantes améliorations, jusqu'à un état optimal toujours situé dans le présent. Ce point de vue ne se laisse justifier ni par l'esthétique ni par l'aspect technique ou historique. Ce qui est clair depuis longtemps dans le domaine des beaux-arts — que nous avons affaire à des déplacements d'accent, sans valeur intrinsèque, qui se produisent, et qui doivent même se produire, toujours parallèlement à des mouvements intellectuels et sociaux — on commence maintenant à s'en persuader aussi pour ce qui est de l'histoire des sons. Il faut finir par comprendre que l'instrumentarium, l' « orchestre » d'une époque, est parfaitement adapté à sa musique (et inversement) — aussi bien l'ensemble de l'instrumentarium de telle époque que chaque instrument isolé. Je vois et j'entends que chaque instrument, au moment de son adoption par la musique savante, a déjà atteint un stade optimal, qu'il n'est plus possible d'améliorer *globalement*. Si bien que toute amélioration d'un côté doit se payer d'une détérioration de l'autre. C'est une hypothèse que j'ai toujours vue confirmée dans mes nombreuses expériences et ma constante étude de ces questions, au point qu'elle commence pour moi à prendre le caractère d'un fait prouvé.

La question qui se pose à propos de chacune de ces transformations apportées aux instruments, et que l'on ne considérait évidemment autrefois que comme des améliorations, est la suivante : suis-je prêt, pour telle ou telle « conquête », à payer le prix inscrit dans la nature même de la chose ? A renoncer par exemple, pour gagner en puissance, aux nuances et aux couleurs subtiles ainsi qu'à l'aisance technique (piano) ; ou à acheter l'égalité parfaite sur le plan de la dynamique et de l'intonation de tous les demi-tons utilisables en perdant l'intonation spécifique de chaque tonalité et le timbre individuel de pratiquement chaque note (flûte, entre autres) ? On pourrait citer des exemples de ce genre pour chaque instrument ou presque. Le plus souvent, en effet, fasciné à chaque fois par l' « amélioration » obtenue, on n'a pas remarqué au premier abord qu'il fallait, en même temps, sacrifier quelque chose, ni, à plus forte raison, l'objet de ce sacrifice. Aujourd'hui, avec la perspective historique, on voit presque toutes les « améliorations » comme des modifications inscrites au sein d'une évolution musicale.

La conséquence en est qu'il faut exécuter toute musique avec l'instrumentarium approprié. Cela pose bien entendu quelques problèmes. Un autre corps sonore ne signifie-t-il pas pour le musicien un moyen d'expression autre par son principe ? L'auditeur peut-il aller et venir entre des sonorités historiques différentes ou se décide-t-il, consciemment ou inconsciemment, pour une image sonore, une esthétique du son ? Ces questions ne s'appliquent-elles pas dès lors aux domaines annexes de la musique : l'acoustique des salles, qui contribue effectivement de manière décisive à la formation du son ; le système d'intonation, c'est-à-dire ce qui est perçu comme juste ou faux dans le domaine des hauteurs ; dans quelle mesure une fonction expressive est-elle impartie à ce paramètre ? Et finalement la question de savoir si la musique en tant que telle constitue vraiment un langage compréhensible au-delà des époques (Ionesco : « Comprenons-nous vraiment Mozart ? »), à laquelle on ne peut en aucune façon répondre oui aussi simplement qu'on pourrait le croire. Il est tout à fait possible que le bouleversement complet de notre vie culturelle au cours des cent dernières années ait modifié à ce point la pratique et l'écoute de la musique que nous ne percevons et ne comprenons plus du tout *ce que* Mozart par exemple disait dans sa musique et ce qu'y trouvaient ses contemporains, qui eux la comprenaient. Nous ne pouvons plus du tout comprendre combien la musique il y a encore un siècle, et bien entendu à plus forte raison la musique plus ancienne, était partie intégrante de la vie publique et privée — il n'était guère d'occasion, gaie ou triste, solennelle, religieuse ou officielle où l'on ne fît de musique — et non une simple parure sociale comme aujourd'hui. Je crois que du contenu global d'un chef-d'œuvre musical nous ne percevons et comprenons aujourd'hui qu'une très petite partie — avant tout les composantes esthétiques — et que de très nombreuses facettes, qui peuvent être très importantes, restent pour nous méconnaissables car nous avons perdu les organes nécessaires. Il faut aussi souligner que cette partie infime que nous percevons est manifestement encore assez riche pour que nous l'acceptions satisfaits, sans en exiger davantage. On pourrait donc dire qu'en perdant le présent nous avons bien gagné tout le passé — mais que nous n'en percevons, sous un angle minuscule, qu'un petit fragment.

Il faut vraiment nous demander si nous sommes en possession de la totalité de l'histoire de la musique occidentale — voire de toute l'histoire de la culture — et si nous pouvons faire face de manière adéquate, en tant que musiciens ou auditeurs, à la diversité stylistique du langage musical. S'il en était ainsi, alors la différence de corps sonore et de sonorité pour chaque époque de la musique ne serait plus un problème pour l'oreille, mais plutôt une aide pour comprendre la diversité bien plus grande de la musique en tant que telle. La conception opposée sur laquelle repose la vie musicale d'aujourd'hui est manifestement malsaine : aussi bien concernant le répertoire que la sonorité. Le répertoire uniforme qui est pratiqué dans le monde n'est nullement le « choix de l'Histoire » ainsi qu'on le prétend si souvent ! Une grande partie de la musique ne s'est jamais présentée devant le prétendu jugement impartial des siècles. Cet oracle n'a commencé à s'exprimer qu'au XIXe siècle, complètement marqué alors par le goût de l'époque. Et, pour ce qui concerne la sonorité, ce choix très pauvre, que nos ancêtres ont fait à une époque où ils disposaient encore d'une musique contemporaine très vivante, nous était — et nous est encore — proposé dans la sonorité uniforme du XIXe siècle : Bach comme Mozart comme Brahms comme Bartók — sonorité que nous qualifions ridiculement de « moderne », de sonorité de notre temps.

Nous ne pouvons plus comme nos ancêtres du siècle passé fouiller naïvement dans les trésors du passé ; il nous faut voir un sens à ce que nous faisons, pour ne pas sombrer dans un pessimisme absolu. Nous croyons qu'une compréhension profonde est parfaitement possible et que toute voie praticable mérite d'être empruntée. Bien entendu, la compréhension et la lecture d'une pièce de musique sont indépendantes, dans une très grande mesure, de la réalisation sonore : les premiers pas, et les plus importants, vers une interprétation musicale sensée sont donc invisibles et on ne peut moins spectaculaires ; tout au plus sensationnels, au sens véritable du mot. Seul le dernier pas, le travail avec les instruments originaux, est visible. C'est la particularité la plus spectaculaire, la plus frappante d'une interprétation, bien qu'elle soit très souvent exploitée de façon inepte, sans les préalables correspondants en matière de technique de jeu, mais souvent aussi sans nécessité musicale impérieuse. Ainsi l'authenticité sonore peut constituer pour bon nombre d'œuvres une aide fondamentale, mais dans d'autres cas, en raison précisément de son caractère spectaculaire, elle peut sombrer dans un absurde fétichisme du son.

Instruments anciens —
oui ou non ?

Bien entendu, oui ou non aux instruments anciens, c'est selon ! La musique sur instruments anciens, donc sur des instruments qui pour une raison quelconque sont tombés en désuétude, a malheureusement une histoire tellement suspecte que pratiquement personne ne peut en discuter de manière détendue, sans fausse passion. Bien que je sois compté au nombre des partisans du oui — non sans raison — j'aimerais à cet égard être considéré comme une exception. Je crois argumenter de manière tout à fait objective, avec une passion *authentique,* tout comme — je l'espère — mon interlocuteur imaginaire.

A peine a-t-on un instrument dit ancien entre les mains que l'on est taxé de « puriste », d' « historiste », d'ascète stylistique ou de musicien qui — par manque d'intuition — réfléchit constamment à chaque note. Des mots aussi inoffensifs qu' « authenticité » comportent une nuance négative ; on conteste a priori à ses partisans une pratique musicale engagée, voire, souvent, compétente. Pourquoi donc ? Il n'est pas même de sophisme qui permette de rien découvrir de négatif au concept de fidélité à l'œuvre ; et si l'on confond souvent ce concept, *à tort,* avec celui de fidélité aux notes — c'est-à-dire, bien entendu, infidélité à l'œuvre, la faute ne saurait en incomber à cette expression innocente, mais bien à son emploi erroné.

La connotation attachée au mot « puriste » dans l'usage d'aujourd'hui permet d'exprimer quelque chose de vrai, à proprement parler, mais avec un clin d'œil déplaisant et péjoratif — ce dont on s'est évidemment servi. Ainsi que nous l'avons déjà dit, la « naissance » de la musique ancienne dans les années vingt et trente, nous a tous marqués, que nous soyons tenants du « oui » ou du « non ». La musique ancienne n'était en effet pas considérée à l'origine comme faisant partie de la vie musicale officielle, mais comme une contre-musique, dont le fondement était idéologique, et qui était découverte et pratiquée par des cercles choisis de dilettantes enthousiastes. La vie musicale professionnelle n'en tenait aucun compte, et les champions de la musique ancienne n'y accordaient d'ailleurs aucune importance puisqu'ils voulaient rester entre eux. On croyait avoir trouvé dans la musique ancienne le « pur », le « vrai » — tels étaient les buts des mouvements de jeunesse après la Première Guerre mondiale, lesquels se retournaient généralement contre la morale bourgeoise de la société d'alors.

La musique officielle des concerts symphoniques et des théâtres lyriques passait pour guindée et mensongère, le système entier pour « inauthentique ». « Romantique » devint un slogan péjoratif et « objectif » prit un sens positif. La perfection et le brillant techniques, en tant qu'ils étaient le propre des musiciens professionnels, étaient déjà suspects pour cette raison. La musique de la Renaissance et du Baroque, jusque-là totalement négligée, paraissait correspondre aux nouveaux idéaux : chantée ou jouée lentement, elle n'offrait que peu de difficultés techniques, et du fait de l'absence d'indications de tempo ou de nuances elle se prêtait idéalement à une pratique « objective ».

On commença bientôt à se détacher aussi des instruments conventionnels, redécouvrant alors la flûte à bec, la viole de gambe et le clavecin. Les sonorités étaient maigres au départ, en raison de l'absence de grands modèles et d'une tradition continue, mais étaient considérées et perçues comme rêches, authentiques et donc belles aussi. Bien entendu, nombreux étaient ceux qui, au-delà des résultats effectivement obtenus, entrevoyaient les possibilités sonores et techniques et qui trouvaient à cette musique une valeur qui dépassait le point de vue philosophique. On vit bientôt quelques musiciens professionnels s'occuper aussi de cette question et des instruments nouvellement redécouverts, mais ils ne furent pas pris au sérieux par leurs pairs. Leur activité était en quelque sorte considérée comme un passe-temps, que l'on ne voyait pas d'un très bon œil, craignant une baisse de qualité touchant les instruments « normaux » et la « vraie » musique.

C'est de cette époque ancienne que datent également des erreurs d'évolution lourdes de conséquences, et qui ont encore des répercussions aujourd'hui. Exemple le plus marquant : le clavecin moderne. Les facteurs d'instruments eurent tôt fait de découvrir le nouveau marché et de pourvoir un nombre croissant d'amateurs de flûtes à bec, de gambes, puis de cromornes, de cornets, de trombones baroques et de bon nombre d'autres instruments « anciens ». Quant à l'instrument d'accompagnement, il n'était évidemment plus question du piano domestique ; il fallait avoir un clavecin. Dans l'industrie naissante de la facture de clavecins — il y eut bientôt une énorme demande — on ne s'en tint pas aux instruments anciens encore conservés, car on ne voulait pas renoncer aux acquis de la facture moderne du piano. On fabriqua donc des instruments à clavier de toutes dimensions et dans toutes les gammes de prix, qui étaient construits comme des pianos et dont les cordes étaient pincées par des plectres en cuir dur, et plus tard en différentes matières synthétiques.

Ces instruments, on les baptisa « clavecins », alors qu'il y avait entre eux et le clavecin à peu près la même différence de sonorité qu'entre un mauvais violon d'enfant et un Stradivarius. L'erreur passa inaperçue, car les critères faisaient défaut, puisque les musiciens ne savaient pas du tout comment un clavecin devait sonner ; l'industrie suivait la voie de la moindre résistance et s'efforçait avant tout d'agrandir et de combler le créneau du marché. Ces instruments, très vite disponibles en grand nombre, furent bientôt employés pour des exécutions « dans le style » des œuvres de Bach, dans la « grande vie musicale », et les auditeurs prirent l'habitude de qualifier leur pépiement et leur cliquetis de « son original ». Des musiciens vraiment indépendants intellectuellement, comme Furtwängler par exemple, rejetaient le « clavecin », disant qu'on ne pouvait pas faire de musique avec cet instrument ; en fait, on n'avait guère l'occasion d'entendre de vrai clavecin, le marché étant inondé de succédanés.

Il fallut plusieurs décennies pour lever ce malentendu capital, et il faudra encore longtemps pour que tous les musiciens et mélomanes remplacent leur conception sonore erronée par une idée bonne et juste, et que tous les clavecins monstrueux disparaissent des salles de concert. Enfin, une époque de pionniers a aussi le droit de commettre des erreurs, pourvu que les générations suivantes les reconnaissent et les éliminent.

Si j'ai exposé les débuts de ce mouvement en faveur de la musique ancienne, fort inhabituels et intéressants du point de vue de l'histoire culturelle, ainsi que leur influence sur la facture instrumentale, c'est que l'attitude des musiciens professionnels, des critiques professionnels et du public des concerts fut encore marquée pendant des décennies par la situation particulière à ces débuts. Dès qu'un musicien de formation moderne s'intéressait il y a trente ans aux possibilités actuelles d'interprétation de la musique des XVIIe et XVIIIe siècles, parce qu'il pensait y voir certaines des plus hautes valeurs artistiques, il était rangé, presque comme un déserteur, dans le camp des sectaires dilettantes, et si de surcroît il choisissait, pour quelque raison que ce soit les instruments anciens, il n'était pratiquement plus pris au sérieux, en tout cas dans le cercle des orchestres philharmoniques traditionnels ; cette ouverture qui se manifestait dans les milieux professionnels était évidemment bien vue des partisans acharnés de la musique ancienne, même si l'aspiration naturelle à la perfection rendait ces musiciens suspects de ne pas servir tout à fait la même cause idéologiquement parlant.

Entre-temps, il est apparu qu'on pouvait jouer aussi bien sur les instruments anciens que sur les autres ; il s'agit donc de savoir *pourquoi* un musicien se décide pour tel ou tel médium sonore.

Les préjugés qui existaient à l'origine seront certainement balayés dans les prochaines années, au point qu'aucune raison extra-musicale, telle la crainte d'une discrimination ou encore le sens des affaires, n'influencera plus cette décision. L'aspiration évidente et naturelle de tout musicien est d'employer le meilleur instrument possible. Les considérations historiques ou archéologiques peuvent bien pendant un certain temps captiver l'intérêt : comment a-t-on fait cela autrefois, comment cela a-t-il bien pu sonner ? Mais il n'est guère de *musicien* qui à la longue ferait son métier d'un intérêt de ce genre ; je qualifierais plutôt un tel homme d'historien. Le musicien s'efforcera toujours de trouver l'instrument optimal *pour lui*. J'aimerais donc dans les considérations qui suivent me limiter à ces musiciens qui pour des raisons purement musicales préfèrent tel ou tel instrument ; ceux qui le font uniquement par intérêt pour les faits ou les conditions historiques ne comptent pas pour moi au nombre des musiciens ; dans le meilleur des cas ce sont des érudits, mais non des interprètes.

Nous avons aujourd'hui à notre disposition un répertoire d'une étendue plus grande que jamais. On exécute à nouveau aujourd'hui des œuvres nées dans un laps de temps d'environ huit siècles. Une connaissance adéquate des conditions historiques (voir l'exemple du clavecin, cité plus haut, que l'on pourrait étendre, de façon analogue, à beaucoup d'autres instruments) nous permet de disposer d'un arsenal de très nombreux instruments, des époques les plus diverses, que l'on peut utiliser. Le musicien devrait donc avoir le droit de jouer chaque œuvre avec l'instrument qui lui paraît le mieux approprié ou la combinaison sonore qui lui semble idéale.

Pour prendre cette décision, il n'y a qu'*un* point de vue qui soit déterminant : que peut-on réaliser mieux sur tel ou tel instrument ? Tout musicien sait qu'il n'existe pas d'instrument absolument parfait ; pour chaque instrument, ancien ou moderne, il faut s'accommoder de certains défauts. Si l'on compare les avantages et les défauts des meilleurs instruments des différentes époques, on est obligé de constater qu'il n'y a pas tout simplement évolution, allant de mauvais instruments vers de toujours meilleurs — comme c'est peut-être le cas pour les appareils de photo ou les avions — mais que chaque instrument, et même chaque étape de son évolution, présente à la fois des avantages et des inconvénients dont les musiciens et les facteurs d'instruments étaient pleinement conscients. Il est donc tout à fait naturel qu'il existe une relation étroite, et même une influence réciproque, entre les idées des facteurs d'instruments d'une part et celles des musiciens — instrumentistes et compositeurs — de l'autre. C'est ainsi que nombre d' « inventions » vantées des facteurs, malgré un succès initial, ne se sont pas imposées auprès des musiciens (par exemple le heckelphone, l'arpeggione, etc.) alors que d'autres, comme le *Hammerklavier*, connaissaient les plus intéressantes métamorphoses grâce à l'étroite collaboration entre compositeurs et facteurs.

L'évolution paraît être à son terme depuis quelque temps : depuis plus d'un siècle, nos instruments sont demeurés pratiquement inchangés — circonstance tout à fait remarquable si l'on songe que, dans les siècles passés, au bout de quelques années, tout au plus d'une génération à l'autre, presque tous les instruments se trouvaient modifiés de façon décisive.

On pourrait ainsi donner finalement une double réponse à la question posée dans le titre : oui — car tous les instruments dont il est question sont toujours des instruments anciens ; mais aussi non — car les instruments, du fait de la perfection à laquelle ils sont parvenus depuis plus de cent ans, n'ont bien entendu plus besoin d'être modifiés.

Pour moi, seule la première réponse permet d'aller plus loin, car l'évolution des instruments s'est figée *non pas* en raison d'une perfection qu'ils auraient atteinte — ce serait terriblement inhumain —, parce qu'à cette époque toute l'évidence de la musique occidentale, et même de la culture occidentale, s'est trouvée fortement ébranlée. Ce n'est que depuis que la création artistique du présent n'est plus en accord avec la demande culturelle, depuis que nous ne regardons plus l'art et la musique du passé avec l'arrogance d'êtres supérieurs — ce qui allait de soi pour toute époque culturellement saine —, que nous pouvons aussi juger correctement cette musique. Ce jugement a cependant cessé, dans la musique comme dans les beaux-arts, d'être un *jugement de valeur*, au sens où nous tenions la musique d'une quelconque époque pour supérieure à celle d'une autre.

Puisqu'il s'agit quand même, dans le cas d'instruments de musique, d'un « outil », d'une sorte d'appareil technique, la croyance au progrès survit ici plus longtemps. L'instrument de musique est cependant en même temps *œuvre d'art*. Les noms des grands facteurs sont, et étaient, aussi célèbres que ceux des grands peintres : Antonio Stradivari, Johann Christoph Denner, Johann Wilhelm Haas, Andreas Ruckers, Andreas Stein, Theobald Böhm, etc. ont créé des instruments de musique qui, dans leur genre, en tant qu'œuvres d'art, étaient parfaits et que l'on ne pouvait plus améliorer sans les détériorer en même temps.

Si on prend par exemple un violon de Stradivarius d'environ 1700, tel que *lui* l'a construit, qu'on le règle avec des cordes en boyau, le chevalet, le cordier et l'âme en usage autrefois, et qu'on en joue avec un grand archet de la même époque, il est vrai que ce violon sonnera sensiblement moins fort qu'un violon du même maître transformé au XIXe siècle ou au XXe siècle, monté avec des cordes modernes et joué avec un archet moderne, mais il possède un grand nombre de caractéristiques subtiles (harmoniques, façon de répondre, façon de lier les sons, équilibre entre les cordes aiguës et graves) que le violon moderne n'a plus.

Peut-être devrais-je expliquer ici rapidement que même les instruments à cordes anciens, qui sont employés depuis des siècles, ont été soumis à l'évolution constante imposée par les exigences. Ils étaient sans cesse transformés, parfois très profondément, et furent ainsi préservés jusqu'à aujourd'hui par-delà tous les changements de style et de goût. Un violon ancien a donc aujourd'hui une sonorité tout à fait différente de celle qu'il avait il y a deux ou trois siècles, et un violoniste virtuose de notre époque serait tout aussi surpris d'entendre un « Stradivarius » dans son état d'origine que le serait Stradivarius lui-même s'il entendait et voyait ce qu'on a fait entre-temps de ses instruments. Il n'existe pratiquement plus aujourd'hui de grands instruments qui n'aient été modifiés à plusieurs reprises. Ces modifications visaient avant tout à obtenir une plus grande puissance, mais aussi plus d'égalité et de poli.

Cependant, comme les meilleurs instruments à cordes anciens étaient d'une qualité très équilibrée, chaque amélioration qu'on obtenait au moyen de transformations devait se payer par des appauvrissements dans d'autres domaines (avant tout dans celui du son). Tout dépend donc de ce que l'on considère comme particulièrement important. Ou bien, si l'on compare une flûte en argent de Böhm avec une flûte à une clef de Hotteterre, on constatera que sur la flûte Böhm tous les demi-tons sonnent pareillement, alors que sur la flûte Hotteterre, en raison des dimensions variables des trous et des inévitables doigtés en fourche, presque chaque note a une couleur différente. La flûte Böhm sonne aussi plus fort, mais sa sonorité est plus pauvre, plus plate, plus uniforme. Bien entendu, on pourrait aussi formuler tout cela autrement, suivant le point de vue et le goût personnels : la flûte Hotteterre est un mauvais instrument, car les différentes notes n'y sont pas égales — suivant l'idéal sonore de la flûte Böhm ; ou : la flûte Böhm est un mauvais instrument, car toutes les notes y sont égales — suivant l'idéal sonore de la flûte à une clef.

On trouve déjà ces points de vue, ainsi que beaucoup d'autres, dans les écrits contemporains des différentes époques, et il faut bien constater qu'on ne saurait définir aussi simplement le *bon* et le *mauvais,* qu'il faut d'abord se mettre d'accord sur les souhaits du compositeur, de l'instrumentiste et du facteur. Quand donc le musicien, pour quelque raison que ce soit, préfère la sonorité inégale de la flûte ancienne à la sonorité égale de la flûte Böhm — ce qui est, y compris du point de vue historique, une décision parfaitement légitime —, on ne doit pas critiquer l'inégalité comme un *défaut* de son interprétation, pas plus qu'un critique d'une autre opinion ne devrait considérer l'égalité, dans une interprétation sur la flûte Böhm, comme un défaut de l'exécution.

Le jugement historique sur les innovations de la facture instrumentale n'avait d'intérêt que dans la mesure où il s'agissait d'innovations, précisément ; aujourd'hui, il s'agit simplement de savoir si une interprétation est en soi sensée et si elle peut convaincre — à supposer que l'auditeur y soit disposé. Bon nombre de musiciens, dont je suis, au terme de l'expérience comparative, constatent que les avantages et les inconvénients de chaque stade de l'évolution d'un instrument concordent exactement avec les exigences de la musique qui lui est contemporaine. Les couleurs différenciées et le timbre sombre de la flûte Hotteterre conviennent parfaitement à la musique française d'environ 1700 et nullement à la musique allemande de 1900, alors que la sonorité égale et métallique de la flûte Böhm est idéale pour la musique de cette époque-ci et inadéquate pour la musique de celle-là. On pourrait se livrer à des comparaisons de ce genre pour chaque instrument ; seule la question de savoir si tel ou tel instrument peut aujourd'hui être joué de manière tout à fait adéquate peut entraver, dans des cas isolés, un jugement impartial.

La qualité objective est une question d'une importance primordiale dans le choix d'un instrument. Outre la question de savoir s'il faut jouer sur des instruments « modernes » ou « anciens », il faut aussi se demander : qu'est-ce en somme qu'un *bon* instrument ? Et si l'aspect purement sonore de l'interprétation a vraiment une importance *telle* que je *doive* me décider en faveur des instruments d'une certaine époque pour des raisons artistiques, alors il doit à mes yeux être tout aussi important pour évaluer les instruments.

Autrement dit : il serait absurde de préférer une mauvaise flûte baroque à une bonne flûte Böhm pour la seule raison qu'il s'agit d'une flûte baroque. Un mauvais instrument reste mauvais même si, sous l'effet de la mode, l'absence généralisée d'esprit critique des musiciens et des mélomanes lui vaut une gloire passagère (tel le pseudo-clavecin évoqué ci-dessus). Cela veut dire qu'il faut être sur ses gardes pour éviter que les faux prophètes — les loups dans la bergerie, pour ainsi dire — ne nous fassent prendre le faux pour le vrai et le mauvais pour le bon. Une éventuelle vogue des instruments anciens ne doit pas aboutir à ce que d'innombrables tuyaux de bois plus ou moins joliment tournés et percés de six ou huit trous soient vantés comme « instruments originaux », et employés en tant que tels, quelque inadéquate que puisse être leur sonorité. Nous devrions toujours nous en remettre à l'arbitrage de nos oreilles et de notre goût et ne nous contenter que du meilleur.

Le musicien conscient de ses responsabilités ne laissera passer aucune occasion de rejouer ou d'écouter les instruments authentiques des maîtres les plus éminents et de leur comparer toutes les copies, ou le plus souvent prétendues copies, qu'on lui soumet. Ce n'est que si l'oreille retrouve la finesse qui lui permet d'entendre les sonorités subtiles et la qualité véritable que l'on pourra faire parfaitement la différence entre la sonorité de jouet des faux « instruments originaux » et la sonorité riche des instruments authentiques (et des bonnes copies). Le public ne se laissera lui non plus pas berner plus longtemps par les sonorités pauvres et laides qu'on fait passer pour des sonorités « baroques originales ». Le concept d' « instruments originaux » ne doit pas entraver notre faculté de jugement devant les éclats d'enthousiasme pour les authentiques sonorités anciennes prétendument redécouvertes. L'erreur historique qui a marqué la facture de clavecin ne doit pas se renouveler maintenant avec les autres instruments. Il faut donc rejeter énergiquement la médiocrité, ainsi qu'il a toujours semblé évident de le faire au musicien normal.

Dans la mesure où les musiciens se familiarisent avec les particularités des différents styles de la musique occidentale, suivant les époques et les pays, ils découvrent les relations profondes entre chaque musique et les conditions d'interprétation originelles et actuelles. En général les musiciens conservateurs, précisément, qui s'arrêtent à la musique du tournant du siècle, préfèrent aussi les instruments de cette époque, à savoir ces instruments qu'on appelle aujourd'hui encore, de façon ridicule, *modernes,* même s'ils jouent la musique ancienne.

En revanche, les musiciens ouverts aussi à la musique contemporaine, si tant est qu'ils jouent la musique ancienne, se tournent vers les instruments originaux, parce qu'ils croient ainsi pouvoir enrichir de façon décisive leur palette expressive. On voit donc que la distinction avancée particulièrement souvent par la critique spécialisée, précisément, entre interprétation *moderne* (sur des instruments habituels) et interprétation *historique* (sur instruments anciens) passe complètement à côté de la question. La modernité d'une interprétation ne repose guère sur le choix des instruments, et encore moins dans l'opposition citée ici. Bien entendu, une interprétation sur instruments anciens — mais aussi, évidemment, sur des instruments habituels tout autant — peut-être empreinte d'historisme, non cependant en raison du choix des instruments, mais du fait de la conception du musicien en question. Le seul critère de décision ne peut être pour chaque interprète que le poids plus ou moins grand qu'il accorde à tel avantage et à tel désavantage.

Le problème de l'intonation, qu'aucun musicien s'occupant sérieusement de musique pré-classique ne peut ignorer, fait partie des aspects purement sonores et techniques. Ici encore, au terme des réflexions et des expériences, on finit le plus souvent par se rendre compte que chaque musique exige carrément un certain système d'intonation et que les différents tempéraments à tierces pures et tempéraments inégaux des XVIIe, XVIIIe et XIXe siècles sont au moins aussi importants pour la restitution de la musique ancienne que le tempérament égal, qui n'a rien d'un accord *bien tempéré*. Les instruments anciens sont ici encore une aide car, contrairement à l'opinion répandue, on peut jouer tout aussi juste ou aussi faux avec de bons instruments anciens qu'avec les « modernes », encore que les différents systèmes de tempérament soient le plus faciles à réaliser sur les instruments originaux.

Comme dernier argument, j'aimerais évoquer le problème complexe de l'équilibre au sein d'un orchestre ou d'un ensemble de musique de chambre. Chaque époque a des instruments qui en soi s'accordent parfaitement les uns aux autres ; les compositeurs écrivent pour cet orchestre, pour ces relations sonores. Si l'on se contente aujourd'hui de choisir chaque instrument qui porte le même nom ou à peu près que l'instrument voulu à l'origine, on aboutit à une sonorité aléatoire, qui n'a que peu à voir avec l'idée qu'avait le compositeur.

Je ne voudrais absolument pas plaider ici en faveur d'exécutions « historiques », de reconstitutions d'exécutions d'époques antérieures ; on ne peut pas faire tourner la roue de l'Histoire à l'envers. Mais quel que soit notre progressisme, nous avons cependant manifestement besoin de l'art, de la musique des temps passés ; l'aspect sonore est et reste une chose secondaire. Pour moi, la sonorité originale n'est intéressante que dans la mesure où elle me paraît, parmi les nombreuses possibilités dont je dispose, la meilleure pour exécuter telle ou telle musique *aujourd'hui*. De même que l'orchestre de Praetorius me paraît inadéquat pour jouer Richard Strauss, de même l'orchestre de Richard Strauss me paraît inadéquat pour jouer Monteverdi.

La reconstitution en studio
des conditions sonores originales

Chacun des substantifs du titre suscite en moi des émotions, m'incite à des excuses, des explications, des antithèses. « Reconstitution des conditions sonores originales » — ici déjà surgissent de nombreuses questions : que sont les conditions sonores originales, sont-elles bonnes, mauvaises ou de valeur neutre, et pourquoi doit-on les reconstituer ? Pourquoi n'en pas construire de nouvelles ? Et puis « en studio » ? Ce complément est une désillusion totale ; dès que l'on s'imagine la reconstitution de conditions sonores, on pense volontiers à des églises gothiques ou baroques, dans lesquelles on jouerait sur des instruments originaux ou on chanterait peut-être même avec des voix originales, en regrettant — à bon droit, d'un point de vue rigoureusement scientifique ainsi que de celui, parfaitement légitime, de l'écologie — que l'orgue authentique du XVIIe siècle ne puisse être alimenté par l'air original de l'époque, bien que celui-ci ait dû avoir des caractéristiques sonores tout autres.

Je ne peux pas traiter objectivement un thème de ce genre ; chaque idée qui m'assaille me contraint à prendre la position la plus personnelle. Pour moi, « conditions sonores originales » évoque à peu près ce que le compositeur d'une œuvre pouvait s'être imaginé lors d'une exécution optimale de son époque. Cette idée m'intéresse, car pour moi il est évident que la plupart des compositeurs ne concevaient pas leurs œuvres uniquement comme des structures formelles abstraites, mais aussi comme une réalité sonore. L'équilibre des diverses composantes possibles diffère évidemment d'un compositeur à l'autre, et est fortement conditionné aussi par le goût général de l'époque. Il est très important pour un musicien qui ne joue pas ses propres œuvres mais celles d'autres compositeurs de comprendre leurs idées. La substance musicale ne dépend pas de la réalisation sonore dans la même mesure à toutes les époques, chez tous les compositeurs et pour les différentes œuvres.

Les compositions franco-flamandes du XVIe siècle, par exemple, laissent la réalisation sonore complètement ouverte; il n'est pas même essentiel pour une composition qu'elle soit chantée ou jouée. Cela signifie-t-il que les exécutants ont une totale liberté (dans la mesure où je veux donner l'œuvre honnêtement) ou bien existe-t-il entre les « possibilités » correctes infiniment nombreuses quelque chose de commun qui marque la frontière de l'erreur ? Je m'avance ici sur le terrain glissant des tentatives d'évaluation, dont on sait, comme pour presque toutes les recherches (y compris dans le domaine des sciences naturelles) qu'il en découle volontiers ce que le chercheur en attendait.

Je crois donc, poussé avant tout par mon sentiment musical, que les possibilités correctes ont entre elles quelque chose de commun — étant toujours supposé que je veuille représenter la composition et non la transformer ou la recréer.

Cette qualité commune peut d'abord tenir aux timbres et aux possibilités de fusion des sonorités; elle peut en second lieu, mais bien plus souvent, tenir au principe de production du son, suivant qu'il s'agit d'un son soutenu ou un son de type son de cloche; en troisième lieu, elle tient au système d'intonation, c'est-à-dire aux conventions de principe suivant lesquelles on rend les intervalles justes, trop grands ou trop petits; enfin elle tient aux conditions acoustiques. On peut parfaitement constater les accords ou les divergences sur ces points, dont on peut évaluer et exploiter l'importance pour l'interprétation.

Bref, à mon avis, il existe presque toujours de nombreuses solutions qui peuvent être justes, mais aussi — et il faut en être conscient — quelques-unes qui sont absolument erronées. Dans la mesure où les compositeurs prévoient pour leurs œuvres des sonorités déterminées, ils écrivent idiomatiquement, donc d'une manière typique pour l'instrument, pour la voix, pour tel orchestre. S'il existe pour la musique de l'époque de Maximilien Ier, par exemple, de très nombreuses et diverses possibilités d'exécution « originale », il n'y a pour les poèmes symphoniques de Richard Strauss qu'*une seule* image sonore adéquate. Dans les quatre siècles qui les séparent il s'est produit un glissement progressif qui a constamment réduit le nombre des possibilités « correctes ».

Par conditions sonores originales j'entends donc toutes les possibilités légitimes qu'un compositeur pouvait se représenter. Je voudrais maintenant, pour des raisons d'ordre, exclure toutes les transpositions dans le style d'une autre époque; je les vois comme des traductions dans des langues étrangères, qui altèrent toujours l'œuvre d'art — ici il faut s'intéresser à l'œuvre du compositeur, et je dois donc m'efforcer d'apprendre *sa* langue.

Les conditions sonores originales sont donc très intéressantes pour les musiciens si elles peuvent, en allant au-delà de la simple esthétique jusqu'à l'essentiel, contribuer à la compréhension des œuvres. La question purement historique — « Comment cela sonnait-il autrefois ? » — ne peut cependant avoir pour le musicien qu'une valeur informative; pour lui, il ne peut toujours s'agir que de cette question-ci : « Comment puis-je rendre cela au mieux ? » Aujourd'hui, lorsque l'on discute la question des sonorités des différentes époques, on songe avant tout aux sonorités instrumentales. Les « instruments anciens » commencent déjà à être érigés en concept de valeur, avec tous les avantages et les inconvénients qui s'y rattachent. Si l'on disait encore, par exemple, il y a cinq ans : « C'est étonnamment beau, même avec ces instruments anciens », maintenant on entend et on lit de plus en plus souvent : « C'est beau, bien qu'on n'ait pas employé d'instruments anciens. » Les critères ont évolué à ce point. Il n'est pas du tout sûr que les instruments soient vraiment au premier plan dans la question des conditions sonores. Je suis même persuadé que la diction et l'articulation musicales, ainsi que le problème de l'intonation dans la musique des XVIIe et XVIIIe siècles, d'un point de vue sonore, se classent bien avant les instruments, car ce sont des éléments qui agissent beaucoup plus directement sur la substance musicale.

Intonation : j'entends ici non pas la mise au point des sonorités du piano, de l'orgue et du clavecin, mais la question de l'exactitude des hauteurs de son. On porte en général aujourd'hui sur l'intonation des jugements absolus : elle serait bonne, mauvaise, juste ou fausse. C'est une position tout à fait indéfendable. Il n'existe pas d'intonation *pure* universelle. Un musicien dont l'intonation est cohérente, donc toujours pareille, a une intonation juste au sein de son système sonore. L'oreille humaine, au fond, est comme une feuille blanche sur laquelle l'accordeur du piano domestique, la radio, le professeur de musique inscrivent un système d'intonation. Elle doit donc pour ainsi dire d'abord être programmée, mais alors chaque écart par rapport à ce programme sera perçu comme faux. Cette impression est par conséquent entièrement subjective. Si cependant chaque époque emploie son propre système d'intonation, différent de tel autre, il faut se demander si en dernière analyse on peut rendre d'une manière cohérente n'importe quelle sorte de musique avec un système unique, avec celui en usage aujourd'hui par exemple. Un quatuor à cordes peut jouer parfaitement. S'il joue un quatuor de Mozart selon la méthode d'intonation enseignée depuis une soixantaine d'années (pour produire une tension mélodique, on s'écarte vers le haut du tempérament égal, avant tout pour les sensibles et les tierces majeures), j'ai l'impression que c'est complètement faux. Car le quatuor de Mozart est écrit pour une tout autre sorte d'intonation, et je suis tellement habitué depuis quelques années à des systèmes d'intonation différenciés — j'ai en quelque sorte déprogrammé mes oreilles — que ma compréhension se met ici en grève. Il est cependant clair pour moi que les musiciens ont une très bonne intonation, car ils sont parfaitement conséquents au sein de leur système. Mais il m'est pratiquement impossible de suivre et de comprendre le déroulement harmonique. Pour moi l'intonation est donc mauvaise, franchement déplorable. D'autres pourraient donc bien percevoir comme fausse une intonation qui me paraît juste. Il est clair qu'avant de juger il faut se mettre d'accord sur le système à employer. Cela uniquement comme exemple de l'importance d'un problème très peu pris en considération, auquel s'ajoute bien entendu, par conséquent, la question de la signification des différentes tonalités majeures et mineures. Dans un système à tempérament égal, elles ne peuvent se différencier par rien en dehors des hauteurs de son. Depuis longtemps, je m'étonne qu'aujourd'hui, à une époque qui a le goût de la formulation précise, on croie devoir toujours, sans fondement objectif, attribuer aux diverses tonalités différents climats, alors qu'il n'existe plus de tonalité en dehors de transpositions de *do* majeur et *la* mineur. Le tempérament dit égal, que beaucoup de gens confondent à tort avec un système « bien tempéré », n'a connu que très tard, au XIXe siècle, un emploi généralisé ; et ici encore il est des exceptions qui se sont maintenues jusqu'à notre époque dans la tradition de la corporation des accordeurs de piano, lesquels, en fait, en donnant une justesse différente aux diverses tonalités, permettent une véritable caractérisation tonale, même sur les instruments à clavier. Les instruments d'avant 1840 environ offraient ici des possibilités encore plus différenciées évidemment, car sur les cuivres naturels et les bois de cette époque, du fait des timbres différents produits par chaque doigté, les tonalités sonnaient avec une grande diversité. En outre, il existe souvent plusieurs doigtés pour les notes enharmoniques ; les anciens systèmes d'intonation baroques et prébaroques eurent donc des répercussions pendant longtemps encore, alors que les instruments plus tardifs tendaient vers une échelle chromatique homogène. Il est évident que ces systèmes d'intonation extrêmement différenciés ont une grande influence non seulement sur les caractéristiques tonales mais aussi sur la fusion sonore au sein de l'orchestre ou de l'ensemble. Bon nombre d'instruments, en particulier ceux des XVIIe et XVIIIe siècles, ont un spectre sonore riche, avec des harmoniques très clairement audibles ; il est donc manifeste qu'un orchestre qui joue un accord parfait de *do* majeur doit sonner tout à fait autrement lorsque les tierces des instruments aigus, soit le *mi*, cinquième harmonique de la basse, n'ont pas la même justesse que l'harmonique audible de la basse. Cette différence, on l'entend sous forme de « battements », qui prennent parfois le caractère d'un trille. Il ne s'agit pas ici de sons justes ou faux, mais de véritables différences esthétiques, et je suis persuadé que toute musique réclame le système d'intonation qui lui est approprié au moins aussi impérieusement que les instruments historiques, encore qu'il existe bien entendu ici d'étroites relations.

Mais l'acoustique du lieu d'exécution fait également partie de manière tout à fait essentielle des conditions sonores originales. Ici encore, ce problème était autrefois très clairement posé, car on exigeait des compositeurs des compétences et des connaissances qui allaient bien au-delà de l'écriture et du contrepoint. Comme ils écrivaient par principe pour des occasions et des lieux donnés, la formation, la compétence des exécutants, la sonorité de la salle et même le niveau des auditeurs étaient autant d'éléments qui entraient dans la composition. Un mauvais équilibre sonore, de graves fautes dans l'exécution, l'inintelligibilité ou la trop grande simplicité de l'œuvre étaient à juste titre reprochés au compositeur, qui n'avait pas évalué correctement toutes les données. Dans l'idéal, on devrait aujourd'hui vraisemblablement jouer la musique qui a été écrite pour de petites salles et pour un cercle restreint d'auditeurs dans un cadre plus petit, que ce soit sur instruments modernes ou anciens. Je ne crois pas que les instruments aient été renforcés uniquement parce que les salles devenaient plus grandes, mais aussi parce que les nuances, une fois devenues partie intégrante de la composition, exigeaient de plus en plus de puissance. Lorsque l'on commence à jouer plus fort, il faut sans cesse jouer plus fort encore, pour offrir d'autres sensations, jusqu'au seuil de douleur. La salle peut alors être assez grande. On finit par pouvoir y placer un orchestre symphonique de cent vingt ou cent trente musiciens avec des instruments bruyants. Mais à mon avis la dimension des salles n'est pas le problème, non plus que les masses sans cesse croissantes d'auditeurs. Lorsque l'on songe que même les hommes soi-disant « simples » prenaient autrefois part à la vie musicale dans une proportion inimaginable pour nous, car bon nombre de concerts avaient alors lieu à l'église au cours du service religieux ; que dans les grandes églises d'Italie du Nord par exemple une quantité énorme de musique toujours nouvelle était jouée dimanche après dimanche devant des milliers d'auditeurs, on peut certainement dire alors que cela représentait une vie musicale d'une intensité et d'une actualité qui allaient bien au-delà de la vie musicale philharmonique actuelle.

Malheureusement, tout interprète est aujourd'hui constamment amené à devoir jouer dans des salles dont l'acoustique, pour une certaine musique, est loin d'être idéale. Mais trop de rigueur sur ce terrain serait fatal à la vie musicale, car cela voudrait dire — je suis en effet intimement persuadé que la salle fait aussi partie de la sonorité de la musique — qu'à partir du moment où j'aurais trouvé la salle idéale, je ne donnerais plus de concerts que dans celle-ci et que le public devrait alors y venir. Les compromis dans ce domaine me paraissent donc inéluctables. Le danger, bien entendu, est que l'on aille trop loin dans ces compromis, que l'on finisse par jouer effectivement même dans les salles où une grande partie du public finira par se convaincre qu'on lui offre une image sonore par trop pauvre, que ce soit en raison de la sonorité faible des instruments ou à cause des petits effectifs souvent prescrits par le compositeur (comme par exemple dans le troisième et sixième *Concertos brandebourgeois*), que l'on ne peut pas augmenter sans altérer la structure de la musique.

Il existe de très grandes salles ayant une acoustique optimale, même pour les instruments anciens — et de petites qui en ont une très mauvaise. (La qualité d'une salle ne dépend pas uniquement de sa taille, car il existe aussi de petites salles dont l'acoustique est si déplorable que l'on ne devrait au fond pas y faire de musique.) Mais je ne crois pas que cela soit un problème insoluble, car plus l'idée que l'on peut exécuter beaucoup mieux telle musique dans telle acoustique se fixe dans notre esprit, plus on emploiera pour la musique des XVIIe et XVIIIe siècles même des salles qui sont peut-être inadéquates pour des musiques plus récentes, parce qu'elles ont trop de réverbération. Cependant, même dans de mauvaises salles, on peut faire comprendre au public, avec la bonne façon de jouer, qu'il ne s'agit pas précisément de se laisser envelopper de sons mais plutôt d'écouter activement. Même à supposer que le son soit très mince du fait de l'insuffisance de réverbération, il reste possible par une exécution adéquate de donner à chaque ligne séparée la configuration qui convient. Tout auditeur qui peut aller au-delà du manque de brillant et de poli — qui d'ailleurs ne sont souvent que du clinquant — entend bien qu'ainsi il gagne toujours quelque chose qu'il n'avait généralement pas perçu ou remarqué dans les exécutions courantes, car tout y est noyé sous le volume sonore et rendu avec des sonorités linéaires, alors que cette musique n'est absolument jamais composée de façon linéaire.

La plus ou moins grande réverbération d'une salle est donc particulièrement importante à cet égard. Une salle est ainsi trop sonore (elle a une réverbération trop grande et trop longue), lorsque l'intelligibilité des changements harmoniques en souffre, lorsque telle harmonie chevauche la suivante. On est donc contraint par le lieu à jouer suffisamment lentement pour que la musique puisse être comprise harmoniquement. Autrement dit, il ne s'agit pas ici du tempo des notes rapides mais du tempo des changements d'harmonie. C'est en effet également l'un des critères importants pour le choix du bon tempo : la vitesse maximum d'une pièce est telle que la réverbération de l'harmonie précédente n'obscurcit pas la suivante. On sait que les bons compositeurs incorporaient pour ainsi dire à leurs œuvres l'acoustique de la salle, la réverbération, les effets de fusion de certains sons ; bon nombre de partitions du baroque, et même certainement des œuvres du Moyen Age et de la Renaissance, sont totalement mécomprises lorsqu'on ne tient pas compte de ce point. L'exemple le plus grandiose de la maîtrise souveraine de ce problème, nous le trouvons dans les œuvres de Bach. Nous connaissons l'acoustique de l'église Saint-Thomas, pour laquelle il a écrit la plupart de ses œuvres ; nous savons qu'elle était autrefois habillée de bois et avait un temps de réverbération qui correspond à peu près à celui de la Musikvereinssaal de Vienne, c'est-à-dire le temps de réverbération d'une très bonne salle de concert, dans laquelle on peut prendre des tempi très rapides, sans que tout se noie. On comprend donc pourquoi Bach pouvait se permettre, au sein des tempi très rapides qu'il préférait — d'après le témoignage de ses fils —, des changements harmoniques rapides. D'autres compositeurs, comme par exemple Vivaldi, qui emploient des tempi très rapides — et qui sont du reste le plus souvent rendus très rapidement par les ensembles italiens —, ont travaillé dans des églises résonnantes. Dans les œuvres composées pour celles-ci les changements d'harmonie sont toujours suffisamment distants l'un de l'autre pour rester clairs ; manifestement on ne désirait pas que les notes rapides soient entendues isolément ; elles sont au contraire composées pour se noyer dans la réverbération, pour produire une sonorité d'ensemble chatoyante. Lorsque par exemple un compositeur écrit un arpège rapide en doubles croches qui doit se fondre dans la salle en un accord frémissant, et que l'interprète d'aujourd'hui essaie de rendre les notes avec précision et clarté, il se trompe alors sur le sens de ces notes et altère la composition — non du fait de son imagination, mais par ignorance ! Le danger existe, qu'il veuille — comme bon nombre d'auditeurs critiques — entendre la *partition* au lieu de la musique ; il trouve alors que tout se noie dans la salle et cela ne lui plaît pas. Mais cela ne lui plaît pas pour la seule raison qu'il veut entendre la *partition*. Lorsqu'en revanche il écoute la musique, il entend alors que ces notes rapides, avec la réverbération, produisent un frémissement et une couleur indéterminés. C'est déjà une manière d'écrire impressionniste, choisie compte tenu de la réverbération de la salle. A cet égard je ne saurais trop recommander de repenser aussi les interprétations actuelles de Mozart en tenant compte de l'acoustique du lieu. Je suis tout à fait convaincu que beaucoup de ce que l'on cisèle aujourd'hui aussi finement — tout ce que l'on veut entendre comme tracé sur une table à dessin — devrait en réalité, avec la réverbération, être reconnaissable, mais avec des contours très estompés. Pour l'acoustique d'une salle, ce ne sont en tout cas pas en premier lieu les dimensions qui importent, mais la réverbération et la densité du son.

La grande importance accordée à l'écriture polychorale dans le concerto baroque montre bien comme l'élément spatial est effectivement essentiel pour la musique baroque. La disposition des musiciens à différents endroits, dans un lieu donné, est d'une portée considérable pour la musique du baroque. Beaucoup de la musique de cette époque ne venait pas d'une estrade, comme c'est le cas aujourd'hui, mais de l'ensemble du lieu, qui était ainsi intégré à la musique. Cette technique d'exécution polychorale était même employée souvent pour des œuvres à un seul chœur. On pouvait en effet exécuter de simples musiques à quatre voix de façon polychorale, en faisant jouer alternativement ou même ensemble plusieurs groupes répartis dans tout l'espace, et dont chacun pouvait jouer toutes les voix. (La tradition confirme ce genre d'exécutions des ricercare à quatre voix de Willaert.) Dans la cathédrale de Salzbourg, on a employé cette espèce de disposition fragmentée du chœur et de l'orchestre jusque dans la deuxième moitié du xviiie siècle. Des messes de Leopold Mozart, composées pour un seul chœur comme c'était l'usage à l'époque, étaient exécutées dans la cathédrale de manière polychorale ; pour ce faire il existait encore autrefois plusieurs tribunes de bois supplémentaires.

La mise au point de la disposition spatiale était une affaire relevant plutôt de l'exécution que de l'œuvre. Fondamentalement, l'idée de lieu sonore était d'abord liée à la conception religieuse. La musique n'était pas seulement une exécution que l'on écoutait, mais une manifestation sonore du lieu sacré. L'église elle-même était une louange architectonique de Dieu. On entre dans le lieu — et lorsqu'il se met à sonner, ce son ne provient pas d'une direction déterminée, mais de partout, et se fond avec l'architecture, avec l'expérience spatiale, en une unité qui peut avoir un effet étourdissant. Cette intégration de l'espace à la composition était renforcée par une conception globale de l'art, que nous avons malheureusement perdue depuis longtemps ; nous ne considérons plus l'art aujourd'hui comme une totalité. Mais nous devrions au moins savoir que cette unité entre espace et son était essentielle pour la musique du baroque : elle était destinée à saisir et à transformer l'homme dans son entier.

Cette intégration d'un lieu, le plus souvent sacré, à la composition est très claire dans les *Vêpres de la Vierge* de Monteverdi par exemple. Dans cette œuvre, l'écriture polychorale est inhérente à l'idée de la composition, même là où elle n'est pas expressément exigée. Le premier chœur comprend les solistes, tandis que le *cantus firmus* — l'autre chœur — est confié aux choristes. A chaque fois, l'ensemble du chœur répond aux solistes. Le sens de cette disposition séparée des chanteurs devient particulièrement clair dans le « concerto » *Duo Seraphim*. Ici, la nécessité d'une musique englobant l'espace provient de l'idée que les séraphins s'interpellent l'un l'autre dans le ciel. Dans *Audi caelo*, c'est l'*écho* qui intervient, en tant que réaction de la nature au chant des anges.

Ces effets d'écho étaient pour Monteverdi d'une telle importance qu'à un certain endroit de son opéra *Orfeo,* pour quelques mots seulement de l'écho, il demande un *organo di legno* (orgue à tuyaux en bois) supplémentaire. Les passages en écho peuvent également constituer un élément important du dialogue concertant, comme par exemple dans le quatrième *Concerto brandebourgeois.* L'effet d'écho était pour Bach essentiel, au point qu'il qualifia les deux flûtes qui jouent les passages en écho de *flauti di echo,* flûtes d'écho. Il ne faudrait donc pas renoncer à une séparation des instruments dans l'espace; car ce n'est que si ces « flûtes d'écho » proviennent d'assez loin dans l'espace que l'idée composée par Bach peut être réalisée.

Lorsque l'on songe donc au rôle essentiel de l'espace pour la musique et la pratique musicale aux XVIIe et XVIIIe siècles, il faut constater combien la disposition de l'orchestre, la répartition des instruments dans l'espace est importante pour la musique baroque — et même encore pour beaucoup d'œuvres de Mozart ou de Haydn. Avec une disposition telle qu'elle est en usage dans l'orchestre symphonique d'aujourd'hui, on n'aboutit à rien, car les groupes qui dialoguent, souvent à distance manifestement l'un de l'autre, se recouvrent dans leur jeu de manière incompréhensible. La conception baroque de la disposition veut que les groupes isolés soient aussi séparés que possible, afin que le dialogue soit audible même de loin. Ce dialogue peut se faire entre solo et tutti, entre des groupes orchestraux petits et grands, mais aussi entre des instruments isolés. On peut par exemple le réaliser avec un orchestre de chambre et un trio soliste, auquel cas une franche séparation spatiale est essentielle pour les deux groupes. La tradition veut que Corelli ait donné au palais du cardinal Barberini un concert avec cent cordes réparties en plusieurs groupes de taille différente dans toute la demeure. La disposition séparée du *concertino* (le groupe soliste d'un concert) et de l'orchestre était en usage partout, afin de rendre clair le dialogue ou tel effet d'écho. Il se pose à ce propos un problème particulier dans le cas de concertos pour plusieurs clavecins ou pianos. Ceux-ci sont aujourd'hui disposés le plus souvent de telle manière que le dialogue entre les instruments voulu par le compositeur passe inaperçu, parce qu'ils sont placés le plus près possible l'un de l'autre. On obtient ainsi plutôt la sonorité d'un clavecin ou piano unique, renforcé, et non celle de plusieurs instruments qui parlent entre eux. Pour créer les conditions idéales, il faudrait essayer de disposer les instruments aussi loin que possible l'un de l'autre, afin d'aboutir à un résultat optimum dans la séparation du son, sans mettre en péril pour autant l'indispensable jeu d'ensemble.

Après avoir parlé de l'importance de l'acoustique et du lieu en ce qui concerne l'écriture polychorale et la disposition des musiciens, j'aimerais évoquer rapidement la question du studio — le lieu d'enregistrement pour la radio ou les disques. Nous, le Concentus Musicus de Vienne, enregistrons des disques depuis 1958 à peu près, et pour de nombreuses maisons différentes dans les premières années, ce qui se traduisait avant tout par des techniques d'enregistrement très diverses. Les conflits sont alors inévitables chez les musiciens, car pour la musique que nous jouons, précisément, le lieu est responsable d'une bonne part de l'impression sonore; en tant que musiciens, nous ne pouvons nous sentir à l'aise que dans un lieu qui serait idéal, en dehors de l'enregistrement, pour le genre de musique en question. Cela veut donc dire que le musicien ne peut créer les conditions sonores originales « en studio » que lorsque le studio n'est pas un studio, mais le lieu idéal pour jouer telle musique. Quelques exemples suffiront à montrer que les techniciens peuvent être d'un autre avis : les deux extrêmes auxquels nous avons été confrontés furent un enregistrement dans une salle presque sourde, et des enregistrements dans des salles baroques idéales, musicalement. Dans le premier cas les conditions musicales étaient si défavorables que nous n'accepterions jamais de renouveler cette expérience. Les musiciens pouvaient à peine s'entendre l'un l'autre, le son paraissait émoussé et terne, il ne se produisait aucune fusion sonore dans la pièce. Les instruments répondent très mal dans une telle salle. Un jeu véritablement inspiré y est impossible. Dans la cabine d'écoute, tout peut sonner autrement, beaucoup mieux et plus vrai puisqu'une réverbération artificielle y est ajoutée; mais celle-ci n'est d'aucun secours pour l'exécution véritable — même si le résultat final était idéal du point de vue sonore, la méthode n'en serait pas moins inhumaine;

musicalement, seul le hasard peut faire qu'un tel enregistrement soit bon. Nous avons encore cherché ou dû essayer d'autres combinaisons. Une fois, chaque instrument fut enregistré isolément sur sa propre piste, et le mixage final, avec la répartition stéréophonique et la réverbération, réalisé bien plus tard seulement, sans aucune influence de notre part. Après avoir traversé toutes ces épreuves que nous valaient ces différentes conceptions du studio, du conditionnement de l'image sonore, jusqu'au disque achevé, nous sommes aujourd'hui revenus là où nous avons commencé il y a quatre ans : un lieu idéal pour la musique en question suscite la meilleure des exécutions, et seule une telle exécution mérite d'être conservée ; les résultats semblent également les meilleurs du point de vue technique. Alors, conditions sonores originales en studio ? Seulement si le studio n'est pas un studio.

Revenons au point de départ de mon exposé, dont le titre a suscité en moi tant de contradictions. J'ai essayé d'expliquer les conditions sonores originales comme un problème qui embrasse bien davantage que ce qu'on désigne par « instruments » anciens. J'en viens maintenant au point décisif cependant, qui met les musiciens en rage : « re »constitution... Je me sens aussitôt transporté sur un champ de fouilles assyrien, parmi des archéologues qui reconstruisent un temple ancien. Peut-on s'imaginer qu'un chef renommé, même s'il s'efforce de jouer la musique aussi fidèlement que possible, ait le sentiment de « reconstituer » une symphonie de Beethoven lors de l'exécution. Nous aussi, nous ne sommes que des musiciens qui jouons les œuvres de Bach ou Monteverdi, pourquoi devons-nous reconstituer ? De même que d'autres bien avant nous ont compris qu'il valait mieux, musicalement, exécuter les œuvres le plus conformément possible aux souhaits du compositeur et s'en tenir à la plus extrême fidélité au texte, de même nous en sommes arrivés à penser que la plupart des œuvres musicales se laissent exécuter mieux, *musicalement* parlant, avec les instruments originaux qu'avec d'autres instruments.

Il en résulte ce qu'on pourrait appeler une reconstitution, mais qui en réalité n'est qu'une étude musicale un peu plus approfondie. Tout comme on apprend les instruments usuels d'aujourd'hui, on peut aussi apprendre les instruments anciens ; mais il n'existe plus de tradition directe, pour ce qui concerne la lecture de la notation, ni de critères touchant les pratiques d'exécution, si bien que l'on doit nécessairement chercher, comparer, étudier les traités anciens, mais tout cela uniquement comme moyen vers un but — à savoir la meilleure exécution possible. Nous savons bien entendu que nous ne reproduisons pas des exécutions du XVIIIe siècle, et nous ne cherchons nullement à le faire. Nous rencons simplement la musique avec les meilleurs moyens dont nous pouvons disposer, et c'est le droit légitime et le devoir de tous les musiciens.

La question critique devrait alors être la suivante : pourquoi au fond joue-t-on la musique ancienne, alors que nous en avons de nouvelle ? Il ne m'appartient pas de répondre ici à cette question. Mais si nous commettons ce premier anachronisme, décisif, qui fait que les expressions artistiques des anciens, qui étaient destinées aux hommes d'alors nous paraissent à nouveau intéressantes et importantes, alors l'emploi d'instruments de ces époques n'est plus un anachronisme, en particulier lorsque ces instruments, comme c'est sans aucun doute le cas, sont beaucoup mieux adaptés que d'autres, même pour des exécutions actuelles de cette musique. A mes yeux, notre situation est donc la suivante : nous avons aujourd'hui à notre disposition, pour la première fois dans l'histoire occidentale, la création musicale de bon nombre de siècles, nous connaissons les différents systèmes sonores et principes d'exécution, et nous connaissons la sonorité des divers instruments de chaque époque. Pour l'exécutant d'aujourd'hui, il existe donc un libre choix des moyens les mieux adaptés — pour peu qu'il en ait conscience.

Le plus souvent on parle d'instruments historiques ou modernes, ce dernier concept étant employé totalement à contresens et de manière irréfléchie. Il n'existe en effet absolument pas d'instruments « modernes », à l'exception de quelques instruments rarement employés. Les instruments prétendument modernes ont l'âge de la musique pour laquelle ils ont été créés, soit à peu près cent vingt à cent quarante ans. Il me paraît ridicule de parler à propos d'une exécution d'une symphonie de Beethoven avec l'orchestre habituel d' « instruments modernes » et à propos d'une exécution avec des instruments de l'époque de Beethoven d' « instruments historiques ». Les deux font appel à des sonorités historiques ! Tantôt on emploie l'instrumentarium de 1850 et tantôt celui de 1820, il n'y a pas de différence de principe. Dans un cas nous goûtons les sonorités de la deuxième moitié du XIXe siècle, dans l'autre celles de la première moitié. Ce qui convient le mieux à l'œuvre et à son intelligence aujourd'hui, cette façon de s'exprimer est loin de le dire.

Je voudrais à l'aide de quelques exemples montrer les liens étroits qui unissent une musique à un instrumentarium adéquat : à l'époque baroque, la symbolique musicale, la symbolique sonore et la théorie des passions jouaient un grand rôle dans la compréhension de la langue musicale. Ainsi les trompettes étaient toujours associées au pouvoir divin ou séculaire. Bach les emploie souvent dans ce sens, en utilisant les harmoniques impurs (les septième, onzième et treizième harmoniques, soit $si\flat^3$ fa^4 et la^4) pour représenter l'horreur, l'effroyable, le diable. Ces notes sonnent rudes et ne sont pas justes — ce qui était cependant une évidence pour les auditeurs, puisqu'ils avaient dans l'oreille la série d'harmoniques de la trompette et du cor. On voit donc que l'intonation aussi bien que la beauté des notes — concept extrêmement suspect — servaient de moyens d'expression. Dans certains contextes, une sonorité « détestable » prévue par le compositeur ne fait qu'éclairer la vérité d'un message musical. Sur une trompette à pistons ces différences de sonorité ne peuvent nullement être rendues, car on n'y joue les notes que jusqu'au huitième harmonique, à l'exclusion du septième. Tout est alors joué aussi « beau » que possible, et par conséquent uniformisé. Autre exemple : *si* mineur est une tonalité merveilleusement facile et brillante à la flûte traversière baroque, *do* mineur une tonalité sourde et extrêmement difficile. L'auditeur était au fait de ces particularités, et la maîtrise des difficultés d'une tonalité faisait partie de la virtuosité ; du reste la difficulté des tonalités éloignées, audible au timbre — du fait des doigtés en fourche — était un élément du contenu expressif. Sur la flûte Böhm « moderne », *do* mineur sonne aussi bien que *si* mineur. Les dessins de flûte de l'air pour soprano de la *Passion selon saint Jean*, « Zerfliesse mein Herze in

Fluten der Zähren », sont extrêmement difficiles et variés en couleur, car en *fa* mineur presque chaque enchaînement de notes exige des doigtés en fourche. Cela correspond parfaitement au caractère désespéré de l'air. Sur une flûte Böhm ces figures parlent avec virtuosité, comme si elles étaient écrites dans la tonalité la plus facile et la plus claire ; encore une fois, ici, l'idée contenue dans l'instrumentation ne peut être ainsi réalisée. Je pourrais multiplier à l'infini les exemples de ce genre.

De tels problèmes posent évidemment la question de savoir si la laideur des harmoniques faux et la matité des doigtés en fourche, qui sont employés pour l'expression musicale, sont encore des choses que nous souhaitons et voulons. Autrefois, il allait de soi que la beauté et la laideur étaient sœurs et que l'une était indispensable à l'autre. L'ancienne conception de la musique accordait une place importante au laid et au rude — alors que la nôtre ne le fait guère. Nous ne voulons plus percevoir l'œuvre d'art comme un tout, sous ses nombreuses facettes ; pour nous il n'y a plus qu'*une* composante qui compte, celle de la beauté esthétique sans scories, le « plaisir de l'art ». Nous ne voulons plus être transformés par la musique, mais uniquement nous enivrer de belles sonorités.

Je crois qu'il est possible de nous défaire de ces habitudes d'écoute fondées sur des malentendus et de vivre la diversité de la musique occidentale à nouveau comme un tout. Et j'aimerais ici aborder le dernier point — la richesse et la diversité de la musique occidentale. Depuis près de soixante-dix ans nos programmes ne comportent plus avant tout de la musique contemporaine, mais presque exclusivement de la musique ancienne de Monteverdi et Bach, Mozart, Beethoven, Schoenberg, Stravinsky. Par un très singulier processus de sélection, une société imaginaire d'amateurs de musique et de musiciens a isolé, parmi le fonds inouï de notre héritage musical, un répertoire de quelques œuvres peu nombreuses que l'on souhaite constamment rejouer et réentendre. Ce répertoire est évidemment universellement connu, alors que l'effet de la musique, fondé sur la faculté qu'elle a de surprendre l'auditeur, est perdu. Ce retour à ce qui est déjà parfaitement connu conduit bien entendu progressivement à se détourner de l'inconnu, du neuf ; même ce qui n'est joué que rarement finit par être rejeté et en fin de compte — vraisemblablement très bientôt — on aura désappris à écouter et à comprendre la musique. Le disque est — ou était — ici notre dernière grande chance : l'auditeur a la possibilité, chez lui, d'écouter une œuvre suffisamment souvent pour pouvoir l'admettre dans le cercle étroit. Mais il ne profite que très rarement de cette occasion, car à force d'évoluer constamment dans l'orbite du connu, on finit par se masquer la vue et étouffer le plaisir des nouvelles rencontres.

On parle souvent du jugement du temps. Mais ce jugement du temps ne peut s'exprimer que si on l'interroge. Il existe bien entendu à toutes les époques d'innombrables œuvres de moindre valeur, et dans le choix des œuvres les plus intéressantes et les meilleures du répertoire baroque les éditeurs et les musiciens n'ont pas toujours eu la main heureuse au cours des quarante dernières années. Aujourd'hui, il en va de la musique ancienne tout comme de la musique dite classique — ce qui n'est pas de Bach ou de Monteverdi, on ne l'écoute même pas. Il nous faut donc placer nos espoirs en un public neuf, qui sera peut-être à nouveau tout aussi disposé à écouter la musique nouvelle que la musique ancienne, et qui acceptera sûrement aussi une nouvelle esthétique de la musique.

Les priorités — hiérarchie des différents aspects

C'est une erreur de l' « homme de culture » européen que de toujours détacher de divers groupes de problèmes d'importance égale des points isolés dont il fait ensuite les seules choses importantes. Cette erreur nous est très familière et se trouve à l'origine de toutes sortes de sectarismes ; on pourrait à partir de là brouiller pratiquement le monde entier. Pour ce qui concerne la musique, parmi les nombreux aspects qui déterminent l'interprétation, nous en saisissons arbitrairement un — peut-être parce que nous avons justement « découvert » quelque chose — pour en faire la donnée essentielle : seul celui qui procède de telle ou telle manière peut être pris au sérieux en tant que musicien. Evidemment il ne faut pas dans ce cas sous-estimer l'influence du « plaisir de la découverte » ; quiconque croit avoir trouvé quelque chose surestime en général l'importance de sa découverte et pense que tous les autres aspects s'y rattachent de manière plus ou moins insignifiante. Ainsi, on isole très facilement parmi les nombreux points qui sont importants pour une interprétation un élément quelconque dont on fait une donnée essentielle, mais qui n'est en réalité qu'un aspect partiel et secondaire. J'entends souvent des fanatiques me dire (il en est de très nombreux dans la musique ancienne) : tout a une importance égale ; il n'y a pas de hiérarchie, ce n'est que lorsque *toutes* les conditions sont remplies que l'interprétation peut être discutée. Mais nous savons que personne ne peut satisfaire à *tout* ce que l'on attend de lui ; nous sommes pour cela bien trop imparfaits. Nous devons nous contenter de ne satisfaire qu'à une partie des exigences ; il n'y a pas de tout ou rien, car il ne saurait y avoir de *tout*.

Il ne nous reste qu'à établir un certain ordre dans les divers aspects que nous attendons d'une interprétation adéquate et bonne. Nous disons certes que *tout* est important, mais il existe certaines données qui sont plus importantes et d'autres qui le sont moins, et on doit en déduire une espèce de liste des priorités, une hiérarchie dans l'importance.

J'aimerais donner encore un exemple intéressant de cette manie consistant à faire d'un point *isolé* l'élément essentiel. Il est un violoniste baroque célèbre, qui des nombreuses règles et indications concernant la pratique d'exécution ne retient que ce *seul* précepte, qui dit que toute note doit être brève. C'est un violoniste éminent, qui a joué pendant des années au sein d'un orchestre philharmonique, un virtuose du violon ; mais depuis qu'il joue du violon baroque, son jeu n'est plus audible, car il a effectivement placé ce point au-dessus de tous les autres. On peut lui dire : « Bien, il existe cette règle qui dit que toute note doit être raccourcie, mais il existe aussi cette autre règle, selon laquelle il s'agit d'imiter le chant ; comment concilies-tu les deux ? » Cela ne sert à rien, car lorsqu'un homme fait une fixation monomaniaque sur un point qu'il tient pour le plus important, on peut lui dire ce que l'on veut, il continuera contre toute raison à faire de *son* aspect déterminé l'aspect essentiel. Il faut donc trouver une manière responsable et artistique d'aborder ces problèmes, faute de quoi l'on parvient à des résultats excentriques. Il nous faut rester toujours prêts à reconnaître la nouveauté et à nous rendre compte d'éventuelles erreurs.

Venons-en donc aux aspects isolés dont il est principalement question lorsque nous interprétons une pièce de musique : il y a des difficultés techniques à surmonter, la sonorité, vraisemblablement aussi la question de l'instrument, le tempo, la situation historique, la compréhension de la notation (voir dans quelle mesure la notation représente l'œuvre elle-même ou dans quelle mesure elle exige une interprétation), la portée sociale de l'œuvre à son époque et aujourd'hui (pour autant que cela concerne l'interprétation), il y a la musique en tant que langage des sons, l'articulation des petites valeurs de notes, correspondant à la prononciation des mots, la restitution des plans sonores, qui exclut alors une articulation des mots, puis ce qu'on appelle la grande ligne, et enfin l'importance des effectifs. Peut-être n'ai-je pas du tout évoqué certains points. Si on examine ce catalogue des différents aspects, on constate que presque chacun de ces aspects pourrait être érigé en donnée essentielle.

Il est des gens qui disent : on ne peut jouer une musique donnée qu'en petite formation ; ou : on ne peut la jouer qu'en grande formation. Et si on réfléchit davantage, on ne peut vraiment répondre à cette question qu'en se demandant d'abord : quel rôle joue donc au fond la formation ? Que se passe-t-il lorsqu'au lieu de dix violons je n'en ai que deux ou trois. Cela n'a donc pas de sens de dire : *le* compositeur avait trois premiers violons, alors jouons ses pièces en petite formation ; et tel autre en avait dix, alors jouons en grande formation. Au contraire : l'importance des effectifs doit être déterminée en fonction de l'acoustique du lieu, de la forme musicale, de la sonorité des instruments. Il existe donc toute une série de données partielles qui influent sur la taille de la formation souhaitable. Mozart a exécuté ses premières symphonies à Salzbourg avec une très petite formation ; aujourd'hui on pense donc souvent qu'une telle formation (« mozartienne ») est adaptée à ces œuvres, et on condamne comme erreurs stylistiques les exécutions en grande formation. Mais Mozart a exécuté des œuvres de la même époque à Milan, par exemple, avec une très grande formation, parce que la salle était très grande et l'orchestre bien et fortement constitué. Lorsqu'il fit jouer plus tard les anciennes compositions de Salzbourg à Vienne, les effectifs en cordes de cet orchestre étaient parfois plus importants qu'aujourd'hui pour des exécutions d'œuvres post-romantiques. On pourrait dire la même chose des exécutions de Haydn. On connaît les dimensions des salles qu'il avait à sa disposition à Londres, à Eisenstadt et à Esterhàz. L'importance des effectifs était variable, du plus petit orchestre de chambre à la très grande formation.

Examinons un autre aspect partiel. La « grande ligne » est souvent considérée comme le critère décisif d'une bonne exécution. Mais il nous faut toujours, lorsque nous mettons en relief une donnée particulière, en reléguer à l'arrière-plan un ensemble d'autres. Ainsi, si nous voulons obtenir des sonorités amples, linéaires, telles qu'en demande la musique romantique d'après 1800, dans une autre musique, plus ancienne, qui relève d'autres prémisses, il nous faut alors renoncer à toute articulation « parlante ». La transparence sonore en pâtira également. Dans ce cas, ce sont des caractéristiques d'un style qui sont transposées à un autre, et cela se produit très souvent car il n'est que peu de musiciens qui se rendent compte que le style d'exécution dans lequel ils se sentent vraiment chez eux — le plus souvent, c'est le post-romantisme — n'est pas applicable à toutes les autres époques.

Il est un autre aspect qui concerne les instruments. On trouve depuis peu de très nombreux musiciens qui pensent qu'en jouant la musique d'une époque donnée avec les instruments de cette époque, on satisfait alors à pratiquement toutes les conditions d'une « bonne » exécution. L'importance qu'a revêtue cette question dans l'histoire de la musique occidentale est extrêmement variable. Songeons par exemple à l'importance qu'avait l'instrument ou la question de sonorité dans la musique du XVIe siècle, qui n'était pas instrumentée par le compositeur. A cette époque, il n'existe pratiquement pas de différence entre la musique vocale et la musique instrumentale du point de vue de la composition; les instrumentistes prenaient au contraire, les mêmes pièces que les chanteurs et les adaptaient à leur instrument. Cela vaut pour les luthistes, comme pour les clavecinistes ou les flûtistes ou les cordes — la même pièce peut être jouée des façons les plus diverses, et cependant de manière irréprochable stylistiquement. Une réalisation sonore parfaitement déterminée ne peut donc être essentielle pour *cette* musique.

Ces réflexions font apparaître qu'il est pour nous primordial de déterminer l'importance des différentes décisions musicales que nous prenons et de nous persuader qu'elle peut varier considérablement suivant les œuvres et les époques. Dans un cas il peut arriver qu'en raison d'une interprétation fausse la musique n'exprime plus rien, dans tel autre que, malgré de graves fautes d'interprétation, qui sont presque inévitables, une part considérable de l'œuvre, des intentions musicales, soit préservée et transmise à l'auditeur. Il nous faut chercher dans l'exécution la force de persuasion et non le « vrai » ou le « faux » ; nous finirons alors par être beaucoup plus tolérants à l'égard d'opinions divergentes qui procèdent du même esprit. Que l'exécution la plus convaincante soit souvent effectivement la plus « juste », c'est un autre problème.

Pour nous, il importera donc de trouver une voie qui permette d'elle-même et de façon naturelle de classer ces différentes décisions, du moins à peu près, selon leur importance. En premier lieu, il faut en tout cas placer la compréhension de l'œuvre, tout le reste ayant une signification qui lui est subordonnée. Donc : de quelle manière l'œuvre se transmet-elle à l'auditeur, quel rôle jouent pour ce faire les caractères stylistiques ? S'agit-il là du style de l'époque, donc de ce que toutes les compositions d'une époque avaient en commun, ou du style personnel du compositeur, donc précisément de ce qui distingue le style personnel du style de l'époque ? Pour le musicien, il est important de pouvoir reconnaître ces facteurs et les distinguer, car sinon dans la restitution on introduit pêle-mêle les exigences des différentes époques de telle manière que l'auditeur ne peut plus rien comprendre (si ce n'est peut-être : « comme c'est beau ! »). Il faudrait, en ce qui concerne avant tout le style de l'époque, s'efforcer de connaître et de comprendre tout ce qui est accessible — les particularités stylistiques de chaque compositeur apparaîtront alors d'elles-mêmes. Nous trouvons ainsi des différences essentielles dans les styles d'époque entre : *a)* la fin du baroque allemand, chez Bach, Haendel et Telemann, et *b)* l'*Empfindsamkeit,* le style galant et aussi le *Sturm und Drang* des fils Bach et de leurs contemporains ; ou entre la musique éloquente du classicisme viennois de Mozart et Haydn, qui en est directement issu, et *c)* le Beethoven de la période centrale et de la dernière période, jusqu'à Weber et Mendelssohn. De manière très simplifiée, du point de vue du mode d'exécution, cela signifie : *a)* un jeu éloquent, articulation des « mots » en petits groupes sonores, nuances s'appliquant pour l'essentiel aux notes isolées et conçues comme moyen d'articulation ; *b)* nuances importantes et intégrées à la composition (« crescendo de Mannheim »), nouvelle instrumentation, jeu « romantique » avec les timbres (écriture idiomatique des vents, pédales en accords), vigoureux contrastes dynamiques; *c*) disparition de l'articulation de détail dans des grandes surfaces et lignes legato, sonorités picturales. (L'effet de suggestion résulte maintenant beaucoup moins de la structure détaillée que de l'impression d'ensemble.) La langue musicale du XVIIIe siècle connaît aussi ces climats, mais ils y sont toujours liés au langage. On parle aussi différemment, suivant que l'on dit quelque chose de triste ou de gai; le climat modifie la diction du langage. Au XIXe siècle cependant, ce sont des climats d'ensemble que l'on peignait, et qui pouvaient s'étendre relativement longtemps; des impressions y sont décrites, l'auditeur y est plongé dans un certain état, mais on ne lui *dit* rien.

Il est donc très important de comprendre le style de l'époque dans lequel le compositeur pense et se sent chez lui. S'agit-il de musique articulée, « prononcée », ou de plans sonores, d'ambiances à communiquer.

Il est parfaitement clair que les musiciens de toute époque sont à ce point chez eux dans le langage de leur temps qu'ils croient devoir rendre et comprendre aussi les musiciens des autres époques dans ce langage. Ainsi, lorsqu'on exécuta au XIXe siècle la musique de Bach, qui demande à être comprise avant tout à partir de la parole, on l'interpréta sur le modèle des œuvres de cette époque telle une musique linéaire sentimentale du post-romantisme; si bien que l'on dut en réinstrumenter une bonne part et transformer l'articulation en « phrasé ». Le concept d'articulation fut complètement perdu, les liaisons d'articulation furent réduites à indiquer les coups d'archet, servant alors à montrer l'endroit — autant que possible inaudible — où il faut changer d'archet. On ne saurait rien imaginer de plus contraire à l'articulation authentique. Dans l'indispensable subordination de tous les aspects à la compréhension de l'œuvre, il apparaît maintenant que l'articulation se situe particulièrement haut et revêt une importance singulière. Comme elle sert immédiatement à la compréhension de l'œuvre et qu'une œuvre peut effectivement être transformée de façon décisive par une articulation juste ou fausse, elle se place pour moi loin en tête dans la « liste des priorités ».

Tout musicien cherche naturellement à exprimer au mieux avec son instrument, avec sa voix, ce que chaque musique demande. Il est à ce propos très intéressant de constater que l'évolution des instruments de musique se fait toujours en conformité avec les exigences des compositeurs et le style de l'époque. Pendant longtemps on a cru que l'évolution des aspects techniques avait suivi une voie propre, qui, comme on croit aussi le constater ailleurs, conduit toujours du pire au meilleur. L'archet que Tourte a inventé (vers 1760) doit donc être meilleur que les archets employés avant lui; la flûte inventée par Böhm (vers 1850) meilleure que les flûtes plus anciennes; et ainsi de suite pour tous les instruments.

Cette foi dans le progrès est encore très répandue, même chez des gens qui devraient avoir une bonne connaissance de l'histoire de l'interprétation. Cela tient vraisemblablement à ce qu'ils ne veulent pas voir dans toute sa signification le prix qu'il faut payer pour chaque amélioration. Si l'on considère la question historiquement, les défauts auxquels on cherche à remédier ne sont au fond des défauts qu'*en apparence*. Le compositeur ne pense qu'en fonction des sonorités de son époque et nullement d'une quelconque utopie future. On voit que les instruments historiques ont leur importance quant à l'interprétation. Il faut étudier leurs avantages et leurs défauts, leurs particularités en ce qui concerne la sonorité, la fusion sonore, les nuances et aussi — élément important — l'intonation. Mais avant de se décider pour un mode d'exécution « historique » conséquent, il faut se demander si l'instrument historique ne revêt pas, outre ses qualités et ses défauts d'origine, d'autres propriétés, qu'il ne possède justement qu'à une autre époque — l'époque actuelle précisément : il n'offre pas la sonorité normale de notre époque, mais une couleur étrangère, « exotique ». Il n'existe pas de tradition continue pour le jeu, si bien que nous ne savons absolument pas comment on jouait en fait de ces instruments autrefois. Le musicien d'aujourd'hui ne peut qu'en de rares cas s'identifier totalement avec la sonorité de ces instruments. Parfois, un musicien peut réaliser les possibilités techniques et sonores historiques avec son instrument moderne mieux qu'avec un instrument ancien authentique, avec lequel il n'a pas « grandi » musicalement. On aura donc à décider, ici aussi, dans ce domaine très complexe, et pour chaque cas, si ce sont les avantages ou les inconvénients qui l'emportent.

A titre d'exemple, j'aimerais examiner le problème de l'archet de violon. Avec l'archet tel que l'a créé Tourte à la fin du XVIIIe siècle, on peut sur toute la longueur tirer une note de *force égale,* on peut obtenir un changement d'archet presque inaudible et une égalité quasi totale du tiré et du poussé. Avec cet archet on peut jouer extrêmement fort, et le sautillé paraît dur et martelé. Il faut payer ces qualités, qui en font l'outil idéal pour rendre la musique de « plans sonores » d'après 1800, en renonçant à de nombreuses autres qualités : il est très difficile, avec un tel archet, de façonner un son rebondissant, en forme de cloche, de raccourcir un son sans qu'il paraisse haché ou de produire une sonorité différente avec le tiré et le poussé, ainsi que le demandait la musique plus ancienne et qu'il était aisé de le faire avec l'archet baroque. Bien entendu, il est facile pour le musicien de dire : c'est précisément cela qui est mauvais, on *doit* en effet rendre le tiré et le poussé le plus égaux possible ; l'archet moderne (de Tourte) est justement meilleur que le vieil archet baroque, car lui seul permet d'obtenir une égalité à tous les niveaux. Mais pour peu que l'on admette être à même d'exécuter au mieux la musique en la restituant de manière appropriée, on remarque alors que tous les désavantages apparents de l'archet baroque sont des avantages. La plupart des notes qui vont ensemble, par deux, sonnent différemment en tiré et poussé ; la note isolée possède une dynamique en son de cloche, d'innombrables degrés intermédiaires entre le *legato* et le *spiccato* s'obtiennent comme d'eux-mêmes. On voit que l'archet baroque est idéal pour la musique baroque — les arguments en faveur de son utilisation sont donc puissants. Mais nous n'allons pas tout bonnement le considérer comme l'archet idéal et jouer avec lui Richard Strauss. Il est curieux que ce soit précisément ce que l'on fait, dans le cas contraire, avec l'archet de Tourte.

Bien entendu, avec l'archet moderne, qui fut construit pour le *legato,* pour le jeu linéaire, on peut parvenir à un jeu baroque, éloquent, lorsqu'on ne dispose d'aucun autre archet. En tant que musiciens, nous sommes condamnés aujourd'hui à jouer la musique de plusieurs siècles avec le même outil. Tout musicien d'orchestre sait qu'il doit jouer tel jour par exemple de la musique contemporaine et le lendemain une symphonie de Mozart ou une œuvre de Bach ou de Gustav Mahler. Il ne peut pas changer d'outil, il ne peut pas jouer chaque jour avec un autre instrument. Ce qui veut dire qu'il doit être familiarisé avec les différents langages musicaux au point de pouvoir jouer de façon entièrement différente avec son instrument habituel. Mais cela ne réussit que très rarement. Nous jouons certes la musique de cinq siècles mais le plus souvent dans *une seule* langue, dans *un seul* style d'exécution. Si nous commencions par reconnaître les différences essentielles de style et abandonnions le concept malheureux de musique comme « langage universel » qui couvrirait toutes les nations, les cultures et les siècles et qui serait en principe toujours le même, un ordre de priorités s'installerait de lui-même. Nous verrions l'œuvre comme l'expression artistique d'une époque et d'un homme, avec des exigences particulières vis-à-vis des auditeurs et des musiciens. Nous serions vraiment contraints de découvrir ces exigences d'articulation, de tempo, d'équilibre sonore, etc. et d'y satisfaire. Finalement, nous ne serions vraisemblablement plus contents de nos instruments et nous choisirions ceux qui sont contemporains de la musique, mais uniquement lorsque et parce qu'ils sont appropriés à l'œuvre et le mieux adaptés à l'exécution. Un musicien arrive ainsi sur la voie d'une interprétation optimale, tout naturellement, en partant de l'œuvre et en aboutissant à l'instrument « original ».

L'autre voie, que l'on emprunte très souvent aujourd'hui, conduit à mon sens à l'erreur. Il est beaucoup de musiciens qui pensent que l'on devrait jouer la musique ancienne sur des instruments *authentiques* — mais ils ne savent absolument pas ce que ces instruments peuvent faire ou ne pas faire. Ils adoptent l'instrument ancien, sans y voir de sens, peut-être parce qu'ils ont été engagés pour jouer sur instruments anciens et qu'ils sont bien rémunérés, ou parce qu'eux-mêmes trouvent cela intéressant. L'aspect décisif de leur interprétation, pour ainsi dire leur « marque déposée », est pour eux : l'instrument ancien, l' « instrument original » — mais non ce que cet instrument ancien veut ou peut faire. Le musicien a cependant appris à faire de la musique sur un tout autre instrument, qui est à l'origine de son idéal sonore et de sa conception musicale. Il prend ensuite l'instrument baroque et cherche instinctivement à réaliser sur cet instrument l'idéal sonore auquel il est habitué. C'est ce que l'on entend constamment, et le résultat en est ces ensembles qui sonnent lamentablement, qui jouent prétendument sur instruments anciens ; mais où on entend à chaque détour la nostalgie qu'ont les musiciens de cette sonorité qu'ils ont toujours connue par ailleurs. Pourtant, cela ne marche pas : on ne peut pas jouer avec un archet baroque un beau *sostenuto,* et on essaye tout de même de le faire ; on ne peut obtenir une certaine opulence sonore, et on s'y efforce malgré tout. Le résultat est navrant, et l'auditeur se dit naturellement : telle est la sonorité des instruments anciens ; c'est que les compositeurs d'autrefois étaient pauvres, ils n'ont pas connu de possibilités meilleures. Le musicien arrivé par cette voie aux instruments anciens ne se persuadera jamais que sa démarche est sensée. Si bien qu'il se débarrassera de l'instrument ancien à la première occasion qui s'offrira. Il doit d'abord *savoir* pourquoi il choisit les instruments anciens, et cela ne peut être alors que pour des raisons musicales, et nulles autres. Et si ces raisons musicales ne sont pas pour lui suffisamment évidentes, il vaut mieux pour lui attendre et essayer de travailler avec l'instrument qui pour lui est encore authentique, naturel.

En ce qui concerne précisément l'instrument, la question des priorités me paraît d'une importance toute particulière, car on commet ici de graves erreurs. Si l'instrument historique n'avait été choisi que pour des raisons musicales et non afin de passer pour « authentique », « historique » ou paraître intéressant, les centaines de milliers d'instruments prétendument « anciens », qui ne sont pas à proprement parler des instruments de musique et qui n'en ont que le nom, n'auraient jamais pu être mis sur le marché. Il y a des cargaisons entières de flûtes à bec, clavecins, cromornes, cornets et trombones qui ne sont à vrai dire pas des instruments de musique — et seul l'art admirable de certains musiciens permet de tirer de ces monstres un son quelconque. Un David Oistrach pourrait encore faire de la musique sur un misérable violon d'étude. Il me semble donc que ceux d'entre nous, précisément, qui jouent beaucoup de « musique ancienne » ne devraient en aucun cas, comme cela se produit malheureusement souvent, donner la priorité à l'instrument, à l'outil, sur la musique.

Peut-être les instruments qui sont d'autant plus indépendants, dans leur mode de production du timbre et du son, qu'ils sont plus éloignés de l'exécutant, devraient-ils faire exception à ce principe. Je crois qu'il est bien plus important pour la musique d'orgue d'avoir un instrument adéquat que pour la musique de violon par exemple. L'importance de l'instrument n'est pas la même dans le cas de l'orgue et dans celui du violon. Il est tout bonnement impossible de faire de la musique d'orgue sur un instrument inadéquat; ici l'instrument contribue vraiment pour une part essentielle à l'expression musicale, alors que c'est loin d'être autant le cas pour les instruments à vent ou à cordes.

Je crois qu'avec un orchestre normal, même sans instruments originaux, l'on pourrait jouer bien mieux que cela ne se fait couramment aujourd'hui la musique classique et préclassique, et je crois aussi que pour aller vers cette amélioration dans le jeu il ne s'agit pas de mettre tout simplement des instruments baroques entre les mains des musiciens. Ils en joueraient de manière tellement lamentable qu'après deux répétitions ils seraient convaincus d'eux-mêmes que cela ne va pas. Je crois — et c'est cela que je voulais exprimer avant tout en réclamant une hiérarchie des priorités — que le musicien doit d'abord découvrir le mode d'expression musicale de chaque époque sur l'instrument avec lequel il peut s'exprimer.

Si donc on veut chercher à placer la *musique* au premier plan, alors la question des instruments de musique se trouve assez bas dans la hiérarchie. Dans ce cas il faut d'abord tâcher, avec les instruments disponibles, de réaliser autant qu'il est possible la diction et l'articulation de cette musique. Et finalement il viendra inéluctablement un moment où tout musicien sensible sentira : j'ai désormais besoin d'un autre instrument, mieux adapté. Quand donc tout un groupe de musiciens parvient de cette manière aux instruments anciens, ils utiliseront évidemment ces instruments de façon sensiblement plus convaincante et trouveront nettement mieux leur langage que ceux qui ne font que suivre une mode en jouant sur instruments anciens.

Pour conclure sur ma conception de la hiérarchie des divers aspects, je dirai donc : à mon sens, juste après l'œuvre elle-même, qui doit toujours se trouver à la première place, viennent la passion et l'imagination de l'artiste. Quant à l'interprétation, je tiens pour inadéquate celle du musicien qui techniquement réalise tout à la perfection, respecte tous les aspects de l'articulation, s'en tient très exactement aux sources, emploie l'instrument correct, joue en tempérament mésotonique, choisit le bon tempo, mais à qui il manque une chose : la musicalité, ou, pour parler un peu plus poétiquement, la faveur des muses. C'est cruel, dans cette profession, mais celui que les muses ont oublié d'embrasser ne sera jamais musicien. J'ai recensé ici toutes les priorités en les poussant en même temps, de façon quelque peu outrée, jusqu'à l'absurde. Car un artiste véritable peut faire beaucoup de choses qui soient fausses, dont on peut démontrer qu'elles sont fausses, et réussir pourtant à faire passer la musique sous la peau de l'auditeur, à la lui rendre vraiment proche. Cela se produit précisément grâce à ce « don des muses ». Et tel autre pourra nous livrer une interprétation, qui, si intéressante soit-elle, ne réussit pas à nous montrer ce qu'est vraiment la musique, à nous offrir une expression qui nous parle directement, nous trouble, nous transforme.

II

INSTRUMENTARIUM ET DISCOURS MUSICAL

Viola da brazzo et viola da gamba
Esquisse pour une histoire des instruments à cordes

Lorsqu'on examine l'instrumentarium de l'époque actuelle et qu'on suit l'histoire de chaque instrument, on s'aperçoit qu'il n'existe pratiquement aucun instrument tout à fait moderne, que presque tous ont une histoire de plusieurs siècles. Reconstituer cette histoire pour chaque instrument, étudier les relations entre chaque particularité technique et les données historiques, voilà une tâche du plus haut intérêt, et de la plus grande importance pour tous ceux qui s'occupent sérieusement de musique historique.

Parmi tous les instruments de musique en usage aujourd'hui, seuls les instruments à cordes ont la même forme extérieure que leurs ancêtres d'il y a quatre cents ans. *Tous* les autres instruments ont dû être remplacés constamment par des *modèles nouveaux*, reconnaissables aussitôt ne serait-ce qu'extérieurement, dès que le goût musical ou certaines exigences techniques rendaient indispensables des modifications radicales. Pourquoi n'en est-il pas de même des instruments à cordes ? N'y avait-il pas ici de modifications indispensables ? Le son actuel du violon est-il alors identique à celui d'un violon du XVIe siècle ? Cette question est plus que justifiée, non seulement parce que les instruments d'aujourd'hui ont la même apparence que ceux des époques passées, mais aussi parce que les instruments anciens ont aujourd'hui encore nettement la préférence des musiciens sur les nouveaux. Tous les grands solistes jouent sur des instruments qui ont plus de deux cents ans.

Le violon, que nous trouvons parfaitement développé dès le XVIe siècle, réunit les caractéristiques de facture de plusieurs instruments plus anciens : la forme du corps vient de la vièle et de la *lyra da braccio,* la manière de fixer les cordes, du rebec. Le violon (appelé en italien *viola da brazzo,* viole de bras, par opposition à la *viola da gamba,* viole de gambe [jambe]) était dès le départ muni de quatre cordes et accordé en quintes, comme aujourd'hui. Très tôt il s'est construit, en particulier en Italie du Nord, différents modèles ; les uns favorisaient une sonorité incisive, riche en harmoniques, les autres un son plus plein et plus rond. Ainsi certains sont fortement bombés, construits dans un bois mince, d'autres plats et dans un bois plus épais suivant le résultat sonore souhaité ou suivant les particularités de telle école de facture. A partir du milieu du XVIIe siècle, la facture de violon du sud de l'Allemagne et du Tyrol commence aussi à gagner en importance. Le type créé là-bas, par Stainer en particulier, représente pendant plus de cent ans, sans être contesté, l'idéal sonore de la musique de cordes au nord des Alpes. Malgré cette diversité de modèles, de conceptions sonores, qui diffèrent parfois considérablement les unes des autres, le violon, dans l'ensemble, reste à l'abri des modifications sonores radicales. De petites transformations permettaient de l'adapter à toutes les exigences ; à la place de la corde *sol* en boyau, qui avait une sonorité quelque peu sourde et rêche, on a introduit la corde enroulée de métal ; on a mis au point des archets plus longs et plus équilibrés, permettant d'obtenir une technique d'archet plus raffinée — mais pour le reste le violon demeure pendant deux siècles le pôle fixe parmi les instruments.

Le prodigieux tournant historique qui a influencé et transformé toute la vie européenne à la fin du XVIIIe siècle a bien entendu eu des répercussions dans l'art également. Et de même que les compositions, d'un Beethoven par exemple, apportaient dans la musique un esprit entièrement nouveau, auquel beaucoup de contemporains résistaient, par peur ou par refus, de même, suivant cet esprit, tout le corps sonore de la musique occidentale s'est transformé de fond en comble. L'échelle dynamique des instruments devait être étendue à l'extrême.

S'agissant du violon, son échelle dynamique ne correspondait plus aux exigences des compositeurs et des auditeurs. De géniaux facteurs de violons trouvèrent le moyen de sauver l'instrument en tant que tel de cette crise, dont la gambe par exemple et beaucoup d'autres instruments furent victimes : on renforça le cordage au-delà de ce qui était techniquement possible pour l'instrument. L'épaisseur des cordes est directement proportionnelle à la tension et donc à la pression qui s'exerce, par le chevalet, sur la table de l'instrument : donc, plus les cordes sont fortes, plus la tension et la pression sont grandes, et plus on peut et doit jouer énergiquement avec l'archet pour les mettre en vibration. Mais comme les instruments n'étaient pas construits pour cette pression plus forte et ne pouvaient la supporter, on renforça également l'ancienne barre, c'est-à-dire qu'on l'ôta pour la remplacer par une autre qui en avait à peu près trois à cinq fois le volume. Ainsi renforcée, la table de l'instrument pouvait supporter une pression encore plus forte. On enleva en outre l'ancien manche, découpé en un seul morceau avec la volute, et qui était fixé droit sur l'instrument, pour coller un nouveau manche, incliné (sur lequel on refixa alors la volute d'origine). Ainsi l'angle des cordes était plus aigu en passant sur le chevalet, ce qui augmentait de nouveau la pression sur la table. En créant en même temps l'archet moderne, avec lequel on pouvait jouer de manière adéquate sur cet instrument remodelé, Tourte satisfaisait à une des conditions importantes nécessaires pour le succès de ce renforcement. Cet archet est plus lourd que l'ancien, qui était construit volontairement plus léger, et il est fortement concave, ce qui fait que la tension des crins s'accroît lorsque la pression augmente. Le nouvel archet a deux fois plus de crins que l'ancien, et ceux-ci, contrairement à la mèche arrondie de l'archet ancien, fixée lâchement, sont maintenus en forme de ruban plat par une languette métallique.

L'opération décrite ci-dessus fut pratiquée entre 1790 et aujourd'hui sur presque tous les violons anciens (les violons italiens anciens dont jouent les solistes d'aujourd'hui sont donc tous modernisés et sonnent *tout à fait* autrement qu'à l'époque de leur fabrication). Ainsi modifié, et utilisé avec le nouvel archet, le violon était méconnaissable. Il fallut naturellement payer le gain important en puissance, qui se trouvait multipliée à peu près par trois, d'une déperdition considérable en harmoniques supérieurs. Au fil du temps on fit de nécessité vertu, et le son lisse et rond du violon devint l'idéal sonore ; ce son se polit de plus en plus, on renonça complètement aux cordes en boyau nu et aujourd'hui on ne joue plus que sur des cordes en boyau enroulées de métal et sur des cordes en acier.

L'appauvrissement en harmoniques aigus est une conséquence inéluctable de chaque gain en puissance. Ainsi, ce ne furent pas seulement la barre plus volumineuse et les cordes plus fortement tendues, mais aussi d'autres éléments du réglage, la touche en ébène massif, le cordier, etc. qui contribuèrent à réduire les harmoniques aigus. Cette opération n'a pas été bénéfique pour tous les instruments ; certains, en particulier les instruments légers et très bombés de l'école de Stainer, perdirent une grande partie de leur timbre ; leur sonorité devint souvent criarde, tout en restant mince. Pour d'innombrables instruments de valeur l'opération fut littéralement fatale puisque le fond ne supporta pas la pression excessive de l'âme et se fendit. Si j'ai exposé en détail l'histoire de cette transformation, c'est uniquement parce qu'elle nous donne la clef pour comprendre la sonorité des instruments à cordes anciens.

Comparons maintenant la sonorité du violon baroque à celle de l'instrument de concert moderne : le son du violon baroque est doux, mais d'une acuité intense et délicate. La diversité s'obtient avant tout par une articulation richement différenciée et non pas tant par la dynamique. L'instrument moderne possède en revanche un son rond et lisse, avec une très grande marge dynamique, laquelle dynamique devient maintenant le facteur formel prédominant. Dans l'ensemble, on observe un appauvrissement de la palette sonore, puisque dans l'orchestre moderne tous les instruments tendent vers une sonorité ronde, pauvre en harmoniques aigus, alors que dans l'orchestre baroque la différenciation des groupes instrumentaux était plus marquée et donc plus riche.

Au travers de l'exemple du violon, nous avons vu l'histoire des transformations et leurs liens avec la sonorité. Venons-en maintenant aux autres instruments à cordes, et d'abord à la *viola da gamba* (viole de gambe, parce qu'elle se tient entre les jambes) et sa famille. Sa filiation avec la vièle du Moyen Age semble plus directe que dans le cas du violon. Une chose cependant est sûre : les deux familles, les violons et les gambes, sont nées à peu près à la même époque, au xviᵉ siècle. Dès le début, elles étaient nettement séparées et distinguées l'une de l'autre. On le voit à ceci, que dans les œuvres instrumentales italiennes du xviiᵉ siècle le violoncelle, qui se tient pourtant entre les jambes, qui est donc *da gamba,* est désigné comme *viola da brazzo,* c'est-à-dire comme appartenant à la famille du violon, alors que par exemple les petits pardessus de viole français sont des *dessus de gambe,* bien que le plus souvent ils se tiennent sur le bras, donc *da brazzo.*

Les gambes se distinguent des violons dans leur facture par des proportions différentes : elles ont un corps plus court par rapport à la longueur des cordes, un fond plat et des éclisses plus hautes. Elles sont dans l'ensemble d'une construction plus mince et plus légère. La silhouette du corps de la gambe est différente de la forme du violon, mais elle est surtout beaucoup moins standardisée et semble aussi avoir peu d'influence sur la sonorité de l'instrument. Ce qui est essentiel en revanche, c'est l'accord en quartes et tierce, repris du luth, ainsi que les frettes, également empruntées au luth. Dès le début du xviᵉ siècle la gambe fut construite en chœurs, c'est-à-dire qu'on fabriqua des instruments de taille différente pour le soprano, l'alto, le ténor et la basse. Avec de telles formations on jouait essentiellement des œuvres vocales, que l'on adaptait aux instruments au moyen d'une ornementation appropriée. On connaît des exercices anciens d'Ortiz en Espagne et de Ganassi en Italie destinés à cette fin. A cette époque le violon ne comptait pas encore au nombre des instruments respectables, et servait en premier lieu à la musique de danse improvisée.

Vers la fin du xviᵉ siècle, alors qu'en Italie l'ascension du violon — instrument extraverti qui correspond tellement au caractère italien — avait déjà commencé lentement, le chœur de gambes trouvait en Angleterre sa première patrie légitime. La viole de gambe a dû tout particulièrement répondre au goût des Anglais, car en l'espace d'un siècle à peu près il est né une grande profusion de musique, d'une beauté grave et inouïe, destinée à des ensembles de deux à sept violes. Cette musique, par sa caractéristique sonore et par sa signification musicale et historique, ne peut être comparée qu'à la musique pour quatuor à cordes des xviiiᵉ et xixᵉ siècles. Toute famille musicienne d'Angleterre possédait à cette époque un coffre de violes de toutes tailles. C'étaient avant tout des fantaisies, des danses stylisées et des variations qui étaient écrites expressément pour ces instruments — à une époque où sur le continent on n'était encore pas très loin de la musique « à utiliser sur toutes sortes d'instruments ». La viole, de par sa facture et ses frettes, a un son bien plus fin et plus plat que les instruments de la famille du violon. La musique, du fait des caractéristiques particulières de la gambe, dont le domaine expressif est avant tout celui des nuances sonores les plus fines, est a priori à l'abri d'une exécution excessivement dynamique, qui détruirait l'effet en lui ôtant tout son raffinement.

Les musiciens anglais découvrirent également très tôt la gambe en tant qu'instrument soliste; à cette fin, ils faisaient un instrument un peu plus petit que la basse de viole normale en *ré* qu'ils appelaient *division viol;* ils baptisèrent une autre gambe encore plus petite *lyra viol;* cet instrument était accordé différemment suivant les œuvres et joué à partir de tablatures (notation de doigtés). La complexité des accords et la notation inhabituelle sont malheureusement responsables de ce qu'aujourd'hui presque plus personne ne se soucie de cette musique soliste merveilleuse et techniquement du plus haut intérêt.

La gambe était en outre employée en Angleterre avant tout comme instrument soliste pour l'improvisation libre. On trouve de splendides exemples de cet art dans le *Division Viol* de Christopher Simpson, introduction à l'improvisation en solo sur une basse. Cette manière de jouer passait alors pour le degré de perfection suprême dans le jeu de la gambe; les compétences musicales et techniques des musiciens de même que leur imagination pouvaient s'y déployer abondamment. Pendant tout le XVIIe siècle, les gambistes anglais étaient une main-d'œuvre recherchée sur tout le continent. Lorsqu'en 1670 Stainer construisit une gambe pour une église à Bolzano, il fit valoir les indications données par un gambiste anglais qu'il considérait comme une autorité suprême.

C'est cependant en France que les possibilités de la gambe soliste furent exploitées jusqu'au bout, et cela à la fin du XVIIe siècle. L'étendue sonore de la gambe française fut enrichie à cette époque d'une corde grave accordée en *la*. En une seule génération naquirent ici, à la cour de Louis XIV, encouragées par les mélomanes les plus distingués, l'œuvre abondante d'un Marin Marais ainsi que les compositions imposantes et audacieuses des deux Forqueray, qui suscitèrent nombre d'imitations. (Les exigences techniques de ces compositions sont souvent si incroyables que l'on cherche des prédécesseurs à ces virtuoses. Or auparavant, à l'époque de Louis XIII, c'était le luth qui était l'instrument français en vogue et l'instrument virtuose par excellence. Dans les doigtés qui figurent dans presque toutes les compositions françaises pour gambe, on retrouve nettement la technique de main gauche particulière du luth.) Ces compositeurs raffinèrent également l'échelle expressive de la gamme et introduisirent, pour d'innombrables ornements aussi complexes que raffinés, glissandi et autres effets, un système de signes qui était à chaque fois expliqué en préface. La gambe était ici parvenue au sommet de ses possibilités solistes et techniques et, en quelque sorte, de sa position sociale. Les plus hautes personnalités avaient coutume de jouer de la gambe pendant leurs heures de loisir. L'intimité du son de la gambe, que l'on évoque constamment et qui en fait un instrument soliste destiné exclusivement aux petites salles, la possibilité d'obtenir les sonorités murmurées les plus raffinées ont amené en même temps que son apogée la mort de l'instrument. Méprisé au début, le violon, plus puissant, qui passe facilement même dans de grandes salles, s'imposa de plus en plus, jusqu'à détrôner définitivement la délicate gambe dans la deuxième moitié du XVIIIe siècle. Il est un écrit polémique qui nous renseigne de manière très claire sur cette lutte, et qui fut dirigé par l'abbé Le Blanc, partisan enthousiaste de la gambe, contre le violon et le violoncelle. Mais on avait en tout cas à ce point compris l'essence de la sonorité de la viole, sa subtilité et sa douceur, qu'on n'essaya même pas de sauver l'instrument du déclin en le renforçant.

Dans les autres pays, la gambe n'a jamais joué le même rôle qu'en Angleterre ou en France; en Italie, elle commença à se démoder dès le XVIIe siècle avec l'arrivée du violon. En Allemagne, il existe toute une série de compositions pour la gambe, qui adoptent une curieuse position intermédiaire; soit qu'elles s'alignent sur des modèles français, comme bon nombre d'œuvres de musique de chambre de Telemann, soit que l'on considère la gambe du simple point de vue technique ou même sonore, comme le font Buxtehude, Bach et d'autres. Les œuvres pour gambe de ces compositeurs ne sont pas conçues avec une nécessité impérieuse en fonction du génie de l'instrument; on pourrait, sans déperdition essentielle de la substance musicale, les imaginer jouées également sur d'autres instruments.

Au XVIIIe siècle, donc à la fin de la période de la gambe proprement dite, quelques instruments particuliers de la famille des gambes connurent une mode passagère. Ainsi la viole d'amour et le *violet* anglais, qui n'étaient utilisables que comme instruments solistes. Sur ces instruments, on essaya d'obtenir une sorte de réverbération artificielle en tendant sur l'instrument, juste au-dessus de la table, de sept à douze cordes métalliques supplémentaires. Ces cordes arrivaient au chevillier en passant par le manche troué et, selon leur nombre, étaient accordées suivant une gamme diatonique ou chromatique. On ne pouvait pas les jouer, elles ne servaient qu'à vibrer par sympathie lorsqu'on jouait de l'instrument. On obtenait ainsi une sorte de voile sonore qui planait constamment au-dessus des notes tendres et douces de cet instrument. La viole d'amour était vraiment au XVIIIe siècle un instrument en vogue, mais dont l'existence obscure s'est même prolongée de façon curieuse après la mort de la gambe au XIXe siècle.

Au XVIIIe siècle, des basses de violes furent aussi munies parfois de telles cordes sympathiques. Un des instruments les plus étranges de ce genre est certainement le baryton. Sur cet instrument, qui a la taille d'une basse de viole et dont les cordes normales sont aussi accordées comme celles de la gambe, les cordes de résonance métalliques ne servent pas uniquement à la couleur sonore, mais elles peuvent également, pendant qu'on joue, être pincées par le pouce de la main gauche. L'effet produit est très particulier, car les notes pincées, très puissantes, sonnent comme des notes de clavecin et ne peuvent être étouffées, en sorte que leur sonorité se prolonge assez longtemps et recouvre souvent celle de la note suivante. Aujourd'hui on ne prêterait sûrement plus guère d'attention au baryton si Haydn n'avait écrit pour lui un grand nombre d'œuvres superbes, qui mettent merveilleusement en valeur le charme particulier de cet instrument. Il n'existe par ailleurs que peu d'œuvres destinées au baryton. Mais comme un nombre relativement grand d'instruments ont survécu, dont certains datent même du XVIIe siècle, il faut supposer que c'était en premier lieu un instrument d'improvisation, sur lequel on pouvait quasiment s'accompagner soi-même avec les cordes pincées.

Malheureusement, lorsqu'on redécouvrit la viole il y a une cinquantaine d'années, on ne comprenait plus sa sonorité particulière. Ce que l'on n'avait jamais tenté au XVIIIe siècle, on le fit alors : bon nombre de belles violes anciennes furent renforcées et souvent même raccourcies aux dimensions du violoncelle.

Aujourd'hui, après que deux générations de musiciens ont essayé les instruments baroques ou prétendus tels et accumulé l'expérience, on voit les choses autrement. On ne cherche plus à « améliorer » les instruments anciens, on cherche à comprendre leur sonorité propre. Il en découle pour ainsi dire de soi-même, un principe qui a presque force de loi : l'instrumentarium de chaque époque est un tout dont les éléments sont finement ajustés entre eux ; l'équilibre des différents instruments est bien pesé. Il n'est pas possible d'utiliser isolément des instruments anciens en même temps que des modernes. Ainsi, par exemple, une gambe originale, bien réglée, a une sonorité bien trop mince au sein d'un orchestre à cordes moderne — problème auquel se heurtent bon nombre de gambistes lors des exécutions annuelles des passions de Bach. (A mon avis, il ne faut pas faire ici de compromis et jouer le solo soit au violoncelle soit sur une gambe-violoncelle renforcée.)

Si, sur la route vers l'interprétation de la musique ancienne, on a découvert l'élément sonore, et donc les instruments originaux comme intermédiaire idéal, comme aide idéale pour l'interprétation et source des plus riches stimulations artistiques, on ne sera pas satisfait avant d'avoir atteint le dernier maillon de la réaction en chaîne. Si l'on se donne la peine non négligeable d'équilibrer correctement entre eux tous les instruments, la récompense en est une sonorité convaincante, qui peut être un véhicule merveilleux pour la musique ancienne.

Le violon —
l'instrument baroque soliste

L'époque baroque, qui a porté la production artistique soliste à des hauteurs qu'on n'avait jamais connues jusque-là, et au cours de laquelle *devait* naître le virtuose, puisqu'on ne voulait pas seulement admirer et célébrer l'œuvre d'art anonyme mais avant tout l'artiste en tant qu'il accomplissait des exploits tout simplement incroyables, l'époque baroque a également fait éclater, au profit du soliste, les frontières fixées à chaque instrument par la nature. Le violon incarne comme aucun autre instrument l'esprit du baroque. Sa naissance au cours du XVIᵉ siècle est comme la concrétisation progressive d'une idée. A partir de la diversité des instruments à cordes de la Renaissance, avec ses vièles, rebecs, lyres et innombrables variantes, et grâce aux facteurs géniaux de Crémone et de Brescia, le violon s'est cristallisé.

Ce processus allait bien entendu de pair avec l'évolution de la musique elle-même : la musique des siècles passés déployait toutes ses forces dans le savant tissu polyphonique ; chaque intrument, chaque musicien était une partie anonyme du tout. Chaque instrument devait dessiner sa ligne aussi clairement que possible et mêler en même temps à la sonorité d'ensemble sa teinte particulière. Or vers 1600, de nouvelles forces entrèrent en jeu. L'interprétation musicale et déclamatoire des œuvres de la poésie conduisit à la monodie, au chant soliste accompagné. C'est alors que se forgèrent, dans le *recitar cantando,* la récitation chantée, et dans le *stile concitato* des formes d'expression musicale qui fondaient le mot et le son en une unité frappante. Même la musique purement instrumentale fut entraînée par cette vague et le soliste sortit de l'anonymat qui était celui du musicien d'ensemble. Il reprit le nouveau langage sonore de la monodie sans les mots et « s'exprima » désormais en sons. Cette pratique musicale soliste était considérée littéralement comme une sorte de discours; c'est ainsi que naquit la théorie de la rhétorique musicale; la musique prit un caractère de dialogue et le jeu « éloquent » devint l'exigence suprême de tous les maîtres de la musique de l'époque baroque.

Depuis Claudio Monteverdi, la plupart des compositeurs italiens étaient violonistes. Le nouveau langage musical du baroque conduisit en un délai incroyablement bref à un répertoire virtuose, qui resta longtemps insurpassable. Monteverdi écrivit les premiers véritables solos de violon dans son *Orfeo* (1607) et dans ses *Vêpres* (1610), puis ce furent avant tout ses disciples et admirateurs (Fontana, Marini, Uccellini entre autres) qui en l'espace de trente ans amenèrent le jeu du violon soliste à son apogée, dans des œuvres audacieuses, souvent franchement bizarres.

Dans les décennies suivantes, un certain calme semble s'être instauré. Le violon était sorti de sa période *Sturm und Drang*, et sa technique de jeu était à ce point mûre que l'évolution ultérieure se fit plus lentement. Comme le style baroque lui-même, le violon est un authentique produit italien, et, de même que le style baroque italien (dans des variantes nationales) conquit peu à peu toute l'Europe, de même le violon devint le joyau de son instrumentarium. C'est en Allemagne qu'il s'imposa le plus rapidement; des virtuoses italiens travaillaient dans les cours princières allemandes dès la première moitié du XVIIe siècle. Il se forma bientôt là-bas un style propre de musique de violon soliste, dans lequel le jeu en accords, le jeu polyphonique — caractéristique typiquement allemande — continua de se développer particulièrement.

Les violonistes et les mélomanes d'aujourd'hui se trompent le plus souvent quant au niveau de la technique de violon aux XVIIe et XVIIIe siècles. On croit, d'après le haut niveau atteint par les solistes vivant actuellement et les compétences sensiblement moins grandes, en comparaison, des musiciens d'il y a à peu près un siècle, pouvoir prolonger cette courbe descendante vers le passé; c'est ignorer que le remaniement social qui a touché la profession de musicien au XIXe siècle s'est accompagné d'un déclin. Henry Marteau disait vers 1910 : « S'il nous était donné d'entendre Corelli, Tartini, Viotti, Rode et Kreutzer, nos meilleurs violonistes ouvriraient sans doute de grands yeux et seraient persuadés de la décadence qui frappe aujourd'hui le jeu du violon. »

Beaucoup de techniques évidentes du jeu actuel du violon, comme le *vibrato*, le *spiccato*, le *staccato* « volant », entre autres, sont considérées sans autre forme de procès comme des acquisitions de Paganini et sont (à l'exception du vibrato) bannies de la musique baroque. A leur place on découvrit le prétendu « coup d'archet-Bach », qui ne sert qu'à remplacer par l'uniformité la diversité infinie de l'articulation baroque. Tant la musique elle-même que les traités anciens montrent clairement quelles étaient les possibilités techniques dont on disposait à telle époque et où on les employait.

Le *vibrato* est aussi vieux que la technique des instruments à cordes elle-même. Il sert à imiter le chant et son existence est expressément attestée dès le XVIe siècle (chez Agricola). Plus tard aussi, il est constamment décrit avec la plus grande évidence (Mersenne, 1636; North, 1695; Leopold Mozart, 1756). Il était toujours considéré franchement comme un ornement, qui devait être employé en des endroits déterminés, et en aucun cas n'être utilisé en permanence. « Il est des exécutants, dit Leopold Mozart, qui sur chaque note tremblent constamment comme s'ils avaient la fièvre perpétuelle. On ne doit introduire le *tremulo* (vibrato) qu'à ces endroits où la nature elle-même le produirait. »

Le *spiccato*, le fait de sauter avec l'archet, est un coup d'archet très ancien (l'indication *spiccato*, cependant, ne signifie par aux XVIIe et XVIIIe siècles le sautillé de l'archet, mais désigne simplement des notes clairement détachées). La plupart des figures en arpèges qui n'étaient pas liées ou des répétitions rapides de notes étaient jouées de cette manière. J. Walther (1676), Vivaldi et d'autres l'exigent expressément en écrivant « *con arcate sciolte* » ou tout simplement « *sciolto* ». Mais on trouve aussi toutes sortes de jetés d'archet rebondissants et même de longues séries de *staccato* « volants » dans le répertoire soliste du XVIIe siècle (en particulier chez Schmelzer, Biber et Walther). De même les espèces de *pizzicati* les plus divers (joués avec un plectre et sur la touche chez Biber, en accords chez Farina en 1626) et le *col legno* (notes frappées avec le bois de l'archet) étaient bien connus dès le XVIIe siècle chez Farina, Biber et d'autres.

Le *Capriccio stravagante* de Carlo Farina (un élève de Monteverdi), publié en 1626, comporte un catalogue incroyable d'effets violonistiques. On croit que la plupart d'entre eux n'ont été découverts que bien plus tard, certains au XXe siècle seulement ! Cette œuvre, avec ses indications d'exécution en deux langues (italien et allemand) est donc un témoignage important sur l'ancienne technique de violon. Il décrit le jeu en position haute sur les cordes graves comme un effet sonore (on ne dépassait alors normalement la première position que sur la corde *mi*) : « ... On déplace la main vers le chevalet et on commence... avec le troisième doigt sur la note ou le son prescrit ». Le *col legno* (coup avec la baguette de l'archet) est décrit ainsi : « ... Ces (notes) sont frappées avec le bois de l'archet comme sur un tympanon ; on ne doit cependant pas garder longtemps l'archet immobile mais constamment poursuivre le mouvement » — la baguette de l'archet doit donc sauter comme une baguette de tambour. Farina demande que l'on joue *sul ponticello* (près du chevalet) pour imiter les instruments à vent comme le fifre ou la flûte : « Les flageolets sont frottés gracieusement, près du chevalet à environ un doigt, très calmement, comme une lyre. De même pour les fifres des soldats, à ceci près qu'on le fait un peu plus fort et un peu plus près du chevalet. » Un effet particulièrement courant dans la technique de cordes baroque, le vibrato d'archet, est déjà employé ici pour imiter le tremblant de l'orgue (jeu d'orgue ayant un vibrato rythmique) : « Le tremulo est imité par des pulsations de la main qui tient l'archet, à la manière du tremblant de l'orgue. »

La technique de main gauche différait de la technique actuelle dans la mesure où l'on évitait les positions hautes sur les cordes graves — à l'exception de certains passages en bariolage, dans lesquels les changements de timbre entre les cordes graves en position haute et les cordes aiguës à vide produisaient un effet sonore souhaité. L'emploi des cordes à vide n'était nullement prohibé ; souvent il était même manifestement voulu, même si la sonorité des cordes en boyau à vide ne ressortait pas autant que celle des cordes en acier actuelles.

L'orchestre baroque

L'orchestre de la première moitié du XVIIIe siècle était un « instrument » très finement ajusté dans ses timbres et la fusion de ses couleurs. Les différents pupitres devaient respecter des rapports de puissance parfaitement définis. Tout comme les registres d'un orgue baroque, les timbres spécifiques de ces groupes jouaient un rôle décisif dans l'instrumentation : dans le tutti on partait en général d'une écriture à quatre ou cinq voix, dont le timbre était organisé par l'ajout ou le retrait des divers instruments ; les vents jouaient donc en principe la même chose que les cordes. Il est évident que, pour une telle instrumentation, la façon particulière dont la sonorité des instruments se fond entre eux est d'une grande importance. Ainsi, par exemple, la sonorité mêlée du hautbois et du violon est véritablement l'épine dorsale de la sonorité de l'orchestre baroque. Cette écriture *colla parte* est assouplie par des soli instrumentaux concertants, dans lesquels les divers groupes instrumentaux (trompettes, flûtes, hautbois, cordes) ressortent seuls de la sonorité fondue des blocs en tutti — pratique que Bach a illustrée de façon particulièrement variée.

Les particularités de l'instrumentation de la fin du baroque ne peuvent se réaliser avec un orchestre moderne. Les divers instruments ont évolué de façon très différente au cours des siècles passés — la plupart ont gagné en puissance, tous ont modifié leur timbre. Lorsqu'on fait jouer un orchestre actuel avec les effectifs d'un orchestre baroque, il en résulte une sonorité très peu baroque : en effet les instruments modernes ne sont pas contruits pour cette fusion des timbres à la manière d'une registration, mais pour le rôle qu'ils ont assumé dans l'orchestre symphonique classique et, surtout, romantique. Celui-ci est cependant tout autre : les compositeurs du XIXe siècle écrivaient des parties de vents obligées tout du long, qui planaient en solistes par-dessus la sonorité d'un orchestre à cordes très agrandi. Le seul vestige de l'ancienne technique *colla parte* est l'unité contrebasse-violoncelle, mais qui commence aussi à se dissoudre à la fin du XIXe siècle. Bien entendu, le son symphonique appliqué à Bach par les orchestres d'aujourd'hui influence également le style d'interprétation, et ne facilite certainement pas la compréhension de l'œuvre.

Paul Hindemith avait certainement, en compositeur profond, une bonne idée de ce qu'était l'atelier de ses grands prédécesseurs. Dans son discours prononcé lors du festival Bach de Hambourg, le 12 septembre 1950, il évoque les questions de la pratique d'exécution à l'époque de Bach et de l'opinion actuelle à ce sujet :

« Dans les dimensions réduites des formations de même que dans les particularités de timbre et de jeu, on aimerait encore voir des facteurs qui imposent au compositeur des limites insupportables... Rien ne parle en faveur d'une telle conception... Il suffit d'étudier soigneusement ses partitions (celles de Bach) purement orchestrales (les *Suites* et les *Concertos brandebourgeois*) pour voir comment il profite des finesses minutieuses que permet la répartition de la puissance sonore dans ces petits groupes instrumentaux — équilibre qui est souvent troublé du fait seulement du redoublement des voix par quelques instruments, comme si l'on faisait doubler la ligne de soprano de l'air de Pamina par un chœur de femmes. Nous pouvons être sûrs que Bach se sentait parfaitement à l'aise avec les moyens stylistiques — instrumentaux et vocaux — dont il disposait ; et si nous tenons à rendre sa musique de la manière dont il se l'imaginait, il nous faut alors reconstituer les conditions d'exécution d'alors. Il ne suffit donc pas de prendre un clavecin comme instrument de continuo. Il faut corder autrement nos instruments à cordes ; il nous faut prendre des instruments à vent à la perce autrefois en usage... »

On voit que les exigences de Hindemith vont bien au-delà de ce que l'on considère normalement aujourd'hui comme une restitution authentique. Partis de l'aspect pratique, nous sommes arrivés aux mêmes conclusions que Hindemith. Des années de recherche et de nombreux concerts sur instruments originaux ont mis en évidence des relations de sonorité et d'équilibre tout à fait particulières.

Ces instruments sonnaient cependant aussi dans des salles dont l'acoustique était différente de celle des salles modernes. Aux XVIIe et XVIIIe siècles, du fait des dallages, de la hauteur des salles et des revêtements en marbre, la réverbération était bien plus importante que ce à quoi nous sommes habitués aujourd'hui. Mais cela signifie une fusion de sons beaucoup plus marquée. Les accords brisés en notes rapides, tels qu'on en trouve dans presque tous les allegros de l'époque, sonnent dans une telle salle comme des accords vibrant nerveusement, au lieu de paraître minutieusement ciselés comme dans les salles de concert modernes.

Mais on pourrait objecter que les tempi étaient alors plus lents, ce qui aurait permis de compenser l'acoustique « réverbérante ». Heureusement, nous avons des sources qui établissent presque métronomiquement les tempi de la musique baroque. Ainsi par exemple l'*Essai* de Quantz sur la flûte, où tout est rapporté au pouls, ou encore la *Tonotechnie* du père Engramelle, où la durée des notes, donnée en longueurs, peut facilement être calculée. Si l'on considère ces tempi, on arrive à la conclusion étonnante que vers le début du XVIIIe siècle on jouait en général beaucoup plus vivement qu'on ne le suppose aujourd'hui intuitivement. Du fait d'une conception monumentale et romantique de cette musique et d'un préjugé sans aucun fondement à l'encontre des compétences techniques des musiciens d'autrefois, les musiciens d'aujourd'hui se sont forgé des tempi standard bien trop lents pour les œuvres de Bach ou de Haendel.

La compréhension des « conditions d'exécution d'autrefois » conduit donc à une nouvelle approche de cette musique dans son ensemble. Les exigences qui en découlent sont *aussi grandes* pour l'auditeur que pour le musicien ; tous deux doivent en effet changer radicalement d'attitude. On ne retrouvera pas l'échelle de couleurs et de sons à laquelle on est accoutumé depuis l'enfance et les nuances dont on a l'habitude. Il faut se mettre patiemment à l'écoute des sonorités inhabituelles, et beaucoup plus douces, des instruments anciens, jusqu'à s'y sentir aussi chez soi. Mais il s'ouvre alors un nouveau monde (l'ancien) de nuances sonores caractéristiques et raffinées ; la véritable sonorité baroque devient réalité.

A quoi tient la différence décisive entre l'instrumentarium de l'époque baroque et celui de nos jours ? Les *instruments à cordes*, noyau de tout ensemble, ont presque exactement la même apparence qu'il y a deux cent cinquante ans, et souvent même on joue encore des instruments de cette époque. Ces instruments furent pourtant soumis au XIXe siècle à de profondes modifications dans leur facture, pour être adaptés aux nouvelles exigences, avant tout en ce qui concerne la puissance et le timbre. Même si de très nombreux grands violons joués aujourd'hui ont été construits à l'époque baroque, ce ne sont plus des « violons baroques ». Lorsque vers 1800 l'idéal sonore de la musique se transforma radicalement, tous les instruments à cordes en usage furent modifiés, en premier lieu pour que leur son soit renforcé. C'est ainsi que naquit le puissant violon moderne — le « violon baroque » non modernisé est beaucoup plus doux, sa sonorité plus incisive et plus riche en harmoniques. Les instruments de Jacobus Stainer ou de son école correspondent tout particulièrement à l'idéal sonore des compositeurs allemands de l'époque baroque (la chapelle de Cöthen, pour laquelle Bach écrivit ses concertos pour violon, possédait de très coûteux instruments du Tyrol, peut-être même de Stainer). Ces instruments étaient joués avec l'archet court et léger du XVIIIe siècle. Bien entendu, il en va du caractère sonore de l'alto et du violoncelle baroques comme du violon.

A cet ensemble de cordes s'ajoutent très souvent divers instruments à vent. Comme nous l'avons déjà dit, ils n'ont pratiquement jamais dans l'orchestre baroque — à la différence de l'orchestre classique ou romantique — une partie qui leur soit propre dans les tutti : les hautbois par exemple jouent les mêmes notes que les violons ; le basson suit le violoncelle. L'ajout d'instruments à vent à l'orchestre n'a donc d'importance, essentiellement, que pour la couleur sonore de la pièce musicale, et ne touche guère l'intégrité harmonique de la composition.

Les *bois* baroques se distinguent extérieurement des modernes avant tout en ce qu'ils n'ont que très peu de clefs et qu'ils sont le plus souvent en buis (brun clair). En outre, le cône de leur perce intérieure progresse autrement. Ces différences exigent une technique de jeu tout autre. Des sept ou huit trous, six sont bouchés avec les doigts, les autres avec des clefs. On ne peut jouer ainsi, en principe, qu'une gamme diatonique, l'échelle fondamentale de l'instrument en question, qui en est en même temps la tonalité idéale. La plupart des autres tonalités peuvent certes se jouer aussi, mais uniquement à l'aide de « doigtés en fourche » souvent très compliqués, qu'il faut utiliser pour toutes les notes s'écartant de la gamme fondamentale. Ces notes sonnent tout à fait autrement que les sons obtenus par des doigtés « ouverts » : elles paraissent plus voilées, moins directes. Il se produit ainsi dans chaque tonalité et chaque enchaînement de notes une alternance constante de sons couverts et ouverts, qui d'une part confère à chacune des tonalités, pour chaque instrument, une caractéristique particulière, et d'autre part donne à tout le déroulement musical des couleurs riches et chatoyantes. Cela n'avait alors rien d'indésirable, on appréciait cette irrégularité sonore (ce n'est qu'au XIXe siècle que l'on s'est efforcé consciemment d'obtenir une échelle « chromatique » parfaitement égale, ou plus exactement une échelle de douze demi-tons). D'ailleurs les instruments à vent anciens nécessitent encore une tout autre attaque (flûte) ou une autre anche (basson et hautbois), puisque les notes aiguës ne peuvent être obtenues à l'aide de clefs d'octave, mais en soufflant plus fort. Tous ces traits distinctifs, ainsi que le mode de jeu particulier, produisent le son « baroque » qui, dans le cas du hautbois et du basson, est plus incisif et plus riche en harmoniques, dans le cas de la flûte traversière plus doux, plus faible et plus subtil qu'avec les instruments modernes.

Les instruments à vent de l'époque baroque étaient construits de telle sorte qu'ils avaient d'une part une sonorité aisément reconnaissable en solo et que d'autre part ils pouvaient facilement s'unir à d'autres instruments de la même tessiture en un mélange sonore nouveau. L'exemple le plus caractéristique en est le *hautbois*. (L'alliance du hautbois et du violon constitue en effet l'essence sonore de l'orchestre baroque.) A côté du hautbois normal, en *do*, on construisait aussi le hautbois d'amour (en *la*) et le hautbois *da caccia* (en *fa*). Ces instruments, en raison de leurs timbres particuliers, étaient avant tout employés pour les soli, mais doublaient également parfois les voix intermédiaires de l'orchestre à cordes.

La *flûte traversière* est un instrument soliste typique, et il n'est que très peu d'œuvres d'orchestre de l'époque baroque où elle soit employée exclusivement comme instrument de tutti. Dans la plus célèbre des œuvres destinées à cet instrument, l'*Ouverture* en *si* mineur, Bach obtient une couleur singulière et nouvelle de l'orchestre en écrivant la flûte *colla parte* avec les violons. Le charme particulier de la flûte traversière baroque tient à la sonorité de « bois » et aux constantes modifications de timbre qui résultent de l'alternance incessante de doigtés « ouverts » et « en fourche ».

Le *basson baroque* fait vraiment sonner le bois, presque comme un instrument à cordes, avec une sonorité d'anche très marquée (*reedy*) ; la construction est en effet assez mince, ce qui permet au bois de vibrer. Il est conçu de façon à se fondre de manière idéale avec le violoncelle et le clavecin dans la basse continue, mais en même temps à donner à la basse un tracé et un contour clairs.

Pour les compositions destinées aux cérémonies officielles, l'instrumentation baroque prescrit *trompettes* et *timbales*. Normalement, celles-ci sont également intégrées à l'écriture à quatre voix et le plus souvent associées au registre sonore des hautbois et violons. Dans le cas des trompettes, la différence avec les instruments modernes est particulièrement frappante ; la trompette ancienne, de même que le cor, est en effet un instrument purement naturel, un simple tuyau métallique sans aucune sorte de piston. Ce tuyau se termine par un pavillon et reçoit l'air par une embouchure en forme de coupe. Suivant la tension des lèvres, on obtient les sons naturels, harmoniques d'une fondamentale, qui correspondent à la longueur de l'instrument. Sur une trompette naturelle en *ut,* on ne peut donc produire que les notes suivantes :

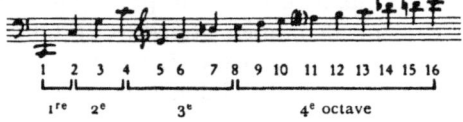

(Sur une trompette en *ré*, tout sonne un ton plus haut.) Comme le onzième harmonique, *fa*, trop haut, « est à mi-chemin entre *fa* et *fa* dièse sans produire aucune des deux notes justes, et qu'il faut donc le considérer comme un bâtard musical... » (Altenburg, ***Trompetenkunst***, 1795) et que le treizième, *la*, est trop grave, on essayait d'atténuer ces impuretés par l'attaque, ou alors on utilisait un trou de transposition qui se bouchait avec le pouce, ce qui fait monter tout l'instrument d'une quarte et grâce à quoi *fa* et *la* deviennent les quatrième et cinquième sons harmoniques et peuvent donc être joués justes. Cette méthode (redécouverte par O. Steinkopf) a été également employée pour les instruments que nous utilisons. La forme de l'enroulement, en cercle ou en longueur, a toujours varié : « Certains font faire les trompettes enroulées comme un cor de postillon ou comme un serpent » (Praetorius, 1619). La différence essentielle de facture entre la trompette naturelle et la trompette moderne à pistons tient à leur taille (c'est ainsi qu'on appelle le rapport entre la longueur et la section). Une trompette moderne en *ut*, pour une section à peu près égale, n'a que la moitié de la longueur de la trompette naturelle, puisque l'écart assez important entre les notes de la deuxième et de la troisième octave est ici comblé par des pistons. C'est ainsi que s'explique aussi l'importante différence de sonorité, puisque la longue colonne d'air de la trompette naturelle en affine le son et le rend plus doux, en faisant ainsi un partenaire plus adéquat pour les autres instruments baroques.

Dans l'écriture orchestrale baroque et classique, les timbales vont toujours avec les trompettes — pratique qui remonte à l'époque où les trompettistes et les timbaliers étaient toujours des musiciens militaires, dont les fanfares servaient à annoncer, avec l'éclat et le respect qui leur étaient dus, l'arrivée des grands seigneurs. Au XVIIIe siècle, les timbales baroques étaient construites différemment des instruments actuels. Leurs fûts plats, aux parois plus verticales, étaient tendus de peaux relativement épaisses. Ces timbales étaient frappées à l'aide de baguettes de bois ou d'ivoire (sans feutre !) « lesquelles étaient tournées suivant la forme d'une petite roue » (Daniel Speer, *Grundrichtigen Unterricht*, 1687). Avec celles-ci, les timbales ne produisaient pas un son rond et volumineux comme aujourd'hui, mais grêle et clair, accentuant ainsi nettement les accords de trompette. Le roulement que l'on rencontre souvent chez Bach ne s'exécute pas avec ces baguettes de bois en frappant des coups isolés et rapides, mais en faisant rebondir les baguettes, ce qui produit un son ronflant et soutenu caractéristique.

A côté de ces instruments standard de l'orchestre baroque il y avait encore d'autres instruments auxquels on ne recourait que pour des tâches spéciales. Les cors, qui jusqu'à la fin du XVIIe siècle étaient exclusivement des instruments de chasse, furent également introduits dans la musique savante à partir de 1700. Les compositeurs intégrèrent alors à leurs œuvres, dans un premier temps, des motifs de cor typiques, tirés de la musique de chasse. Bientôt on découvrit aussi les possibilités qu'offrait le cor naturel pour les mélodies *cantabile* romantiques, dans lesquelles les notes qui se trouvaient entre les harmoniques étaient obtenues en « bouchant » le pavillon avec la main, ce qui produisait une très belle alternance de timbres.

Le *clavecin* est l' « âme » de l'orchestre baroque. Non seulement il facilite la cohésion rythmique des musiciens qui jouent le plus souvent sans chef, mais en tant qu'instrument de basse continue il remplit avant tout les harmonies en réalisant les accords ou en complétant les voix. Pour faire ressortir cependant et renforcer la ligne de basse de manière correspondante, la gambe, le violoncelle ou la contrebasse, parfois même le basson, jouent le plus souvent la voix la plus grave avec le clavecin.

Le clavecin est un instrument fondamentalement historique, dont l'évolution était terminée au XVIIIe siècle. Il est dans l'essence de cet instrument de ne disposer d'aucune possibilité dynamique. L'exécutant doit obtenir l'expression et le caractère chantant (sur cet instrument le jeu *cantabile* était le but suprême) à l'aide des nuances agogiques les plus fines. Bien entendu, le son du clavecin en soi doit paraître intéressant et vivant au point que l'auditeur ne désire pas de diversité sonore. Les clavecins historiques, dont beaucoup sont parfaitement en état d'être joués, satisfont à ces exigences de manière idéale ; leur sonorité est pleine et claire ; ils sont souvent munis de plusieurs rangs de cordes, dont deux sont à la hauteur normale (huit pieds) et un une octave plus haut (quatre pieds) ; ces « registres » doivent avant tout permettre des nuances solo et tutti (l'un des jeux est plus fort et l'autre plus faible) ; l'adjonction de l'octave donne du brillant aux solos, et l'accouplement des deux huit pieds fait chanter plus pleinement le son. Ces possibilités de combinaison doivent être employées de manière à rendre claire la structure formelle de l'œuvre ; normalement, les mouvements se jouent entièrement avec une registration unique.

Ce principe, qui est précisément le nerf vital du clavecin et de la musique de clavier, fut trop souvent ignoré par les facteurs et les exécutants lors de la redécouverte et de la renaissance de cet instrument au XXe siècle. On tenta, dans le domaine des techniques de facture, de transposer « les expériences de la facture de piano » au clavecin, en construisant l'instrument, qui à l'origine était fermé, en forme de boîte comme un violon, avec un cadre de piano et une table d'harmonie tendue à l'intérieur. Il manquait donc cet espace fermé, qui permet la fusion du son et lui donne toute sa finesse. On ajouta ensuite aux trois registres de base encore une octave inférieure (seize pieds) ; or cette charge supplémentaire ôte aux autres registres leur plénitude sonore. Méconnaissant le principe du jeu et de la sonorité du clavecin, on fit sonner les registres aussi différemment que possible ; on confia les commandes des registres à des pédales, ce qui permettait à l'exécutant, par de fréquents changements de registres, de produire une pseudo-dynamique. Sans doute est-ce indispensable sur ces instruments, car la diversité permet de détourner l'attention du son misérable. Ces instruments modernes sont en effet beaucoup plus doux ; on n'entend le plus souvent qu'un bruissement métallique dans le son de l'orchestre. Les clavecins employés normalement aujourd'hui, de construction récente, n'ont du point de vue sonore absolument aucune ressemblance avec les anciens. Un clavecin ancien ou une copie de première qualité d'un ancien est tout à fait à même, par sa sonorité brillante et intense, d'être le point central d'un ensemble. Cette rupture d'équilibre (clavecin trop doux — cordes et vents trop forts), avec l'acoustique de la salle, compte certainement au nombre des altérations décisives de l'image sonore originale...

Si l'on considère un orchestre baroque du point de vue de la dynamique, ce corps sonore se compare tout à fait à un orgue baroque. Les instruments isolés et les groupes d'instruments sont employés normalement comme des registres. En ajoutant ou en retranchant les divers groupes instrumentaux, la construction dynamique se modifie, au sein d'une écriture constamment à quatre voix. Cette « régie des groupes sonores » sert avant tout à souligner la structure formelle ; elle permet des effets de *piano-forte,* de même qu'une riche dynamique à petite échelle, mais non le « crescendo » classique.

Dans l'ensemble, la sonorité de l'orchestre baroque est sensiblement plus douce, mais plus incisive, plus agressive et plus colorée ; les instruments isolés sont beaucoup plus clairement caractérisés que dans l'orchestre moderne né des exigences du XIXe siècle. L'orgue baroque typique se distingue lui aussi de manière analogue de l'orgue romantique.

*La relation du mot au son
dans la musique baroque
instrumentale*

Depuis des temps très anciens, on a essayé d'utiliser la musique pour rendre des programmes extra-musicaux ; ce domaine annexe de la musique est d'une étendue non négligeable ; les genres et les méthodes les plus divers s'entremêlent et ne sont pas toujours faciles à départager ; on peut cependant distinguer quatre orientations principales : imitation acoustique — représentation musicale d'images — représentation musicale de pensées ou de sentiments — le langage des sons. Le charme particulier de cette musique tient à ce que tout cela est rendu sans texte, par des moyens purement musicaux.

La forme la plus primitive, mais certainement la plus amusante aussi est la simple imitation sonore de cris d'animaux ou d'instruments de musique particuliers, telle que les compositeurs l'ont employée, avec un plaisir manifeste, depuis le XIIIe siècle, en passant par les compositeurs anglais de *nightingale music* (musique de rossignol) vers 1600, bon nombre de compositeurs français, italiens et allemands, jusqu'à Beethoven et Richard Strauss et même des compositeurs encore plus tardifs. La transposition en musique de scènes imagées est sensiblement plus compliquée. Il s'est formé au cours des siècles des formules musicales qui appellent des associations déterminées et constituent donc un pont entre image et musique. Une troisième possibilité de la musique à programme consiste à représenter musicalement des pensées ou des idées, au moyen d'associations d'un type assez complexe. C'est là que s'effacent, dans la musique baroque précisément, les frontières de la musique dite pure. La musique baroque veut en effet toujours dire quelque chose, du moins représenter et susciter un sentiment général, une « *passion* ». Et enfin le « langage des sons », qui depuis 1650 à peu près et pendant presque deux siècles, joue vraiment un rôle fondamental dans la musique.

Le directeur de la musique à Hambourg, secrétaire de légation et secrétaire d'ambassade, Johann Mattheson, l'un des observateurs les plus cultivés et les plus spirituels de son temps, appelait la musique « le langage des bienheureux en toute éternité ». Quelques citations de Neidthart, Quantz et Mattheson, des premières décennies du XVIIIe siècle, montreront combien le mot *langage* est pris ici littéralement : « Le but final de la musique est, simplement par les sons et les rythmes, de susciter toutes les passions, aussi bien que le meilleur orateur » (Neidthart). « La musique n'est rien d'autre qu'une langue artificielle » (Quantz). « ... Celui qui veut aussi toucher les autres avec l'harmonie doit savoir exprimer tous les penchants du cœur, par de simples sons choisis et par leur assemblage habile, sans mots, de telle sorte que l'auditeur puisse parfaitement les saisir et clairement en comprendre l'inclination, le sens, la signification, l'intensité, comme s'il s'agissait d'un véritable discours, avec toutes les divisions et les césures y afférentes. Alors c'est un plaisir ! » « La mélodie instrumentale..., sans le secours des mots et des voix, s'efforce d'en dire autant que ceux-ci avec des mots. » « Notre conception musicale ne diffère de l'organisation rhétorique d'un simple discours que dans le sujet, l'objet ou *objecto* : elle doit donc observer les mêmes six éléments prescrits à l'orateur, à savoir introduction, exposition, proposition, confirmation, réfutation et conclusion. » (Mattheson.) Presque tous les ouvrages musicaux de théorie et d'enseignement de la première moitié du XVIIIe siècle consacrent à la rhétorique musicale d'importants chapitres, les termes techniques de la rhétorique étant appliqués aussi à la musique. On disposait d'un répertoire de formules fixes (figures musicales) pour la représentation des passions et pour les « tournures rhétoriques », en quelque sorte un vocabulaire des possibilités musicales. Des formes purement vocales comme le récitatif et l'arioso étaient souvent imitées instrumentalement ; on peut très bien s'en imaginer le texte. Cette étape finale, maniériste, fut précédée d'une longue évolution, qui avait commencé dès avant l'émancipation de la musique instrumentale. Les premières *canzone* instrumentales d'avant 1600 étaient déjà fortement influencées par les chansons françaises ; mais il est un certain ensemble de formules motiviques, repris d'un genre dans l'autre, qui ne peut pas vraiment être compris au sens d'une citation. De même l'emploi de *cantus firmi* grégoriens ou profanes, tel qu'il apparaît en particulier dans la musique instrumentale française et anglaise dès avant 1600, ne montre le plus souvent aucun rapport entre le texte du *cantus firmus* et son nouvel usage. (Je songe ici aux fantaisies « *In nomine* » de la musique de viole anglaise ou aux fantaisies de Du Caurroy sur des *cantus firmi* spirituels et profanes.) C'est dans la musique à programme, donc dans des peintures musicales de batailles et dans les représentations de la nature, avec leurs imitations de chasse et d'animaux, que l'on trouve pour la première fois de véritables associations de sens ou d'action qui sont en effet le signe distinctif de la musique instrumentale « parlante ». Ces pièces sont le plus souvent construites de manière assez primitive sur une base fortement imagée et n'ont guère de déroulement qui développe un véritable énoncé. Les plus anciennes pièces instrumentales dans lesquelles la musique cherche à parler dans un sens plus élevé, à dire quelque chose de précis, sont sans doute les *funerals* anglais et les tombeaux français des XVIIe et XVIIIe siècles. Ces pièces, modelées sans doute d'après les odes funèbres dédiées à des personnes données, tiennent un discours clairement reconnaissable, dont le déroulement, construit de façon nette, est resté pratiquement le même pendant plus d'un siècle : introduction (cet homme est mort) — opinion personnelle (affliction) — progression jusqu'au désespoir — consolation (le disparu vit dans la béatitude) — conclusion (comme l'introduction). Il s'est sûrement établi très tôt dans les œuvres de ce genre un répertoire de formules plus ou moins fixe : le modèle de ces tombeaux était sans aucun doute l'oraison funèbre construite selon les règles rhétoriques correctes.

On trouve une forme remarquable de musique instrumentale dotée en quelque sorte d'un texte dans la pratique de l'*alternatim* du service religieux. Ici, l'orgue fut admis et utilisé, relativement tôt déjà, comme un substitut à part entière d'un des groupes dans le chant alterné des prêtres, des chantres et de l'assemblée. Le sens du discours sans texte est donné ne serait-ce que par le lien fondamental avec les mélodies de choral et par l'intelligibilité du « discours sonore » qui s'y rattache. Marc-Antoine Charpentier fit un pas de plus dans sa *Messe pour plusieurs instruments* : il fait éclater ici le modèle du chant *alternatim* par une alternance constante entre les clercs et un orchestre baroque dans une formation instrumentale importante et somptueuse. Dans certaines parties le *cantus firmus* est même omis ou diminué au point d'être méconnaissable. Le Gloria a ainsi l'allure suivante : « Le célébrant entonne *Gloria in excelsis Deo,* aussitôt après suit, pour tous les intruments, *et in terra; laudamus te* pour les clercs, *benedicimus te* pour les hautbois, *adoramus te* pour les clercs, *glorificamus te* pour les violons, *Gratias* pour les clercs, *Domine Deus* pour les flûtes à bec; *Domine fili* pour les clercs, *Domine Deus agnus Dei* pour tous les instruments à vent; *Qui tollis* pour les clercs, *qui tollis* pour tous les violons, hautbois et flûtes... », etc. Une autre forme d'énoncé textuel concret dans la musique instrumentale est la citation. Des motifs supposés connus, tirés d'œuvres vocales, sont intégrés à des œuvres instrumentales, souvent avec une signification symbolique et cachée. A la citation est apparenté le fondement du discours sonore, pour ainsi dire son vocabulaire : le répertoire de figures. Ces figures sont plus ou moins des enchaînements de notes fixes, qui furent découverts au XVIIe siècle dans le récitatif et le chant soliste pour certains mots et contenus expressifs. Ils furent ensuite séparés de leur texte, et employés aussi en tant que figures purement instrumentales, suscitant alors chez l'auditeur l'association avec le contenu textuel ou expressif d'origine. Le contenu du discours sonore était donc effectivement — ainsi que le décrivent aussi les sources — sensiblement plus concret que nous ne voulons bien l'admettre.

Tout musicien du XVIIe siècle, et d'une bonne partie du XVIIIe, avait parfaitement conscience de devoir toujours faire une musique éloquente. La rhétorique était en effet, avec toute sa terminologie complexe, une discipline évidemment enseignée dans toutes les écoles et faisait donc partie, de même que la musique, de la culture générale. La théorie des passions était dès le départ une partie intégrante de la musique baroque — il s'agissait de se plonger soimême dans des passions données, pour pouvoir les transmettre aux auditeurs —, si bien que le lien entre la musique et l'art oratoire allait de soi. Même si la musique était pour ainsi dire un langage international, comme la pantomime ou l'« art des gestes », on reconnaît cependant clairement les différents rythmes parlés des nations, qui ont certainement contribué à la formation des divers styles.

Les théoriciens soulignent parfois que le compositeur et l'exécutant n'ont pas toujours besoin d'être conscients d'observer les principes rhétoriques ; on n'a pas non plus besoin de connaître la grammaire pour maîtriser sa langue maternelle ; toute violation des règles est ressentie comme non naturelle, qu'on les connaisse ou non. Les compositeurs et les interprètes supposaient tout naturellement que le public comprendrait leur discours sonore, ce qui peut nous paraître étonnant, puisque nous avons tout de même, à la fois en tant que musiciens et auditeurs, souvent de gros problèmes de compréhension.

Cela tient bien entendu à ce que la vie musicale actuelle diffère radicalement de celle de l'époque baroque. Nous jouons et écoutons la musique de quatre ou cinq siècles, parfois au cours d'un seul et même concert, et on nous explique *si* souvent que l'art véritable est intemporel que nous comparons entre elles les œuvres des différentes époques de façon inconsidérée, sans songer aux prémisses que cela suppose. L'auditeur de l'époque baroque ne pouvait en revanche qu'écouter la musique la plus moderne, et comme les musiciens jouaient aussi exclusivement cette musique, on conçoit aisément que les uns et les autres comprenaient bien les nuances de la langue musicale.

On nous a malheureusement très souvent expliqué que la musique qui dit « quelque chose » a moins de valeur que la musique « pure », absolue. Peut-être cela nous inciterait-il à une meilleure compréhension de la musique rhétorique, si nous savions *que* la musique du baroque et, pour une bonne part, aussi du classicisme « parle », si nous renoncions à mépriser le message de la musique.

Du baroque au classique

Aujourd'hui encore, on voit habituellement la musique baroque et classique à travers les lunettes de la fin du XIXe siècle ; et c'est ainsi qu'on la joue. Certes, on a constamment fait — et on fait encore — des efforts pour moderniser l'interprétation, en jetant par-dessus bord toutes les traditions d'exécution et en se fondant exclusivement sur le texte musical — on joue exactement, et *uniquement,* ce qui s'y trouve ; on a également connu d'autres « tentatives de réforme » ; mais pour l'essentiel on a continué d'exécuter toute l' « histoire de la musique », donc précisément tout ce que l'on joue, du début du baroque au post-romantisme, dans *un seul* style d'interprétation : à savoir celui qui est conçu pour la musique de la fin du XIXe siècle et le début du XXe, pour Tchaïkovski ou Richard Strauss ou Stravinsky, et qui y est le mieux adapté.

Pour la musique baroque, on a déjà tenté, dans le monde entier, de trouver un nouveau langage, ou, mieux, de redécouvrir l'ancien, ou, mieux encore, celui dont nous croyons qu'il est l'ancien, car personne ne pourra *savoir,* tant que personne ne reviendra des temps anciens pour ratifier ou condamner nos conceptions. Pourquoi ce pas a-t-il été fait précisément dans la musique baroque. C'est qu'ici, justement, la différence dans la diction, dans les structures musicales primaires est si évidente que tel musicien ou tel autre devait un jour prendre conscience de ce fossé insupportable qui séparait la musique elle-même du style d'interprétation ; la différence entre les œuvres — disons de la fin du XIXe siècle et de l'époque de Bach — est si importante que seul un mode d'interprétation tout aussi différent peut en rendre compte. Une recherche intensive sur ces questions a alors conduit bon nombre de musiciens à trouver un nouveau langage musical pour l'époque de Bach ; ainsi fut découvert un vocabulaire musical qui se révéla très convaincant. Bien entendu, chacune des « découvertes » faites alors a suscité aussi controverses et discussions qui ne sont pas près de prendre fin ; mais du moins dans le domaine de l'interprétation de la musique baroque, les choses ont-elles enfin commencé à bouger. On n'admet plus n'importe quoi sans discussion ; la présomption et l'assurance des interprètes, fondées uniquement sur une tradition mal comprise, le cède largement à une attitude de recherche curieuse.

Ces nouveaux principes d'interprétation, qui furent — et sont encore — découverts pour la musique baroque, s'arrêtent curieusement soudain à la musique du classicisme viennois. Bien entendu, il existe ici une importante coupure stylistique, qu'on ne peut ne pas entendre, et qui est évidente pour tout musicien et tout auditeur. Presque personne n'hésite pour classer une œuvre dans tel ou tel domaine stylistique ; quiconque fréquente les concerts entend aussitôt si une œuvre relève de la sphère stylistique de Bach ou de Haydn. Il sent la différence stylistique, même lorsque les œuvres datent de la même époque : car du vivant de Bach il existait déjà à Vienne et à Mannheim des compositeurs qui écrivaient dans le nouveau style galant, le style de l'*Empfindsamkeit,* et que l'on suppose aussitôt, lorsqu'on n'a pas de connaissances particulières en histoire de la musique, contemporains de la première époque de Haydn. Au moment de cette transition, qui chevauche le baroque et le classicisme — j'applique ici ces deux concepts uniquement à la musique — il se produit un bouleversement social et culturel à la suite duquel, ainsi que je l'ai déjà exposé, la fonction de la musique s'est trouvée modifiée. Son but devait être désormais de s'adresser directement même aux incultes. Lorsqu'on considère la différence entre une œuvre de la fin du baroque et une œuvre de l'époque classique, on remarque que le classicisme met l'élément mélodique au premier plan. Les mélodies doivent être faciles et prégnantes, leur accompagnement aussi simple que possible ; l'auditeur doit être touché par le sentiment; les compétences techniques n'y sont pas indispensables comme en musique baroque. (Du strict point de vue de la substance musicale, il s'agit à proprement parler d'un déclin, qui ne sera surmonté qu'avec les chefs-d'œuvre de Haydn et de Mozart.) La musique s'adresse donc maintenant, pour la première fois, à un auditeur qui n'a absolument pas besoin de « comprendre ». C'est de cette époque et de cette mentalité que provient aussi l'idée aujourd'hui courante selon laquelle on n'a pas besoin de comprendre la musique; si elle me plaît, si elle s'adresse à mes sentiments, si elle me fait éprouver quelque chose, elle est bonne. A la frontière du baroque et du classique, on se trouve donc en même temps à la frontière entre la musique facile ou difficile à comprendre. Cette facilité de compréhension de la musique classique nous a conduits à supposer qu'il n'y avait rien à savoir et comprendre et nous a ainsi empêchés de nous efforcer d'acquérir son vocabulaire particulier.

Nous devons partir du principe que la musique classique était jouée par des musiciens et écrite pour des auditeurs qui *ne* connaissaient *pas* la musique de Schubert et Brahms, mais qui étaient plutôt issus du langage *baroque*. Ce qui veut dire qu'il existe évidemment une grande part de vocabulaire baroque dans la musique classique; et, tout ce qui dans la musique classique diffère de la musique d'avant, est — du point de vue des contemporains — nouveau et particulier; c'est ce qui s'y trouve de stimulant. Pour nous il n'en va pas du tout ainsi : ayant dans l'oreille Schubert, Brahms et tout ce qui vint ensuite, nous entendons la musique du classicisme tout à fait différemment des auditeurs de l'époque. Ce qui alors était nouveau et passionnant nous paraît vieilli, mille fois redit et en outre « dépassé » par les innovations harmoniques et dynamiques ultérieures. Connaissant les « stimuli » à venir, nous avons perdu l'innocence de la réaction spontanée aux « stimuli » originaux du classicisme. Dans l'interprétation, la voie qui passe par le romantisme n'a pas de sens, car elle prive la musique classique de son langage et son effet propres.

Cette nécessité de *comprendre* la musique, nous avons le plus grand mal à l'admettre aujourd'hui, tributaires que nous sommes toujours, involontairement, de la conception de la musique du romantisme. Nous pensons simplement qu'une musique qui ne nous paraît pas évidente au premier abord n'est pas très bonne ni très intéressante. Qu'en serait-il cependant si nous apprenions le vocabulaire indispensable à la compréhension de la musique classique ? Peut-être cela n'est-il pas du tout si difficile, peut-être suffirait-il d'apprendre quelques petites choses pour entendre beaucoup de musique d'une oreille neuve. L'effet d'usure, qui paraît inéluctable sur la voie (erronée) du romantisme, serait évité ; nous pourrions, aujourd'hui précisément, après deux siècles, comprendre à nouveau la musique du classicisme, à partir de la compréhension que l'époque précédente avait de la musique. Cette voie me paraît beaucoup plus naturelle et plus efficace — et à nouveau praticable aujourd'hui.

Jusqu'à présent, nous n'avons pas fait entrer le domaine classique dans l'ensemble des questions touchant la pratique d'exécution, parce que nous pensions qu'ici le monde de l'interprétation était encore sain, que tout était encore en ordre, qu'il n'était nullement indispensable de revoir ses idées, que tout pouvait rester tel quel. Malheureusement — ou plutôt heureusement — l'expérience nous a appris au cours des dernières années qu'il n'en était rien. Car même si l'interprétation actuelle de la musique classique semble s'éloigner de plus en plus de ce qu'ont pensé les « classiques », on remarque pourtant une profonde incertitude, un malaise, le sentiment naissant que nous sommes sur une mauvaise voie, que la vieille idée — rendre cette musique *uniquement* selon la sensibilité ou uniquement à partir du *texte* musical — n'est quand même pas valable pour toutes les époques. Nous ne sommes donc plus très loin de penser qu'il faut trouver de nouvelles voies — ou les anciennes — vers l'interprétation et la compréhension musicales.

Du reste, l'auditeur aussi avait autrefois une tout autre conception de l'expérience musicale. Il ne voulait entendre que du *nouveau*, que de la musique qu'il n'avait jamais entendue. Il était parfaitement clair pour les compositeurs qu'une œuvre ne pouvait être donnée plusieurs fois devant le même public. On s'intéressait incroyablement plus à l'œuvre elle-même qu'à son exécution ; les critiques s'attachaient presque exclusivement la pièce, et accessoirement seulement son exécution — le contraire exact de ce qui se passe aujourd'hui, où l'on ne commente et compare presque exclusivement que les détails de l'exécution. Le message de l'œuvre, connue note pour note, n'est plus guère aujourd'hui l'objet de discussions.

On s'intéressait autrefois à une pièce tant qu'elle était nouvelle ; elle était ensuite abandonnée et servait surtout au cours des siècles suivants d'objet d'études pour les compositeurs à venir — personne, pas même le compositeur, ne songeait à une nouvelle exécution à une époque ultérieure. Si on se représente la manière dont Beethoven, ou Mozart ou même Bach s'occupaient de la musique de leurs prédécesseurs, on remarque qu'ils étudiaient certes leur technique de composition dans les bibliothèques, mais il ne leur serait jamais venu à l'idée d'exécuter une de ces œuvres dans le sens voulu par le compositeur. Si pour une raison quelconque on désirait expressément une exécution, il allait de soi que l'on modernisait alors radicalement l'œuvre. C'est ainsi ce que fit Mozart, à la demande du fanatique d'histoire qu'était Van Swieten, pour Haendel — dont il revêtit les œuvres d'un habit authentiquement mozartien. Imaginons que nous disions : Brahms — ce serait intéressant de voir comment cela sonne aujourd'hui, Stockhausen devrait nous réaliser une partition jouable d'une de ses œuvres, quelque chose qui soit à la hauteur du public d'aujourd'hui, car telle que Brahms l'a écrite il y a un siècle, sa musique est évidemment inaudible aujourd'hui. Voilà qui correspondrait à peu près à l'attitude qu'avait le public d'autrefois vis-à-vis de ce qui était alors la musique ancienne. Regardons donc les programmes de concerts de la fin du XVIIIe et du XIXe siècle. Chaque première, chaque création jusqu'à Tchaïkovski, Bruckner, Strauss, était actuelle ; c'étaient *là* les grands événements qui intéressaient le monde musical d'alors — et non la nouvelle exécution d'œuvres anciennes. Bien entendu, on introduisait parfois aussi de la musique ancienne dans les programmes (vers 1700, par exemple, la musique qui avait plus de cinq ans était déjà considérée comme ancienne), mais le noyau de la vie musicale jusqu'à la fin du XIXe siècle était la musique contemporaine.

L'anecdote qui suit pourra illustrer la conception que l'on se faisait au XIXe siècle de la musique historique : Joachim, le célèbre violoniste, ami de Schumann et de Brahms, découvrit dans une bibliothèque la *Symphonie concertante* pour violon et alto de Mozart. Il écrivit à ce sujet à Clara Schumann, disant qu'il avait trouvé là un joyau musical, qu'on ne pourrait évidemment plus rien jouer de ce genre en public, mais que pour les connaisseurs ce serait merveilleux à lire et qu'ils pourraient peut-être la déchiffrer ensemble un jour. Au XIXe siècle, on a joué de plus en plus d'œuvres de Beethoven et de Mozart et parfois des transcriptions franchement insensées de Bach et de Haendel — mais cela ne représentait qu'une part infime de la vie musicale. Tout le reste était actuel, était de la nouvelle musique !

Avec l'exécution publique de la *Passion selon saint Matthieu*, en 1829, Mendelssohn fit sortir la musique ancienne du domaine des antiquaires. Dans son amour authentiquement romantique pour l'ancien, il découvrit ici, dans le passé musical le plus grisâtre, contre toute attente, une musique passionnée. L'idée que l'on ne s'intéresse plus uniquement à cette musique en tant qu'objet de recherches, mais qu'on l'exécute à nouveau, n'était en fait possible qu'avec le romantisme ; l'exécution de la *Passion selon saint Matthieu* par Mendelssohn fut d'ailleurs considérée comme un événement par ses contemporains, comme une exception qui ne pouvait se renouveler. Du reste *aucun* des auditeurs qui assistaient à cette exécution n'avait entendu l'œuvre auparavant, et on peut lire à son sujet des critiques soulignant combien cette musique était passionnante et inouïe.

J'ai expliqué plus haut que l'on devait aborder la musique classique à partir de l'époque précédente, en se fondant sur l'ancien vocabulaire baroque. Parmi les moyens artistiques les plus importants repris au baroque par le classicisme, figurent toutes les sortes d'appoggiatures, longues ou courtes, accentuées ou non. L'appoggiature longue agit par le truchement de l'harmonie, alors que l'appoggiature courte non accentuée a une fonction rythmique. Toutes les appoggiatures sont écrites en petites notes avant les « notes principales » ; le musicien doit lui-même trouver, d'après le contexte, quelle sorte d'appoggiature est à employer à tel ou tel endroit. Normalement, elle doit être longue si elle est sur consonance, car elle est alors dissonante, et produit une douleur agréable, qui se résout sur la note principale dans une consonance, dans le bien-être. Déjà l'ancien vocabulaire de la musique baroque indiquait aussi, dans une large mesure, l'interprétation, car il était parfaitement clair pour un musicien de cette époque que la dissonance elle-même devait se jouer *forte* et sa résolution *piano*. (Il suffit d'entendre une ou deux fois une telle exécution pour qu'elle paraisse tout à fait évidente.) Cet ancien principe de l'appoggiature fut repris par la génération après Bach. Leopold Mozart écrit déjà dans son *Ecole de violon* publiée en 1756, mais qui regarde cependant à bien des égards vers l'avenir, que les appoggiatures sont utilisées pour rendre intéressant un chant, une mélodie et pour l'épicer de dissonances. Pas un paysan, dit-il, ne chanterait une simple chanson paysanne sans appoggiatures, et il donne comme exemple une mélodie, avec les appoggiatures que « tout paysan chanterait ». Je l'ai soumise à quelques musiciens, qui n'étaient pas des paysans, mais des musiciens professionnels diplômés — et aucun d'entre eux n'y a ajouté ces appoggiatures. On voit donc que le paysan de l'époque de Mozart était plus musicien que le musicien de notre temps. (Ou du moins que des évidences d'autrefois peuvent être tout à fait étrangères à l'époque actuelle.)

Les appoggiatures sont donc reprises dans le nouveau style, mais, c'est vrai, dans une acception et une notation considérablement modifiées. Une des raisons à l'origine de la notation en petites notes supplémentaires était qu'on voulait écrire « correctement » des dissonances qui à certains endroits, « écrites en toutes notes », auraient été incorrectes ; avec l'appoggiature on indique ainsi la dissonance à jouer. Puis les règles de l'orthographe musicale s'étant progressivement assouplies, on écrivit de plus en plus l'appoggiature telle qu'elle devait sonner en notes normales. En tant que telles, elles ne sont plus à *voir*, mais bien à *entendre*.

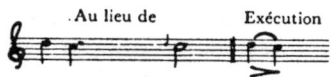

Les anciennes règles d'interprétation des appoggiatures doivent donc être appliquées désormais aux appoggiatures écrites en toutes notes, qu'il est bien entendu particulièrement important de reconnaître. Or dans les exécutions actuelles, cela donne lieu à d'innombrables erreurs, car les appoggiatures écrites en toutes notes ne se distinguent justement pas visuellement des notes « normales ».

Les traités du XVIIIe siècle qui parlent des appoggiatures disent qu'il est très difficile de les exécuter correctement, en particulier lorsqu'elles ne se trouvent pas au-dessus des notes principales sous forme de petites notes mais qu'elles sont écrites comme des notes normales ; il pourrait alors arriver que l'on ne reconnaisse pas l'appoggiature et que l'on y ajoute encore une appoggiature. (Ce que font très souvent, aujourd'hui encore, les musiciens ignorants.) Leopold Mozart estime que seuls des « musiciens idiots » feraient une chose pareille. Le fait de ne pas reconnaître les appoggiatures conduit à une réaction en chaîne de fautes dans l'interprétation. Il est difficile de s'imaginer comme une œuvre classique sonne différemment suivant que les appoggiatures sont identifiées et jouées en tant que telles ou non. Le caractère de la pièce peut s'en trouver totalement modifié.

La règle la plus importante pour l'exécution des appoggiatures dit : l'appoggiature ne doit pas être séparée de sa note principale. C'est aussi tout à fait naturel. C'est une dissonance, qui ne doit pas être séparée de sa résolution — une tension ne doit pas être séparée de la détente qui lui appartient. C'est précisément parce que c'est à ce point évident que la liaison, qui devrait lier l'une à l'autre l'appoggiature et sa résolution, ne figure que rarement dans le texte musical. Le compositeur s'attend à ce que le musicien lie l'appoggiature à sa résolution sans qu'il faille le dire. Aujourd'hui il ne pourrait plus y compter, parce que nous avons pris l'habitude de jouer les *notes* et non la musique qu'elles doivent exprimer. Il ne viendrait jamais à l'idée d'un musicien non déformé par des doctrines de ne pas lier une résolution à la dissonance y afférente. Mais si son maître lui a dit : « ici le compositeur n'a pas écrit de liaison, tu ne dois donc pas lier », il viendra un jour où il ne songera plus du tout qu'il fallait lier et il séparera la dissonance de sa résolution, à l'encontre de son sens musical. Cela va si loin qu'aujourd'hui on n'entend que rarement une symphonie de

Mozart dans laquelle ces liaisons soient faites correctement. Nous n'entendrons à peu près jamais que la résolution est issue de la dissonance; on a plutôt tendance à l'accentuer à nouveau, voire très souvent à commencer une nouvelle phrase à cet endroit.

La musique peut ainsi perdre son sens, tout comme le langage si par exemple dans une phrase quelconque on déplace la virgule de deux mots vers la gauche et le premier point de deux mots vers la droite. Si on lit alors le texte, il n'aura plus aucun sens. A mon avis, l'un des liens les plus importants entre les pratiques d'exécution de la musique baroque et de la musique classique est la compréhension des appoggiatures. Dans la musique du post-romantisme, le musicien ne doit exécuter que ce qui s'y trouve. Si on fait cela pour une symphonie de Mozart, où précisément les choses élémentaires *ne* figurent *pas,* parce que les musiciens contemporains les savaient de toute façon, il n'en sort que des balbutiements qui n'ont absolument aucun sens.

Un autre moyen d'expression que la musique classique a repris au baroque, ce sont les notes répétées. Celles-ci ont toujours une signification particulière. Dans l'écriture sévère, on sait qu'elles sont interdites. Dans la musique ancienne (d'avant 1600), elles ne se rencontrent que dans les descriptions de bruits et lors de la division d'un son en syllabes. La note répétée est une invention de Monterverdi, qui dans le *Combattimento di Tancredi e Clorinda,* pour la première fois, remplace une ronde par seize notes de valeur plus petite, ceci pour exprimer le sentiment de la colère. Dès lors les notes répétées ne furent employées que pour obtenir des effets particuliers, le plus souvent en rapport avec l'idée première de Monteverdi — les sentiments agités. Bon nombre de mouvements de symphonies classiques sont construits sur des basses stéréotypées en croches, en sorte que l'accompagnement produit une agitation et une tension très marquées. Cela n'est que rarement compris ainsi aujourd'hui, parce que les notes répétées ne sont pour nous que de simples répétitions de la note ou de l'accord, dépourvues de toute expression. Dans la musique classique, on joue souvent aujourd'hui des pages entières de croches ou de doubles croches comme si c'étaient de simples croches ou doubles croches et non des notes répétées expressives, qui demandent une certaine tension et une agitation chez l'auditeur et l'exécutant. Il est évident que cela doit avoir des répercussions sur l'interprétation. On trouve déjà fréquemment de semblables notes répétées, dans la musique baroque, dans le *concitato*, qui utilise et prolonge précisément la découverte de Monteverdi dans le récitatif accompagné.

Outre les genres décrits ici, il existe depuis le début du XVIIe siècle, une autre espèce très subtile de notes répétées, qui touche au domaine du vibrato. Elle est donc, comme toute note répétée, un moyen d'expression: Dès le XVIe siècle, on a incorporé aux orgues italiens un jeu dans lequel deux tuyaux qui ne sont pas parfaitement d'accord donnent à chaque note des battements rythmés. Par analogie avec le léger vibrato de la voix humaine, on baptisa ce jeu *voce humana*. Cette sonorité est déjà citée peu après 1600 dans la musique pour cordes, où, baptisée *tremolo* ou *tremolando*, on la note ♫. L'exécution en est décrite à plusieurs reprises et très précisément comme un vibrato d'archet, grâce auquel, par des pulsations dans la pression, le son est renforcé et affaibli en vagues, mais sans jamais cependant être interrompu. Pour les vents, le même effet est appelé *frémissement* et s'exécute sans coup de langue, uniquement avec la respiration à l'aide du diaphragme, comme une sorte de vibrato rythmique. Cet effet très puissant était avant tout employé dans des passages doux des voix d'accompagnement. Il évoque presque toujours la tristesse, le chagrin et la douleur. Comme pour presque tous les moyens d'expression, il existe aussi des possiblités de variation infiniment nombreuses, du battement presque inaudible au staccato. Certains compositeurs cherchent à le rendre par une notation différente. Le vibrato d'archet et le frémissement furent demandés pendant près de deux siècles par presque tous les compositeurs. Aujourd'hui, malheureusement, on ne les reconnaît pas, le plus souvent, et leur notation est interprétée à tort comme une simple indication de coup d'archet; c'est oublier qu'aux XVIIe et XVIIIe siècles il n'existait absolument aucune indication technique de coup d'archet, et qu'en revanche chaque signe exprimait une exigence d'articulation ou de prononciation du compositeur.

Naissance et évolution du discours musical

Aux environs de l'année 1600, soit à peu près au milieu de la vie de Monteverdi, il se produisit dans la musique occidentale un tournant vraiment décisif — tel qu'elle n'en avait jamais connu auparavant et qu'elle n'en connaîtrait jamais plus. Jusque-là, la musique était avant tout de la poésie mise en musique; on composait des poèmes, des motets et des madrigaux, spirituels ou profanes, dans lesquels le climat général de la poésie servait de fondement à l'expression musicale. Il ne s'agissait absolument pas de transmettre le *texte* en tant que parole à l'auditeur, mais au contraire son message; c'est donc plutôt l'atmosphère de la poésie qui inspirait au compositeur son œuvre. Ainsi par exemple une poésie amoureuse — les paroles d'*un* amoureux — était évidemment mise en musique de manière tellement abstraite, dans une écriture madrigalesque à plusieurs voix, que la personne qui parlait devenait un personnage artificiel. Personne ne songeait à une expression naturaliste ou à un dialogue; le texte était d'ailleurs à peine compréhensible, puisque le plus souvent les différentes voix étaient composées en imitation, si bien que l'on chantait simultanément des mots différents. Ces compositions polyphoniques formaient aussi, sans le texte, le riche répertoire de la musique instrumentale; elle était alors simplement adaptée par les musiciens eux-mêmes aux différents instruments. Cette musique vocale et instrumentale constituait la base communément admise de toute la vie musicale et du répertoire. C'était là un état achevé, sans autres possibilités d'évolution discernables, et qui aurait pu se prolonger ainsi éternellement.

Mais soudain, comme un coup de tonnerre dans un ciel bleu, on eut l'idée de faire de la parole même, du dialogue, le fondement de la musique. Une telle musique devait devenir dramatique, car un dialogue est en soi déjà dramatique, son contenu étant argument, persuasion, mise en question, négation, conflit. Ce qui a contribué à faire naître cette idée, ainsi que l'on pouvait s'y attendre à cette époque, c'est bien entendu l'Antiquité. L'amour passionné de l'Antiquité aboutit à l'idée que le drame grec n'avait pas été parlé mais chanté. Dans les cercles de passionnés de l'Antiquité, on chercha à ranimer en toute authenticité les tragédies anciennes. Le plus célèbre de ces cercles était la *Camerata* florentine des comtes Corsi et Bardi, dans laquelle Caccini, Peri et Galilei (le père de l'astronome) donnaient le ton en tant que musiciens. Les premiers opéras de Peri et Caccini ont, il est vrai, de superbes livrets, mais sont plutôt médiocres d'un point de vue purement musical; pourtant, les idées qui y étaient développées ont conduit à une musique entièrement « nouvelle » — *Nuove Musiche* (titre de l'ouvrage polémique et didactique de Caccini) — : à la musique baroque, à la musique éloquente.

Ce que l'on trouve écrit sur Caccini dans la plupart des dictionnaires de musique est malheureusement très éloigné de ce qu'il écrit lui-même. Aujourd'hui, on le considère le plus souvent comme le maître du chant baroque orné ; mais si on regarde ses écrits, qui sont beaucoup plus intéressants que ce qui est dit à son sujet, on s'aperçoit qu'il décrit les nouveaux moyens d'expression ; parmi eux, c'est un puissant rayonnement scénique qui est pour lui le plus important. Il conseille les vocalises et ornements de toute sorte *uniquement* là où ils renforcent l'expression verbale ou alors là où un chanteur peut cacher grâce à eux sa présence scénique défectueuse (« les ornements n'ont pas été inventés parce qu'ils étaient *indispensables* pour bien chanter, mais... pour chatouiller les oreilles lorsque l'on n'est pas en mesure de donner une exécution d'une expression passionnée... ») Ce qu'il y a de tout à fait neuf dans ces idées est ceci : un texte, souvent un dialogue, est mis en musique à une voix, fondamentalement, de manière à suivre de façon précise et naturaliste le rythme et la mélodie de la parole. Il s'agissait uniquement de rendre le texte de la manière le plus compréhensible possible et avec la plus grande expression. La musique devait alors rester complètement à l'arrière-plan, son rôle étant de fournir un discret soutien harmonique. Tout ce que l'on avait jusque-là considéré comme proprement musical était rejeté comme diversion. Ce n'est qu'aux endroits d'une expression particulièrement intense que le contenu verbal était souligné par une interprétation musicale et harmonique correspondante, souvent extrêmement surprenante. Dans cette nouvelle forme, il n'y avait bien entendu guère de répétitions de mots, à la différence du madrigal, où les mots et les groupes de mots étaient souvent répétés. Dans un dialogue véritable, on ne répète, en fait, les mots que lorsqu'on suppose que l'interlocuteur ne les a pas compris, ou lorsqu'on veut leur donner par la répétition un poids particulier — et c'est ainsi qu'on procédait dans la nouvelle musique appelée monodie. Galilei, collègue de Caccini, explique exactement comment le compositeur moderne doit procéder : qu'il écoute comment les gens de différentes conditions parlent entre eux — dans toutes les situations de la vie —, comment se déroulent, comment sonnent les conversations ou les discussions entre gens de haute et de basse condition ! — et qu'il le mette en musique. (C'est d'ailleurs exactement ainsi qu'on s'imaginait alors le mode d'exécution des drames grecs à leur origine.) De manière significative, ce nouveau style ne fut pas élaboré par les compositeurs de formation classique, mais par des dilettantes et des chanteurs.

Les idées de ce genre étaient alors tout à fait nouvelles et certainement choquantes. Pour comprendre *à quel point* tout cela était neuf, il nous faut essayer de nous replacer dans l'époque : supposons que nous ayons à peu près trente ans et que nous n'ayons jamais entendu d'autre musique que les merveilleux madrigaux de Marenzio, du jeune Monteverdi et des Franco-Flamands — musique polyphonique complexe et on ne peut plus ésotérique. Il vient alors soudain quelqu'un qui dit que la façon dont les gens *parlent* est déjà en soi de la musique, la véritable musique. Cela n'était évidemment possible qu'en Italie, où la langue a effectivement une sonorité mélodramatique ; il suffit simplement d'écouter les gens sur une place de marché en Italie pour comprendre ce que voulaient dire Caccini et Galilei ; d'entendre les plaidoiries d'un procès — il ne manque alors que quelques accords au luth ou au clavecin et la monodie, le *récitatif,* est là. Pour les gens férus de musique dont nous parlions, et qui furent arrachés du rêve madrigalesque par ces monodies, cette nouvelle musique, ainsi que nous l'avons dit, dut être un choc, bien plus fort que celui produit par la musique atonale il y a quatre-vingts ans.

Caccini dit : le contrepoint est l'œuvre du diable, il brise l'intelligibilité. L'accompagnement doit être simple au point qu'on ne l'écoute pas ; les dissonances ne doivent être employées que sur certains mots, pour souligner l'expression verbale. Tout ce que dit Caccini sur la langue, sur la mélodie parlée, sur l'accompagnement, dans son ouvrage *Nuove Musiche,* est décisif pour la naissance de l'opéra, du récitatif, voire de la sonate. Caccini distingue trois sortes de chant parlé : *recitar cantando, cantar recitando* et *cantare* — soit la récitation chantée, le chant récité et le chant. La première correspond au récitatif habituel et est donc plus proche de la parole que du chant, et donc très naturaliste. Le *cantar recitando,* le chant récité ou plutôt déclamé, met le chant un peu plus à l'avant-plan, et correspond à peu près au *recitativo accompagnato. Cantar* signifie chanter et correspond à l'air.

Il faut toujours avoir présent à l'esprit le fait que tout cela était entièrement nouveau, telle une explosion à partir du néant. Dans l'évolution de nos arts il arrive très rarement qu'il naisse quelque chose d'absolument neuf, qui ne se soit pas développé à partir de quelque chose d'existant. (Je trouve remarquable que cette nouveauté soit née dans l'intention, en toute bonne foi, de reconstituer fidèlement quelque chose de très ancien, la musique des Grecs.) C'était là ce qui devint le fondement de l'évolution musicale des deux prochains siècles suivants, de ce que j'aimerais appeler la musique éloquente.

Cette idée sensationnelle du chant parlé ne devient vraiment intéressante pour notre musique et pour nous musiciens que lorsqu'elle tombe aux mains d'un musicien de génie. Monteverdi était le plus grand compositeur de madrigaux de son temps, dès avant cette évolution il maîtrisait le contrepoint jusque dans ses derniers raffinements. Lorsque avec son énorme compétence de compositeur il aborda le domaine primitif de la déclamation musicale, il y provoqua un bouleversement authentique, mais aussi musical. Bien entendu Monteverdi n'acceptait pas complètement les théories et les dogmes du cercle de Caccini. En tant qu'authentique musicien, il ne pouvait dire : le contrepoint est l'œuvre du diable, ou la musique n'a pas le droit d'être intéressante sinon elle distrait du texte. Monteverdi se laissa inspirer par les idées nouvelles, sans pouvoir en reprendre les dogmes car il cherchait toujours de nouvelles possibilités d'expression. Dès ses premiers essais dans le domaine de l'opéra, à partir de 1605 à peu près, Monteverdi se mit à élaborer son vocabulaire musico-dramatique de façon systématique. En 1607 il écrivit l'*Orfeo,* l'année suivante *Ariana* (dont il ne reste malheureusement que le célèbre *Lamento*), et à partir de là presque chaque courte pièce à une ou deux voix, chaque duo ou trio qu'il écrit est une espèce d'essai, une petite scène d'opéra, une sorte de mini-opéra. Il progresse ainsi de manière systématique jusqu'à ses grands opéras. Et c'est Monteverdi lui-même qui nous apprend à quel point il avançait de façon consciente. C'était un homme d'une haute culture, lié d'amitié avec le Tasse, et qui connaissait les philosophes classiques et contemporains. Il savait précisément pourquoi il faisait telle chose ; avec le plus grand soin, il cherchait une expression musicale pour chaque sentiment, chaque émotion humaine, chaque mot et chaque formule du langage.

Un exemple célèbre de cette recherche systématique nous est donné par la scène du *Combattimento di Tancredi e Clorinda,* composée en 1624. Monteverdi choisit pour cela avec soin un texte grâce auquel il pouvait exprimer le sentiment violent de la colère. « ... Cependant, dit-il, comme je n'ai pu trouver dans la musique des compositeurs anciens aucun exemple d'état d'âme agité... et comme je sais que les contrastes émeuvent le mieux notre âme, but que la bonne musique doit aussi s'efforcer d'atteindre... je commençai à chercher avec toute mon énergie la forme d'expression agitée... Je trouvai dans la description du combat entre Tancrède et Clorinde les contrastes qui me paraissaient propres à une traduction en musique : la guerre, la prière, la mort. »

Je me demande alors, en tant que musicien : est-ce vrai, en est-il vraiment ainsi ? La musique d'avant 1623 n'avait-elle aucun moyen d'exprimer l'agitation extrême, n'en avait-elle jusque-là peut-être pas le besoin ? Car ce dont on a besoin existe, naturellement. Et il en va bien ainsi : dans l'art lyrique du madrigal, il n'existe aucune explosion de colère, aucun état d'agitation extrême, ni dans le sens positif ni dans le sens négatif. Manifestement, ils n'y sont pas nécessaires. Dans l'art dramatique, ils sont en revanche *absolument* indispensables. Monteverdi ouvrit donc son Platon et y découvrit les notes répétées : « ... J'explorai donc, dit-il, les tempi rapides, dont les meilleurs philosophes s'accordent pour dire qu'ils naissent dans un climat agité de guerre... et je trouvai alors l'effet que je cherchais en divisant la ronde en doubles croches, que l'on attaque séparément sous un texte qui exprime la colère. »

Cette possibilité qu'il découvrit pour exprimer le sentiment d'agitation extrême, il la nomma *stile concitato*. Les notes répétées furent désormais employées comme moyen d'expression, et le *concitato* devint un procédé artistique courant. Il est encore employé au sens décrit par Monteverdi aux XVIIe et XVIIIe siècles — à la fois le terme et la chose. On trouve ce genre de notes répétées chez Haendel et même chez Mozart encore. Monteverdi écrit que les musiciens répugnèrent d'abord à jouer seize fois la même note en une mesure. Ils se sentaient franchement outragés de ce qu'il exigeât d'eux une chose musicalement aussi absurde. Les notes répétées sont d'ailleurs également prohibées dans le style sévère. Il dut d'abord leur expliquer qu'elles avaient une signification extramusicale, dramatique, corporelle.

Avec le *concitato* il entre dans la musique quelque chose qu'il n'y avait pas encore ; un élément purement dramatique, corporel. Nous en arrivons là à un aspect important du drame musical. On ne peut pas se représenter un événement dramatique, un dialogue, sans action ; il y faut le mime, le geste et le mouvement de tout le corps. On parle avec toutes les fibres de son corps. De même que le langage sonore dramatique nouvellement découvert par Monteverdi éclaire et renforce le contenu expressif du mot, de même il comporte le mouvement corporel. Monteverdi fut donc le premier grand dramaturge musical à intégrer le geste à la composition, annonçant déjà ainsi un élément essentiel de la mise en scène. Pour moi il n'existe vraiment de drame musical que lorsque tous les éléments cités, y compris l'élément corporel, sont réunis.

Or il existe dans les textes d'opéras et de madrigaux certains mots stimulants qui reviennent constamment. Ces mots sont attachés à des figures données, toujours semblables. Si bien qu'il se forme ainsi, petit à petit, à partir des théories de Caccini et de ses amis, en passant par Monteverdi, qui les porte à la plus haute perfection, un répertoire de figures musicales. Monteverdi va si loin dans ce domaine qu'il impose à des mêmes mots une expression différente à l'aide de figures diverses, en sorte que le même mot a ainsi une signification qui change sans cesse quelque peu, conformément à chaque fois au contexte. Les compositeurs codifièrent ainsi, dans une très large mesure, l'interprétation du langage. Nous ne retrouverons quelque chose d'analogue probablement qu'avec Mozart puis avec Verdi.

Sur la base des œuvres de cette première génération de compositeurs d'opéras, il était finalement né un immense vocabulaire de figures au sens déterminé, et qui étaient familières à tout auditeur cultivé. C'est ainsi qu'on put en arriver au corollaire, c'est-à-dire d'utiliser aussi ce répertoire de figures indépendamment, sans texte : grâce à la seule figure musicale, l'auditeur faisait l'association avec le langage. Cette transposition d'un vocabulaire musical, qui était vocal au départ, dans la musique instrumentale est très importante pour la compréhension et l'interprétation de la musique baroque. Elle prend ses racines dans la toute première idée du chant parlé, laquelle fut ensuite stylisée et transformée en grand art par Monteverdi.

Les rapports entre musique vocale et musique instrumentale deviennent de ce fait très facilement compréhensibles. C'est ici également qu'ont leurs racines les curieux dialogues de la musique « pure » — sonates et concertos des XVIIe et XVIIIe siècles, et même symphonies, en plein cœur de l'époque classique. Ces œuvres sont en effet conçues à partir du langage et sont inspirées par des programmes rhétoriques tantôt concrets tantôt abstraits.

Ce répertoire de figures de la monodie et du récitatif s'était entre-temps affranchi, au point que vers 1700 déjà on voyait en lui un répertoire de figures pour la musique instrumentale. Ce répertoire de figures désormais instrumentales fut réappliqué par Bach au chant. (C'est peut-être pourquoi tant de chanteurs trouvent Bach très difficile à chanter, parce qu'il écrit de façon tellement « instrumentale ».) Lorsqu'on examine chez Bach les figures isolées, on reconnaît très clairement leur origine en tant que figures de langage. Il s'agit véritablement ici d'une évolution, d'un affranchissement de ces figures découvertes dans la monodie, dans le chant parlé soliste. Chez Bach, il est vrai, la composante rhétorique est marquée de façon particulièrement claire, et même consciemment fondée sur les théories classiques de la rhétorique. Bach avait étudié Quintilien et construisait ses œuvres selon ses règles — et cela si précisément qu'on peut les retrouver dans ses compositions a posteriori. Pour cela il utilisait — un siècle après Monteverdi — le vocabulaire très raffiné du discours sonore né en Italie et transposé à la langue allemande, c'est-à-dire avec des accents sensiblement plus incisifs. (Les Latins considéraient encore à cette époque la sonorité de la langue allemande comme foncièrement dure et « glapissante », avec des accents excessivement marqués.) Ce qui frappe particulièrement chez Bach, c'est qu'il a introduit et incorporé tout l'arsenal du contrepoint dans les principes rhétoriques.

Du fait de la première liquidation musicale que faillit provoquer la découverte de la monodie, la musique en tant que telle se serait trouvée proprement réduite à néant — si l'on avait suivi les dogmes des « Florentins » et rejeté complètement le madrigal et le contrepoint, ce qui était tout à fait envisagé vers 1600. Bien entendu, on ne pouvait en rester là, et Monteverdi lui-même, après qu'il eut fait connaissance du nouveau style monodique, ne renonça pas, par exemple, à la composition de madrigaux polyphoniques. Il naquit ainsi chez lui une diversité stylistique inhabituelle, qui s'imposa même au sein des compositions plus étendues. Dans les deux opéras tardifs, on trouve les trois manières d'écrire : récitation chantée, chant récité et chant, nettement séparés, il est vrai ; mais dans le troisième type d'écriture, le chant, il emploie parfois à nouveau des éléments contrapuntiques issus de l'ancien art du madrigal.

Chez Bach, cet art du contrepoint, baptisé *prima prattica* par opposition à la monodie dramatique moderne, la *seconda prattica*, a déjà regagné tellement de terrain que le style fugué et l'écriture en imitation étaient à nouveau acceptés, même dans la musique vocale profane. On trouve alors, comme chez les Italiens et les Franco-Flamands avant 1600, à nouveau des pièces dans lesquelles les textes sont chantés non pas simultanément mais se chevauchent l'un l'autre — bien entendu, pour chaque voix sur les figures adéquates. Le vocabulaire musical, le drame musical sont maintenant exprimés de tout autre façon, puisque dans l'écriture polyphonique un élément supplémentaire d'expression — le monde complexe du contrepoint —, est employé de manière rhétorique et dramatique.

L'étape suivante de cette évolution conduit à Mozart. Il dispose bien entendu, comme Monteverdi, de tout le savoir technique accumulé jusque-là, d'une pleine connaissance de l'art du contrepoint élaboré à l'époque baroque. Dans la période qui le sépare de Bach, on s'était complètement détourné de la musique complexe de la fin du baroque, que seuls les initiés et les connaisseurs pouvaient comprendre, pour se tourner vers une musique nouvelle, « naturelle », qui devait être simple, au point que tout homme puisse la comprendre, même s'il n'avait jamais de sa vie entendu de musique. Ces objectifs, qui sont à la base de la nouvelle « musique de sentiment » d'après Bach, furent expressément récusés par Mozart qui qualifiait de « Papageno » tout auditeur qui se contentait de trouver telle chose belle, sans savoir pourquoi. Il donnait à ce mot un sens extraordinairement péjoratif et soulignait que lui-même écrivait uniquement pour les connaisseurs. Mozart attachait précisément une grande importance à être compris des « véritables connaisseurs », et supposait chez ses auditeurs des connaissances musicales et une culture générale ; et comme de plus en plus, dans le domaine de la musique précisément, même les gens n'ayant aucune formation pensaient devoir donner leur avis, cela provoquait parfois chez Mozart de terribles colères. Ainsi, pour *Idomeneo*, son père craignait que Mozart ne s'adresse trop exclusivement aux connaisseurs : « ... Je te conseille, pour ton travail, de ne pas songer uniquement au public musicien, mais également au non-musicien... n'oublie donc pas ce qu'on appelle le *popularo* ce qui chatouille aussi les grandes oreilles (d'âne) » (décembre 1780).

Quoi qu'il en soit, Mozart disposait de tous les outils musicaux de la fin du baroque ; mais ne pouvant accepter comme point de départ pour le drame musical qu'il avait en tête l'*opera seria* italien dans la forme quelque peu figée de son époque, il reprit certains éléments de l'opéra français, où l'élément purement musical avait toujours été subordonné à la langue (il n'y avait pratiquement aucun air), et revint ainsi, dans une certaine mesure, sans en être conscient, à l'origine du drame musical. La dépendance vis-à-vis du texte était bien plus fortement marquée dans l'opéra français qu'elle ne l'était dans l'opéra italien du XVIIIe siècle, où le centre d'intérêt était plutôt les immenses airs, au contenu stéréotypé, l'air de vengeance, l'air de jalousie, l'air d'amour ou l'air « tout est bien à nouveau » vers la fin de l'opéra se rencontraient dans chaque opéra, pratiquement interchangeables ; on les échangeait d'ailleurs souvent. Dans l'opéra français, les anciennes formes subsistaient encore : récitatif, arioso et ariette, ce qui le rendait plus propre à servir de base à toute réforme dramatique que l'*opera seria* italien. C'est chez Gluck que la théorie de cette réforme se trouve le plus clairement exprimée, mais dans la pratique c'est en revanche Mozart qui met à nouveau le drame musical pleinement en valeur dans ses opéras.

Nous trouvons chez Mozart les mêmes principes que chez Monteverdi. Ce qui compte chez lui c'est toujours le drame, le dialogue, le mot isolé, le conflit et sa résolution, et non une poésie composée comme un tout. Paradoxalement, cela s'applique chez lui non seulement à l'opéra, mais aussi à la musique instrumentale, qui est toujours dramatique. Chez les compositeurs de la génération d'après Mozart, la musique perd de plus en plus cet élément dramatique, éloquent. Ainsi que nous l'avons déjà dit, les raisons en tiennent à la Révolution française et à ses conséquences culturelles, qui aboutirent à ceci, que l'on mit sciemment la musique au service d'idées socio-politiques. L'auditeur cessait désormais d'être un interlocuteur pour devenir, inondé et enivré de sons, un jouisseur.

C'est précisément là que se trouvent à mon avis les racines de notre incapacité totale à comprendre la musique *pré*-révolutionnaire. Je pense que nous comprenons aussi peu Mozart que Monteverdi, lorsque nous le réduisons uniquement au « beau », ce qui — je pense — est habituellement le cas. Nous allons à Mozart pour le plaisir, pour nous laisser charmer par la beauté. On entend sans cesse parler, lorsqu'il s'agit de décrire de « belles » exécutions mozartiennes, d'un « bonheur mozartien »; c'est presque une formule stéréotypée. Mais lorsqu'on y regarde de plus près et qu'on étudie les œuvres pour lesquelles elle est employée, il faut alors se demander : pourquoi « bonheur mozartien » ? Les contemporains décrivaient la musique de Mozart comme étant extrêmement contrastée, criarde, troublante, bouleversante ; c'est d'ailleurs sur ce point que la critique de l'époque lui cherche querelle. Comment a-t-il donc pu arriver que l'on réduise précisément cette musique au « bonheur », au plaisir esthétique ? Peu après avoir lu un article sur une telle exécution et sur le « bonheur mozartien », je faisais travailler à mes élèves une sonate pour violon de Mozart, écrite sur une mélodie française. Elle fut tout d'abord très joliment jouée — je dirais que la violoniste communiquait le « bonheur mozartien ». Puis nous avons travaillé cette sonate et remarqué à quel point cette pièce rentrait « sous la peau ». Elle ne recèle pas que le « bonheur mozartien », mais toute la gamme des sentiments humains, du bonheur à la tristesse, jusqu'à la souffrance. Mais il me faut parfois me demander si je peux vraiment conseiller à un élève de travailler dans cette direction. Car si les gens vont au concert pour jouir du « bonheur mozartien » et reçoivent à sa place — peut-être — une vérité mozartienne, il se pourrait que cela les dérange, que l'auditeur se refuse à accepter cette vérité mozartienne. Le plus souvent, nous voulons écouter et vivre quelque chose de précis, à tel point que nous avons perdu l'attitude curieuse de l'*auditeur ;* peut-être même ne voulons nous plus du tout entendre ce qui nous est dit par la musique.

Notre culture musicale doit-elle se réduire à ce que nous cherchions un peu de beauté et d'apaisement après une journée riche en travail et en conflits ? Cette musique n'a-t-elle donc pas davantage à nous offrir ?

Tel est donc le cadre dans lequel se situe la musique éloquente, le discours sonore dramatique : à leur naissance, chez Monteverdi, ils prennent la relève du monde serein de l'art du madrigal. A leur fin, après Mozart, ils sont à leur tour remplacés dans une large mesure par la peinture à plat du romantisme et du postromantisme. Dans la musique éloquente, en dialogue, il ne s'agit jamais uniquement de beauté sonore ; elle est emplie de passion, elle est pleine de conflits moraux, souvent même cruels, mais qui se résolvent la plupart du temps. Monteverdi disait un jour, alors qu'il devait se défendre contre le reproche que sa musique ne suivait pas les règles de l'esthétique, qu'elle n'était pas suffisamment « belle » : « Puissent tous ceux qui comprennent la musique repenser les règles de l'harmonie et me croire quand je dis que le compositeur n'a *que la vérité* comme principe directeur. »

III

MUSIQUE BAROQUE EUROPÉENNE — MOZART

Musique à programme —
l'op. 8 de Vivaldi

On a déjà beaucoup écrit sur la question de la musique « pure » par opposition à la musique à programme. Le plus souvent, les concertos baroques, même s'ils ont des titres à programme, sont classés dans la musique « pure », sous prétexte qu'ils sont écrits suivant des principes purement musicaux et qu'ils peuvent se comprendre sans connaissance du programme. A mon avis, il y a ici un malentendu concernant ces notions, qui a son origine dans la conception post-berliozienne de la musique à programme. Pour la musique baroque, ce sont des critères tout autres qui prévalent ; il ne faut pas séparer ici la musique « pure » de la musique à programme ; en effet il n'existe guère de musique baroque sans programme, si l'on peut qualifier de programme un événement dramatique à l'issue incertaine — souvent dépourvu d'ailleurs de contenu concret, et rendu avec les moyens de la rhétorique. La relation entre mot et musique vise constamment, dans bien des époques et domaines stylistiques, à renforcer le contenu verbal au moyen de figures mélodiques correspondantes ; même le geste, le mouvement du corps est exprimé musicalement. Pour la musique, le développement — pour ne pas dire l'invention — de l'opéra constitua le ressort le plus important à l'époque baroque. La monodie dramatique, introduite vers 1600, était vraiment conçue comme une déclamation chantée de textes, où le son avait pour devoir *unique* de renforcer la force expressive du *discours;* l'expression purement musicale était rejetée, comme étant une diversion par rapport au texte, seul élément essentiel. Il se forma naturellement, en un temps très court, un catalogue de figures musicales, le chant devant suivre le débit et le rythme naturels de la parole, tels qu'ils étaient à chaque fois déterminés par les sentiments à exprimer ; des figures mélodiques et rythmiques semblables étaient, pour ainsi dire évidemment, constamment affectées au même sentiment, aux mêmes groupes de mots. Ces figures étaient ensuite employées tout à fait consciemment comme des éléments qui, en relation avec le texte, *mais parfois aussi sans texte,* devaient provoquer les associations correspondant au contenu des mots ou des phrases. A l'époque de Vivaldi, cette évolution durait déjà depuis un siècle et dégénérait dans certains domaines. Dans la musique vocale, les figures musicales nées naturellement du chant parlé avaient à ce point pris le dessus, que la compréhension du texte n'était plus guère possible, ni même indispensable d'ailleurs, pour peu que l'auditeur comprît le langage des figures musicales. En Italie, patrie du baroque, en particulier, les musiciens maîtrisaient le langage sonore avec toute l'aisance d'hommes de théâtre nés qu'ils étaient, si bien que les figures musicales issues de la musique vocale furent reprises dès la première moitié du XVIIe siècle dans la musique purement instrumentale, ce qui en fit un discours sonore dramatique abstrait. Ainsi la plus grande partie de la musique instrumentale baroque est-elle théâtrale, en ceci que des événements naturels, des états d'âme, des passions sont représentés et mis en conflit l'un avec l'autre de manière rhétorique, mais souvent aussi de façon directement dramatique lorsqu'un événement concret ou abstrait, dont l'issue n'apparaît que vers la fin du conflit musico-dramatique, est représenté au moyen du langage sonore baroque.

Vivaldi a écrit de la musique instrumentale théâtrale de toute sorte. En tant qu'Italien et compositeur d'opéras, il disposait d'un riche vocabulaire de figures musicales, y compris pour la musique purement instrumentale. Des notions telles que musique « pure » ou à programme se révèlent insuffisantes dans le cas de cette musique. La musique de Vivaldi parle, peint, exprime des sentiments, décrit des événements et des conflits, et ceci non simplement l'un à la suite de l'autre, mais simultanément, imbriqués l'un dans l'autre, ainsi que le tempérament italien à l'époque baroque l'exigeait de toute représentation théâtrale de la vie. Vivaldi avait certainement des auditeurs à qui ce langage était extrêmement familier, du fait de leur tempérament, de leur vocabulaire et des possibilités de comparaison. L'effet immédiat devait donc être très fort. Pour nous, ce langage est incomparablement plus difficile à comprendre ; il ne nous reste qu'à nous en tenir aux composantes demeurées compréhensibles, ou alors à chercher à écouter cette musique d'une oreille neuve, à suivre naïvement le dialogue, et nous finirons alors par le comprendre à nouveau.

Vivaldi écrivit la plupart de ses nombreux concertos pour son propre ensemble, le célèbre orchestre de jeunes filles de l'*Ospedale della Pietà* à Venise. Vivaldi occupait depuis 1704 le poste de professeur de violon et depuis 1716 environ celui de *maestro di concerti* auprès de cette institution — sorte d'hospice pour enfants trouvés ou orphelinat tel qu'il en existait alors plusieurs à Venise. Les élèves douées recevaient également une formation musicale ; orchestre et chœurs s'étaient constitués ; et les concerts d'église, qui avaient lieu régulièrement les dimanches et jours de fêtes, comptaient au nombre des attractions de la ville. Les voyageurs débordent d'éloges sur le jeu des jeunes filles : Peter Tostalgo rapporte en 1668 : « Il existe à Venise des couvents de femmes, dont les occupantes jouent de l'orgue et d'autres instruments et chantent si joliment que nulle part ailleurs au monde on ne trouve musique si douce et harmonieuse. C'est pourquoi on vient à Venise de partout pour entendre cette musique angélique... » Ce singulier orchestre d'internat dont disposait Vivaldi doit avoir satisfait aux plus hautes exigences professionnelles ; les impératifs techniques draconiens imposés aux solistes de chaque instrument montrent en effet que ces œuvres sont écrites pour des virtuoses de premier rang. Lorsque Vivaldi reprenait des œuvres de ce répertoire dans ses éditions imprimées, il les remaniait le plus souvent et en comparant les deux versions, on peut voir que les éditions imprimées, sans doute pour être mises à la portée du public, comportent des simplifications techniques souvent importantes. L'évolution de Vivaldi, en tant que compositeur de musique instrumentale, fut déterminée dans une très large mesure par les possibilités qu'il avait à l'*Ospedale della Pietà ;* le caractère avant-gardiste et souvent expérimental de ses œuvres s'explique par ceci, qu'il avait là-bas la possibilité d'essayer des idées même très avancées.

Les concertos publiés dans son opus 8 *Il Cimento dell' Armonia e dell'Inventione (l'Epreuve de l'harmonie et de l'invention)* ne furent manifestement pas composés non plus expressément pour cette édition, Vivaldi s'étant contenté de rassembler des œuvres qui pouvaient être réunies sous ce titre. Même le groupe des *Quatre Saisons,* le noyau du recueil, ne consistait pas en compositions nouvelles, bien qu'il fût certainement la principale justification du titre, puisque toutes les audaces imaginables y étaient accumulées. Vivaldi doit avoir composé ces concertos longtemps avant leur publication il dit en effet dans sa dédicace au comte Morzin : « ... Lorsque je songe à la longue série d'années durant lesquelles j'ai joui de l'honneur insigne de servir Votre Altesse en tant que compositeur de cour en Italie, je rougis à la pensée de n'avoir jusqu'à présent donné aucun témoignage de mon profond respect. J'ai donc résolu de faire imprimer ce volume, pour le déposer très respectueusement aux pieds de Votre Altesse. Je prie instamment Votre Altesse de ne pas s'étonner si elle trouve parmi ces quelques faibles concertos les *Quatre Saisons,* qui avaient trouvé il y a si longtemps l'indulgente magnanimité de Votre Altesse ; croyez-moi, je les ai trouvées dignes d'être imprimées — bien qu'à tous égards ce soient les mêmes pièces —, car à présent, outre les sonnets, j'ai ajouté des explications précises sur toutes les choses qui y sont représentées. Je suis persuadé que vous les jugerez comme s'ils étaient neufs. » La première édition parut vers 1725 chez Le Cène à Amsterdam. Depuis longtemps déjà, à côté de bien d'autres fonctions et charges honorifiques, Vivaldi avait le titre de *Maestro di Musica in Italia* du comte Wenceslaw Morzin, qui recouvrait sans doute l'obligation d'envoyer des compositions au comte de Bohême ainsi que de s'occuper de son orchestre lors des séjours en Italie. Vivaldi rappelle au comte le plaisir qu'il avait pris « il y a si longtemps » aux *Quatre Saisons,* qui avaient donc au moment de l'impression quelques années déjà. Les deux concertos pour violon *ou* hautbois (« *Questo concerto si può fare ancore con l'Hautbois* ») n°s 9 et 12 ont sans aucun doute été composés pour le hautbois : tous les autres concertos seraient injouables au hautbois, car ils en outrepassent l'étendue sonore dans le grave et dans l'aigu et requièrent des doubles cordes. Cela ne peut être un hasard. Vivaldi a vraisemblablement repris dans ce recueil de concertos pour violon les concertos pour hautbois qui existaient déjà afin d'offrir aux acheteurs des pièces plus faciles à jouer (au violon).

Comme source pour nos exécutions de ces concertos nous avons utilisé l'édition imprimée de Le Clerc et Mme Boivin, faite à Paris, qui parut aussitôt après la première édition ; cette édition, soigneusement rédigée et pratiquement exempte de fautes, nous a paru particulièrement fiable. Après plusieurs essais, nous avons choisi pour la basse continue l'orgue, qui est d'ailleurs requis dans la partie de basse soigneusement chiffrée (« *Organo e Violoncello* »). La douceur de sa sonorité permet de préserver les nombreuses peintures sonores très subtiles que réalisent les instruments à cordes — ce qui n'est pas le cas avec l'attaque incisive du clavecin. Par ailleurs, les voix de remplissage harmonique sont particulièrement clairement audibles. Cette partie de basse montre également que Vivaldi souhaitait un clavecin, du moins pour le mouvement lent de « l'Automne », qui comporte l'indication : « *Il cembalo arpeggio.* » Nous avons donc utilisé pour ce concerto le clavecin dans tous les mouvements. Cette partie de basse ne fait pas apparaître la répartition des instruments de continuo ; nous avons cependant, conformément à la manière dont Vivaldi traite par ailleurs la basse, fait jouer la contrebasse seulement dans les passages en tutti. Pour le mouvement lent de « l'Hiver », uniquement, il existe, dans la partie de continuo, une page à part avec la seule partie de violoncelle de ce mouvement ; la partie de basse habituelle est donc jouée ici par la contrebasse et l'orgue. Par ailleurs, il se trouve dans cette partie, outre les chiffrages, de nombreuses indications touchant les modalités d'exécution sous forme de « *Tasto solo* » ou « *Tasto solo sempre* ». Les mouvements lents des deux concertos pour hautbois (n°s 9 et 12), de même que du concerto pour violon n° 10, sont imprimés sur deux systèmes, en sorte que les continuistes puissent lire en même temps la partie soliste, même lorsqu'elle est ornée. (C'est manifestement une indication sur la technique d'accompagnement.) Dans les parties d'alto (« *Alto viola* ») figurent de nombreuses remarques, qui prolongent et éclairent les sonnets indiquant le programme : *Concerto I*, deuxième mouvement : « *Largo, si deve suonare sempre molto forte, e strappato* » (« Largo, se doit jouer toujours très fort, et détaché ») et « *Il cane qui grida* » (« Le chien qui crie ») ; troisième mouvement : « *Allegro Danza Pastorale* ». *Concerto II*, premier mouvement : « *Languidezza per il caldo* » (« Langueur causée par la chaleur »). *Concerto III*, premier mouvement : « *Ballo e canto de Villanelli* » (« Danse et chant des paysans ») ; à la mesure 41 « *L'Ubriachi* » (« Les ivrognes ») ; deuxième mouvement : « *Dormienti Ubriachi* » (« Les ivrognes endormis ») ; troisième mouvement à la mesure 83 : « *Scioppi e cani* » (« Coups de feu et chiens »). Dans toutes les parties, pour le troisième mouvement de « l'Eté », se trouve marqué : « *Tempo impetuoso d'Estate* » (« Temps orageux d'été »).

Pour comprendre les « indications de tempo » italiennes des XVII et XVIIIe siècles, il faut constamment se rappeler que la plupart de ces mots (par exemple *allegro, largo, presto*) étaient (et sont) avant tout des mots de la langue italienne courante, qui n'étaient pas employés par les compositeurs italiens comme des termes musicaux, mais conformément à leur signification. *Allegro* signifie donc gai, joyeux et non vif à proprement parler ; ce n'est que lorsque la nature particulière de cette gaieté exige un tempo donné qu'*allegro* devient indirectement une indication de tempo. De façon générale, on peut dire que ces indications doivent se comprendre à partir de leur signification dans la langue, plutôt que comme indications de caractère, le tempo absolu découlant du contexte. De nombreux points d'orgue (𝄐) et indications insérées au sein des mouvements sont autant d'indices d'un jeu rhapsodique, avec un rubato et une agogique riches. Vivaldi donne de nombreuses indications sur l'exécution et sur la réalisation technique. Les nuances sont indiquées de façon très subtile, et l'on doit supposer que de nombreuses étapes intermédiaires ne sont en outre pas notées. Vivaldi emploie dans cette œuvre : *molto forte, forte, piano, più piano, pianissimo*. Ce qui est frappant, c'est que les nuances ne sont pas toujours synchrones dans toutes les parties. Ainsi dans le mouvement lent du « Printemps », le violon solo joue à un niveau moyen normal (sans indication), les deux violons de ripieno *sempre pianissimo* (donc très doux), alors que l'alto doit jouer *molto forte* (très fort). Dans le mouvement lent de « l'Hiver » l'alto joue *pianissimo*, le violon solo à un niveau moyen, les violons de ripieno *pizzicato* sans indication, la basse *sempre piano* et le violoncelle *sempre molto forte*(!). Ce genre de nuances montre que Vivaldi utilise toujours les sonorités de manière impressionniste. L'articulation — donc les coups d'archet et l'accentuation dans le jeu — était à ce point familière aux musiciens de cette époque que le compositeur n'était nullement obligé d'ajouter d'autres indications lorsque tout devait se jouer *normalement,* c'est-à-dire suivant les règles connues.

Vivaldi introduit un grand nombre de signes d'articulation divers et quelques signes d'ornementation, en particulier aux endroits qui risqueraient sinon facilement d'être mal compris et joués autrement. On trouve des liaisons d'articulation couvrant de deux à huit notes ; des vibratos d'archet de différentes forces ⌢ ⌢⌢⌢ , un signe + pour le trille, des mordants, etc., et un signe 〰, qui apparaît également en combinaison 〰 〰 〰 〰 et qui représente vraisemblablement un moyen terme entre le vibrato et le trille, par exemple un trille d'un quart de ton. Bien entendu, tous les passages dépourvus d'indications doivent être articulés conformément aux règles, et pour cela tous les coups d'archet, jusqu'au sautillé et jeté de l'archet, sont employés. Dans des passages analogues d'autres concertos, Vivaldi a demandé des coups d'archet, en toutes lettres ou à l'aide de signes ; nous savons donc où on les utilisait autrefois.

Le style italien
et le style français

Aux XVIIe et XVIIIe siècles, la musique n'était nullement cet art international, universellement compréhensible, qu'elle voudrait, qu'elle pourrait être aujourd'hui grâce au train, à l'avion, à la radio, à la télévision. Il se formait dans les différents centres des styles tout à fait particuliers, qui au fil des générations s'éloignaient de plus en plus de leurs points de départ communs.

Evidemment, la communication était suffisamment importante pour qu'on puisse prendre connaissance de ces différences, des virtuoses itinérants faisaient connaître partout le mode de jeu de leur pays, les mélomanes qui voyageaient avaient l'occasion d'entendre dans leur environnement naturel les différents styles et langages musicaux et de les comparer entre eux. Il naquit ainsi une sorte de rivalité entre les nations musiciennes, qui fit ressortir encore plus les particularités et les propriétés des styles nationaux. Durant des siècles, cet affrontement, au travers de particularités stylistiques qui passaient d'un cercle à un autre, soit du fait d'une influence purement musicale, soit du fait de « transfuges », n'était pas sans un charme particulier : les compositeurs qui vivaient à l'étranger, dans un pays stylistiquement ennemi, s'efforçaient de concilier les propriétés musicales de leur ancienne et de leur nouvelles patries.

La raison de la naissance de styles nationaux aussi clairement séparés, et même franchement ennemis, ne peut cependant tenir uniquement au défaut de communication. Sinon les frontières stylistiques ne seraient pas précisément identiques, « par hasard », avec les frontières nationales. Il doit bien y avoir d'autres raisons, qui tiennent au caractère, à la mentalité et au tempérament de peuples entiers. Le caractère théâtral et individualiste du baroque aboutit à un déploiement, voire à une manifestation de la personnalité, de l'individu avec toutes ses propriétés, et naturellement, dans leur grossissement, à l'expression des particularités nationales des peuples. Même autrefois, ce phénomène était très concrètement ressenti et exprimé — non sans un dédain inconsidéré pour tout ce qui était « autre ». Il va de soi qu'il était nécessairement le plus franchement marqué dans le cas des nations qui possédaient le caractère populaire le plus nettement défini et délimité, et entre lesquelles il existait la plus forte rivalité à la fois géographique et spirituelle, politique et culturelle : l'Italie et la France.

La différence stylistique, qui se dessina de plus en plus clairement au XVIIe siècle, est donc fondée en premier lieu sur la mentalité opposée des Italiens et des Français : les uns extravertis, affichant leur joie et leur douleur, sentimentaux, aimant l'informel — les autres maîtres de soi, froids, d'une perspicacité lucide, amis de la forme. Les Italiens furent pratiquement les créateurs du style baroque, dont la théâtralité, la richesse formelle illimitée, le fantastique et le bizarre leur correspondaient parfaitement. Les racines de la *musique* baroque se trouvent donc naturellement en Italie. On perçoit la musique française de cette époque presque comme une réaction à cette éruption musicale.

La musique baroque était donc soit de la musique italienne soit de la musique française. L'opposition entre les langages musicaux des deux nations était alors considérée comme irréductible ; et aujourd'hui encore, à trois siècles de distance, elle ressort encore assez clairement pour que l'on comprenne les controverses. Vieuville écrit en 1704 : « Vous savez aussi bien que moi qu'il existe chez nous deux partis dans la musique, dont l'un admire excessivement le goût italien... Ils portent des jugements sans appel et condamnent la musique française, disant qu'elle est la musique la plus dépourvue de goût au monde. L'autre parti, qui est fidèle au goût de sa patrie, et qui a une meilleure connaissance de la science musicale, ne peut voir sans chagrin que même dans la capitale du royaume on méprise le bon goût français. »

Le fossé qui séparait les deux partis était si profond que les musiciens des deux nations n'avaient que mépris les uns pour les autres, que les cordes formées au style italien se refusaient à jouer la musique française — et inversement. Ils n'auraient d'ailleurs pas pu le faire, car les différences stylistiques concernaient à la fois toutes les subtilités de la technique de jeu et les conceptions formelles des œuvres elles-mêmes. On concevait alors la musique comme un discours sonore, en sorte qu'on ne pouvait « discourir » musicalement dans une langue qu'on ne maîtrisait pas — et qu'on n'aimait pas. Les musiciens français s'insurgeaient contre l'ornementation libre des Italiens : « Cela n'était pas du goût de monsieur Lully, défenseur du beau et du vrai... il aurait chassé de son orchestre un violoniste qui aurait voulu gâter son concert en y ajoutant mal à propos toutes sortes de figures inharmonieuses. Pourquoi ne les oblige-t-on à jouer les parties telles qu'elles sont écrites ? »

On considéra d'abord une fusion des deux styles comme impossible. Les compositeurs d'autres pays, d'Allemagne ou d'Angleterre par exemple, devaient décider à quel style, à quelle façon d'écrire ils donnaient la préférence, et malgré quelques tentatives effectuées à la fin du XVIIe siècle, avant tout par des compositeurs autrichiens (Muffat et Fux), en vue d'unir et même de réconcilier pour ainsi dire les deux styles, ce n'est qu'au XVIIIe siècle qu'on parvint à la synthèse dite des « goûts réunis ».

La musique baroque italienne, avec ses centres de gravité que sont le concerto et l'opéra, utilise toutes les possibilités offertes par une sensualité et une imagination débordantes, jusqu'aux frontières du fantastique le plus riche. Les formes musicales étaient imposantes et grandioses ; la sonorité des cordes prédominait ; les instruments devaient toujours imiter leur modèle — la voix chantée sensuelle des Italiens. L'abondante ornementation était improvisée sur le vif par des interprètes imaginatifs — ce qui correspondait parfaitement au caractère spontané et extraverti du peuple italien. Il n'est pas inintéressant de noter que, parmi tous les instruments de musique, le violon était considéré comme l'instrument italien par excellence, en même temps que comme l'instrument baroque. Aucun autre instrument n'est aussi bien adapté à la musique extravertie des Italiens. Le violon convient à la fois à la brillante virtuosité soliste et au jeu ample de l'adagio — les deux piliers de la musique italienne. La musique baroque italienne est donc toujours en premier lieu de la musique de cordes. Les vents sont rarement employés, et plutôt pour obtenir des effets particuliers, pour servir d'interlocuteurs différents aux cordes. Toutes les écoles de violon italiennes ont leur origine dans l'entourage de Monteverdi, qui était lui-même violoniste. Son style visionnaire est donc dès le début un élément essentiel de la musique de cordes italienne. En passant par Carlo Farina, Biago Marini et d'autres, on en arriva aux importantes écoles de violon de Bologne, Rome et Naples.

Les caractéristiques essentielles du style français étaient une forme claire et concise, la pièce instrumentale de caractère à l'expression ramassée, l'extrême simplicité et brièveté des mouvements, et aussi l'opéra, mais dans un tout autre genre que les Italiens. Il s'agissait avant tout de musique de danse, dont les formes étaient comparées aux formes rationnelles et linéaires de l'architecture des jardins et des palais français. Comme si cette forme claire, rigoureuse des danses avait été créée pour la stylisation dans la musique savante de cette nation. Curieusement, c'est précisément un Italien, Jean-Baptiste Lully, qui donna à la musique française sa forme définitive, considérée internationalement comme une alternative à la musique italienne — il est vrai que Lully s'était totalement acclimaté en France et a tout simplement introduit un peu de la fougue italienne dans la musique française. Lui-même fixa très précisément la technique de jeu des cordes par ses indications plus que rigoureuses. Jusque dans le détail des coups d'archet, leur technique était si sévèrement réglementée que l'on disait que des musiciens français, même s'ils étaient mille, joueraient *à première vue* une pièce de musique avec des coups d'archet identiques, comme un seul homme! Il est également une différence essentielle entre les ornements qu'il fallait employer dans les deux styles. Dans la musique italienne on devait par principe varier librement, suivant son imagination, les adagios, avant tout dans les reprises. Il n'y avait que très peu de règles, tout étant dans la richesse des idées. Dans la musique française, tout cela était considéré comme brouillon et donc prohibé. Elle ne connaissait pas la libre improvisation, mais uniquement un code d'ornementation, très complexe il est vrai, qui devait s'employer aux bons endroits, de la façon la plus raffinée. Il existait donc un catalogue d'innombrables petits ornements à exécuter scrupuleusement et un règlement sévère régissant leur emploi. Cet ordre au sein d'une apparente surcharge, cette absolue transparence formelle même dans la plus riche des écritures donne son sens et son charme à la musique baroque française. C'est un plaisir hautement recherché, destiné à des auditeurs fins, sensibles à des productions artistiques raffinées et spirituelles. C'est en quelque sorte une conversation entre gens de mêmes sentiments et de même formation. En revanche, on considérait la musique italienne comme brouillonne et vulgaire : « On peut encore dire que la musique italienne ressemble à une maîtresse aimable mais fardée... qui veut toujours se faire voir, sans savoir pourquoi... la musique française peut se comparer à une belle femme, dont la beauté naturelle et sans artifice attire les cœurs et les regards ; qui n'a qu'à se montrer pour plaire aussitôt, — et n'a pas à se soucier de ce que les manières affectées d'une rivale lui fassent du tort. »

On n'adopta pas l'opéra italien en France, où il se forma un genre de drame musical dansé propre : le *ballet de cour*. C'est à partir de là que Lully, dans la deuxième moitié du XVIIe siècle, mit au point l'opéra français typique. Il se distingue du type italien avant tout par l'accent bien plus fort mis sur l'élément formel. Les airs sont de brèves danses chantées, de forme très sévère ; ils sont séparés par des récitatifs au rythme très exact. L'accompagnement de l'air et du récitatif est presque toujours le même — uniquement clavecin et violoncelle — si bien qu'on comprend qu'un Italien ait pu croire à l'audition d'un tel opéra qu'il ne s'agissait que de récitatifs et ait attendu avec nostalgie un air (qui ne viendrait cependant jamais. On pourrait citer à ce propos l'opinion de la prima donna italienne Faustina qui, à l'audition d'un opéra, « après être restée tranquille pendant une demi-heure, se serait écriée : " Mais quand y aura-t-il enfin un air ! " »). La diversité sonore la plus grande est fournie par les nombreux chœurs, richement instrumentés, et les innombrables mouvements de danse instrumentaux. Au sein d'un acte, il n'y a pas d'interruption dans la musique, chaque petite pièce brève s'enchaînant directement à la précédente. Dans l'opéra baroque italien, en revanche, chaque groupe de récitatifs (exécutés dans une déclamation parlée entièrement libre) est conclu par un grand air, si bien que le public avait sans cesse l'occasion de manifester de façon bruyante et intense son assentiment ou sa réprobation.

La polarité italien-français traverse toute l'histoire de la musique baroque. Ainsi, Burney écrit encore en 1773 dans son *Voyage musical* : « La musique française est-elle bonne, et son expression naturelle et agréable, la musique italienne doit alors être mauvaise ; ou inversement, si la musique italienne a tout ce qu'une oreille non gâtée, bien exercée peut souhaiter, on ne peut alors croire que la musique française puisse donner autant d'agrément à la même oreille. Toute la vérité, c'est que les Français ne peuvent supporter la musique italienne, que prétendument ils l'acceptent et l'admirent ; mais que tout cela est pure affectation. » Le jugement de Burney paraît quelque peu dur ; on trouve pourtant constamment, au-delà de la « pure affectation », un authentique enthousiasme pour les Italiens. Une sorte de nostalgie du débordement sentimental des Méridionaux faisait que les Français enviaient et admiraient les Italiens. Les fruits de cette admiration furent deux célèbres tentatives de transplantation du baroque italien, qui se heurtèrent cependant à cette incompréhension fondamentale : la nomination du Bernin par Louis XIV en 1663 pour la construction du Louvre, et la nomination du successeur de Monteverdi, Cavalli, également par le Roi-Soleil pour composer un opéra destiné à son mariage en 1660. Aucun des deux artistes ne rencontra reconnaissance ni compréhension ; tous deux retournèrent, amers, en Italie. L'exploit de Lully, qui réussit à créer pour les Français un authentique opéra national, n'en a que plus de valeur.

Pour nous, qui abordons deux siècles et demi plus tard cette musique, la polarité extrême qui oppose les deux styles de manière si inconciliable, n'est plus entièrement compréhensible. Les siècles ont manifestement quelque peu estompé les différences. Bien entendu, cela pourrait tenir en partie à ce que avons aujourd'hui une pratique et une audition musicales sensiblement plus nivelées. Je crois que les affirmations très brutales des sources, les réactions combatives du public d'alors doivent avoir une base bien plus solide que les pâles exécutions d'aujourd'hui ne le montrent. Peut-être devrions-nous nous-mêmes nous engager à nouveau et prendre musicalement parti, pour pouvoir rendre la musique de manière crédible.

Compositeurs baroques autrichiens tentatives de conciliation

L'un des phénomènes les plus étranges de l'histoire de la musique est probablement la concentration des forces créatrices et stylistiques essentielles en des pays ou des régions nettement délimitées. Sans raison apparente, il surgit tantôt ici, tantôt là, des centres d'un rayonnement mondial, qui, après quelques générations de potentiel créateur le plus haut, disparaissent à nouveau, comme consumés. C'est ainsi que presque chaque pays d'Europe a connu un jour, et parfois même à plusieurs reprises, sa « grande époque » musicale. Ces centres musicaux ne coïncidaient pas toujours avec les grands centres politiques de l'époque (même s'il y a souvent ici d'étroites interactions). Ainsi, par exemple, l'âge d'or de la musique flamande vers 1500 correspond au plus grand épanouissement politique, en puissance et en prestige, de la cour royale française de Louis XII et de la cour impériale romano-germanique de Maximilien Ier.

On peut trouver de nombreuses raisons à ces déplacements du centre musical. En tant que musicien qui ne considère pas la musique comme un art isolé intemporel, mais qui la voit toujours en relation avec son environnement historique, on cherche naturellement à savoir dans quelle mesure ce déplacement des centres influe sur la musique elle-même. S'il est cause ou conséquence de l'évolution de l'histoire de la musique, s'il se produit parallèlement aux déplacements de centre que connaissent les autres arts.

Nous savons aujourd'hui que la vieille thèse de la succession des différents arts est caduque, que chaque style trouve son expression *simultanément* dans tous les arts. Il ne peut d'ailleurs en être autrement, puisque tout art est l'expression immédiate de la situation spirituelle de son temps.

Or la mentalité des différentes nations européennes est très diverse. Anglais, Français, Allemands, Espagnols ou Italiens pensent différemment, s'expriment différemment, réagissent différemment. Au cours de l'évolution historique, ce sont constamment de nouveaux principes spirituels qui deviennent actifs. Et ceux-ci suscitent le plus fort intérêt dans les pays dont la mentalité leur correspond le mieux. Lorsque toutes les composantes d'une tendance artistique, d'un style d'époque concordent avec les qualités naturelles d'un peuple, ce peuple doit alors prendre la tête de la tendance artistique en question.

Le passage de la fin de la Renaissance au baroque est marqué par un tel changement de primauté. En l'espace d'une ou deux générations les Franco-Flamands, qui jusque-là étaient les maîtres dans le domaine musical, furent détrônés par les Italiens. La théâtralité de la nouvelle époque, l'importance prise par la personnalité individuelle — le soliste —, le pathos, l'expression personnelle, donnée en spectacle de manière presque exhibitionniste, tout cela correspondait de façon idéale à la mentalité italienne. Le baroque trouva, pour ce qui est de l'architecture et de la musique, son expression la plus pure en Italie. L'Italie devint le modèle de toutes les autres nations, les artistes italiens furent invités partout — comme auparavant les Franco-Flamands — pour servir comme maîtres de chapelle, solistes et compositeurs.

Au XVIIe siècle, c'étaient donc en majorité des musiciens italiens, ou du moins des musiciens formés aux méthodes italiennes, extrêmement réservés sinon franchement hostiles à l'égard du style français, qui étaient nommés dans les cours allemandes ; on ne saurait imaginer d'opposition plus forte. La musique instrumentale italienne était dominée par la sonate et le concerto, constitués pour l'essentiel d'amples allegros virtuoses et de grands adagios *cantabile*, dans lesquels les solistes devaient montrer leur imagination créatrice par une riche ornementation. Pour ces musiciens habitués aux formes libres, les brèves danses françaises et le mode de jeu précisément défini que l'on exigeait pour leur exécution devaient paraître étranges. Si bien que nombre de princes, qui vers 1700 voulaient convertir leur chapelle au style français, se heurtèrent à une grande résistance : les musiciens italiens se refusaient à jouer la musique française, et ce refus tenait bien moins à une mauvaise volonté qu'à l'impossibilité réelle de bien exécuter les deux genres.

Dans les pays autres que la France et l'Italie, c'est le goût personnel de chaque prince qui décidait à quelle musique on donnait la préférence. A la cour de Vienne, ce sont bien entendu les Italiens qui régnaient. D'une part l'empereur prenait l'hostilité politique envers la France au sérieux, au point de ne pas vouloir entendre parler français ; d'autre part, la musique sensuelle des Italiens correspondait mieux à la mentalité autrichienne que la musique rationnelle des Français. Ce qui veut dire que pendant de nombreuses générations, pratiquement seuls les musiciens, chanteurs et compositeurs italiens purent s'imposer à Vienne. L'ascension de deux « indigènes » autrichiens, Schmelzer et Fux, jusqu'aux plus hautes charges de la musique impériale doit presque être considérée comme un petit miracle. Bien entendu, les musiciens de cour italiens voulaient préserver le plus possible « leur » chapelle de l'influence étrangère. Les compositeurs autrichiens, allemands, bohémiens, français pouvaient éventuellement prendre pied dans les petites cours ou chez les jésuites. Les talents hors du commun, tels le claveciniste Wolfgang Ebner, le violoniste Heinrich Schmelzer et le compositeur Johann Joseph Fux n'avaient alors une chance d'être nommés à la chapelle impériale que si l'empereur en manifestait personnellement le désir.

Si Vienne était, dès l'époque baroque, un centre musical de premier rang, c'est bien avant tout à l'immense enthousiasme pour la musique de certains des empereurs Habsbourg qu'on le doit. Chez Leopold Ier, l'empereur baroque autrichien par excellence, cet enthousiasme exacerbé devient littéralement fanatisme. Cet homme singulier, qui régna près de cinquante ans comme empereur, n'avait nullement l'étoffe d'un souverain. Il était maladif et faible, il avait un frère robuste, le futur empereur Ferdinand IV, et en outre il était très pieux, si bien qu'on l'avait destiné au clergé. Mais la mort soudaine de son frère lui imposa alors un rôle pour lequel il n'était nullement préparé. Malgré cela, ou peut-être précisément à cause de cela, son règne fut des plus féconds, en dépit de toutes les dissensions, et non moins réussi que celui de son brillant adversaire Louis XIV, qui régna tout aussi longtemps. Leopold n'avait aucun goût pour la guerre; un beau concert avait plus de prix à ses yeux qu'une victoire militaire. Ses généraux se plaignaient de ce qu'il n'avait pas d'argent pour l'armée et dépensait en même temps des sommes énormes pour ses représentations d'opéra. La vie de la cour se déroulait plus ou moins publiquement, si bien que tous les nobles provinciaux cherchaient à imiter les usages et les modes des grands — c'est ainsi qu'il y avait en France et en Allemagne beaucoup de petites cours qui copiaient le mode de vie et l'architecture du château et des jardins de Versailles. En Autriche et en Bohême, on imitait aussi, entre autres, la tradition musicale qui animait la cour impériale. Même de petits princes entretenaient des chapelles de cour avec des musiciens à demeure. Abraham â Santa Clara écrit en 1679 : « ... Le son des trompettes et les échos de la musique qui emplissaient les nobles palais et les cours faisaient toujours un fracas si agréable qu'on aurait dit que le ciel avait un trou par lequel l'allégresse tombait par tranches sur la ville de Vienne. »

Dans les nombreuses églises de Vienne, dans les couvents et les monastères de Basse Autriche, qui devaient représenter des résidences divines baroques à la fois spirituelles et profanes, résonnait aussi chaque dimanche une musique fastueuse. Lorsqu'on examine les archives d'Autriche et de Bohême, on découvre, datant précisément du règne de Leopold Ier, une telle quantité de musique que l'on a du mal à s'imaginer quand tout cela a pu être exécuté. Les œuvres étaient en fait encore bien plus nombreuses, puisque au cours des siècles beaucoup ont été perdues. Si l'on songe que l'année comporte cinquante-deux dimanches et que dans une cour éprise de musique on en jouait plusieurs fois par semaine, on peut déjà évaluer l'énorme demande de musique toujours nouvelle. Burney rapporte encore, dans son *Voyage musical* (1772), à propos de Vienne : « Le pays est ici vraiment très musicien... Dans une certaine mesure, l'école de musique du collège des Jésuites, qui se trouve dans chaque ville catholique romaine, explique cette disposition; on peut cependant avancer d'autres raisons, et parmi celles-ci il faut également songer qu'il n'y a guère d'église ou de couvent à Vienne où l'on n'entende pas tous les matins une messe en musique ; ... chantée par des chanteurs et accompagnée, outre l'orgue, par au moins deux ou trois violons, alto et basse ; et comme ici les églises sont très pleines tous les jours, cette musique, même si elle n'est pas des plus belles, doit former dans une certaine mesure l'oreille des habitants. » Or autrefois, tout musicien doté d'une formation était en mesure de composer une musique techniquement irréprochable. On ne pouvait ni ne voulait aucunement consommer constamment de vrais chefs-d'œuvre. Ceux-ci devaient, ainsi que le maître de chapelle Georg Muffat le demandait expressément, toujours alterner avec des pièces simples et faciles à comprendre, pour ne pas trop exiger de l'auditeur.

Leopold Ier lui-même n'était pas seulement un auditeur passionné de musique, mais composait également, et pas si mal d'ailleurs. Il écrivit des messes, des oratorios, des danses, des mélodies allemandes, et bon nombre d'intermèdes pour des compositions des musiciens de sa cour. Souvent il se contentait d'inventer les mélodies, confiant l'écriture et l'instrumentation à ses musiciens de cour Berthali ou Ebner. Les caisses de l'Etat autrichien avaient beau être toujours vides, et même souvent endettées, les musiciens italiens de la chapelle impériale étaient payés royalement. A tous égards, c'étaient les précurseurs de ces musiciens vedettes qu'on rémunère grassement aujourd'hui. Gottlieb Eucharius Rinck, capitaine impérial, écrit à propos de Leopold Ier et de sa chapelle impériale : « L'empereur est un grand artiste en musique... s'il y avait quelque chose au monde qui fît plaisir à l'empereur, c'était immanquablement une bonne musique. Celle-ci augmentait sa joie, diminuait sa peine, et on peut dire de lui que, parmi toutes les distractions, il ne connaissait pas de moments plus agréables que ceux que lui procurait un concert bien réglé. On pouvait le voir en particulier dans ses chambres. Car s'il avait l'habitude de déménager quatre fois dans l'année, à savoir du château à Laxenburg, de là à la Favorita puis ensuite à Ebersburg, on trouvait toujours une coûteuse épinette dans chaque chambre impériale, sur laquelle il passait... toutes ses heures de loisir. Sa chapelle pouvait certainement être tenue pour la plus parfaite du monde, et cela n'est pas un miracle, car l'empereur faisait toujours lui-même passer l'examen lorsque quelqu'un devait y être nommé ; le candidat était alors jugé selon ses seuls mérites et non d'après quelque faveur... A voir le nombre des musiciens expérimentés, on peut estimer à quel point cela devait revenir cher à l'empereur. Car beaucoup de ces gens étaient barons et avaient une solde telle qu'ils pouvaient vivre conformément à leur rang... Lorsque l'empereur assistait à un concert de sa toujours incomparable chapelle, il s'en trouvait satisfait, écoutant avec une attention infinie, comme s'il l'entendait cette fois-là pour la première fois... Lorsque arrivait un passage particulier qui lui plaisait, il fermait les yeux pour écouter plus attentivement. Son oreille était si fine que parmi cinquante musiciens il pouvait remarquer celui qui avait donné un mauvais coup d'archet. »

Outre la chapelle impériale de Vienne, il existait encore dans les pays habsbourgeois quelques autres chapelles qui, composées suivant le goût personnel de leur patron, bénéficiaient de l'attention particulière de l'empereur. La plus importante d'entre elles appartenait au prince-archevêque d'Olmutz, le comte Karl Liechtenstein-Kastelkorn. Ce riche prince de l'Eglise s'était fait bâtir à Kremsier une gigantesque résidence d'été. Dans le domaine musical, ses préférences allaient manifestement aux grandes prestations en solo. Il engageait donc pour son orchestre les meilleurs solistes disponibles, dont bon nombre de musiciens d'Autriche et de Bohême. Chacun d'eux, pratiquement, était en même temps compositeur, en sorte que cet orchestre exceptionnel de virtuoses, qui constituait le plus riche des stimulants artistiques, donna naissance à une quantité de musique d'orchestre et de chambre qui se distingue de tout ce que l'on a jamais pu écrire à cette époque où que ce soit dans le monde. L'empereur lui-même était à ce point enthousiasmé par cet orchestre que tous les ans il faisait plusieurs fois le voyage de Kremsier pour s'y enivrer de musique. Les compositeurs impériaux écrivaient aussi pour l' « orchestre de Liechtenstein » une musique tout particulièrement audacieuse, qui pouvait y être réalisée au mieux. A la tête de cet ensemble tout à fait unique, l'archevêque avait engagé le génial violoniste et compositeur Heinrich Biber. C'est à lui que la chapelle d'Olmütz-Kremsier doit ses œuvres les plus significatives, mais d'autre part l'évolution de Biber serait impensable sans les incitations qu'offrait cet orchestre. C'est ainsi par exemple qu'il écrivit un grand nombre de solos de trompette extrêmement importants pour le premier trompettiste Pavel Vejvanowsky, qui prit ensuite la succession de Biber à la tête de l'orchestre. Il y avait en outre d'éminents trombonistes, bassonistes et flûtistes. Les instruments à cordes étaient l'œuvre du meilleur facteur de l'époque, Jacobus Stainer, d'Absam.

L'archevêque de Salzbourg entretenait aussi, comme bon nombre d'autres princes, une brillante chapelle de cour. Ces princes faisaient aussi construire de somptueux palais, dont les salles revêtues de marbre constituaient pour la musique non seulement un équivalent architectural, mais aussi une cage de résonance idéale.

Bien entendu, la musique italienne ne pouvait pas survivre en toute pureté à Vienne. Cette ville avait toujours été un creuset où se fondaient les tendances stylistiques les plus diverses. Les grandes personnalités de chaque centre musical se rencontraient ici, au cours des siècles, dans une certaine mesure en terrain neutre. On pouvait y entendre des musiciens flamands ou italiens, anglais ou français. Du fait des contacts étroits avec le monde slave et hongrois, s'y ajoutaient encore les influences orientales. A côté de la musique italienne et française, on jouait là-bas de la musique populaire de Hongrie, de Bohême et d'Autriche, si bien que chaque style influençait et marquait l'autre. On aboutit ainsi, dès le XVIIe siècle, à un style très typiquement autrichien, dans lequel des éléments de tous les autres styles furent ajoutés à la forme italienne. Grâce aux relations étroites avec l'Italie, l'opéra — la grande nouveauté musico-dramatique du début du XVIIe siècle — arriva à Vienne, où il trouva aussitôt un accueil enthousiaste. Vienne devint au XVIIe siècle l'un des plus prestigieux centres de l'opéra italien. Presque tous les compositeurs d'opéras importants y ont alors travaillé. Dans leurs opéras, on pouvait cependant entendre aussi quantité de musique purement instrumentale : outre les intermèdes dansés écrits par les compositeurs de ballets proprement dits, il y avait des interludes instrumentaux; on y insérait aussi souvent des concertos instrumentaux. Les intermèdes dansés étaient le plus souvent bâtis sur le modèle français, mais bon nombre de danses employaient aussi le fonds mélodique autochtone, ainsi qu'en témoignent bien des titres tels « Steyermärker Horn », « Gavotta tedesca », « Styriaca », « Böhmischer Dudelsack » entre autres. Les interludes instrumentaux, en revanche, étaient écrits par les compositeurs d'opéra italiens mêmes. Ils étaient baptisés *sonata* et étaient le plus souvent, surtout chez les compositeurs les plus anciens, à cinq voix. Leur forme découle directement de l'ancienne *canzon da sonar*. Il ne faut donc pas confondre ces « sonates » polyphoniques avec la sonate classique pour instrument solo. A l'époque de Leopold les pôles stylistiques de la musique instrumentale étaient représentés par la suite française et par la sonate italienne. L'opposition entre ces deux tendances, irréductible ailleurs, fut fondue en Autriche en une nouvelle unité, fascinante, par des compositeurs géniaux tel Georg Muffat.

Georg Muffat nous intéresse particulièrement aujourd'hui, en ce qu'il s'est exprimé en détail dans les préfaces de ses œuvres, sur toutes les questions de style imaginables. Son cheminement inhabituel en a en outre fait un expert et un témoin de premier rang des différents styles. Il étudia à Paris auprès de Lully, vint ensuite à la cour de Vienne où il reçut les encouragements de Leopold Ier, puis alla à Salzbourg en tant que compositeur de la cour de l'archevêque. Il se désignait lui-même comme le premier « lulliste » d'Allemagne. L'archevêque de Salzbourg l'envoya cependant se perfectionner en Italie. Il y écrivit des *Concerti grossi* dans le goût de Corelli, qu'il présente joliment dans sa préface : « Voicy la Premiere Elite de mes concerts mêlés de sérieux & de gay, que je Vous offre, Mon cher Lecteur, intitulée d'une harmonie Instrumentale plus exquise, parce qu'elle contient non seulement la vivacité & douceur des airs de balets à l'imitation de feu Monsr. Baptiste de Lully en sa pureté ; mais aussy certains endroits graves & exquis du Pathetique Italien, & divers jeux de la veine Musicale... j'en conçus la premiere Idée lorsqu'étant à Rome pour etudier la maniere Italienne sur l'Orgue, & le Clavecin sous

M. Bernardo Pasquini, j'entendis avec étonnement quelques symphonies de M. Archangelo Corelli tres belles & tres bien executées par un bon nombre de musiciens. »

Dans la dédicace du *Florilegium primum* il écrit : « Or comme la variété des plantes & des fleurs est le plus grand charme des jardins ; & que la perfection des hommes Illustres eclate dans la diversité de plusieurs vertus unies ensembles pour la gloire, & pour la felicité publique ; de même J'ay crû, que pour avoir l'honneur de divertir V. A. comme un prince d'une sagesse et d'une Vertu de diverses formes, & especes, Il ne me falloit pas servir d'un simple style seul, ou d'une même méthode ; mais selon les occurrences de plus sçavant mélange que J'aye pû acquerir par la pratique de diverses nations. Je n'auray pas pour ce suiet à craindre d'un discernement si délicat, et si achevé par l'Experience des Cours, & des affaires comme est celui de V. A. Reverendissime la critique de certains malveillans, ou esprits foibles, qui parce que J'ay esté en France, & y ay appris les principes de la Musique sous les meilleurs maîtres, m'imputent faussement une trop grande inclination pour cette nation, & me font passer pour indigne de la bienveillance des Allemans dans ce temps de la Guerre avec la France... Ma Profession est bien éloignée du tumulte des armes, & des raisons d'Estat qui les font prendre. Je m'occupe aux notes, aux chordes, & aux sons. Je m'exerce a l'Etude d'une douce symphonie, & lorsque je mêle des airs François, à ceux des Allemans, et des Italiens, ce n'est pas emouvoir une Guerre : mais plustot preluder peut-être a l'harmonie de tant de nations, a l'aymable Paix. »

Muffat fut donc le premier à unir consciemment les deux styles ennemis, et précisément sous le symbole de la réconciliation européenne. Cette réconciliation doit être comprise en regard de l'amère inimitié politique qui opposait Louis XIV et Leopold Ier, et qui aurait parfaitement été à même d'approfondir également l'« hostilité culturelle » entre deux peuples aussi différents.

Muffat connaissait les difficultés qu'avaient les violonistes étrangers avec le coup d'archet à la française : « Je ne pretens en aucune facon de deroger a la reputation, que d'autres habiles Violons, sans s'être appliqués a cette methode, se sont acquises par plusieurs autres parties de cet art, qui sont plus sublimes. » C'est un partisan enthousiaste de la manière de jouer française : « La maniere de Jouër les airs de Balets sur les Violons selon le génie de feu Monsieur Battiste de Lully est d'une recherche si exquise, qu'on ne sçauroit rien trouver de plus exacte, de plus beau, ny de plus agreable. »

Dans le *Florilegium*, recueil de suites de ballet avec des titres à programme, c'est manifestement le style français qui prévaut, même si dans les ouvertures, dans bien des danses, des adagios et des allegros, les éléments italiens sont fortement mis en valeur. On trouve dans ses *Concerti grossi* composés en Italie une nette prédominance du style français sur le style italien, ou plutôt une fusion prononcée et délibérée des deux tendances. Les *Concerti grossi* de Muffat s'appuient certes sur ceux de Corelli, mais en y intégrant des mouvements de la suite française, élaborés parfois avec toute la richesse italienne. Il indique minutieusement les ornements, voire les coups d'archet. Il souhaite comme instrument soliste le hautbois français, qui venait seulement d'être découvert, « si parmy vos musiciens vous avez des hautsbois delicats » et à cette fin il permet le plus incroyables adaptations et transpositions.

Après le travail de pionnier de Muffat, tous les compositeurs autrichiens écrivirent des sonates et des suites tant dans le style italien que français. Ils cultivaient donc, contrairement à leurs collègues italiens et français, les deux styles. Bien sûr, c'est avant tout la forme qu'ils reprenaient, alors que dans les thèmes ils donnaient souvent la parole à des éléments provenant d'Allemagne, de Hongrie ou de Bohême. Le tempérament naturellement musicien des Viennois et des Autrichiens de manière générale permit, grâce à cette rencontre avec tout l'univers musical, de trouver petit à petit un style incluant toutes les formes. Le folklore très vigoureux d'Autriche, de Hongrie et de Bohême joua à cet égard un rôle essentiel dès le début, en particulier dès que des maîtres indigènes tels que Schmelzer et Fux reprirent la direction de la chapelle impériale. Dès lors, on peut dire que c'est une musique incontestablement viennoise et autrichienne qui fut composée.

Johann Joseph Fux introduisit de nouvelles sonorités populaires dans le domaine bien protégé de la chapelle de la cour impériale. La vie et l'évolution musicale de ce fils de paysan styrien sont restées mystérieuses jusqu'à présent. A trente ans à peu près, sa formation musicale étant achevée, il apparaît à Vienne, où il exerce avant tout une activité d'organiste. L'empereur l'entendit chez un noble viennois et le nomma compositeur de la cour en 1698. (Le titre fut créé exprès pour lui.) Il arriva ensuite à la chapelle impériale et fut nommé en 1715, par Charles VI, maître de chapelle de la cour impériale. En tant que compositeur, Fux n'est pas jugé et apprécié aujourd'hui selon ses mérites. Cela tient certainement à ce qu'il a écrit avec son *Gradus ad Parnassum* le célèbre traité de contrepoint (dans lequel les classiques viennois, Beethoven par exemple, acquirent encore leurs connaissances techniques), et qu'on ne croit pas un théoricien capable d'être un authentique musicien. Un musicien qui peut s'exprimer sur la musique est aujourd'hui encore taxé de théoricien « aride » ; on voudrait voir les artistes entourés d'une auréole magique, et l'intellect n'a pas sa place dans cette image. Fux lui-même se voyait autrement : « ... Dès que je n'ai eu que le plus infime usage de ma raison, j'ai véritablement brûlé de désir et jeté tous mes sens et toutes mes pensées dans la musique, et suis encore enflammé littéralement du désir de l'apprendre ; je suis pour ainsi dire emporté contre ma volonté, si bien que la musique me résonne dans les oreilles jour et nuit et que je ne peux aucunement douter de la vérité de ma vocation intérieure... »

De fait, la renommée dont jouit Fux durant sa vie en tant que compositeur est bien fondée. Il maîtrisait tous les styles de son époque ; des Italiens il avait appris le style instrumental et le style dramatique de l'opéra ; par l'intermédiaire de Muffat il avait découvert le style français de Lully et de ses successeurs. En outre il garda toujours une prédilection pour le folklore autrichien indigène, au point qu'on entend constamment dans ses mouvements de danse des *Ländler* styriens ou d'autres danses populaires. Fux maniait souverainement cette riche palette ; sa musique instrumentale est d'un naturel et d'une vitalité suprêmes, sa musique d'église d'un caractère artistique sublime dans l'écriture contrapuntique rigoureuse, et ses opéras sont de somptueux ouvrages baroques dans le style italien.

La grande œuvre instrumentale de Fux est son *Concentus musico instrumentalis* de 1701, qu'il dédia au fils de Leopold, Joseph Ier. Dans ce recueil de suites, toutes les formes de la musique instrumentale de son époque sont représentées. L'accent repose certes, comme dans toutes les pièces en forme de suite, sur des formes de danses françaises; mais, d'une part, celles-ci subissent des modifications typiquement autrichiennes et, d'autre part, des mouvements instrumentaux purement italiens y sont insérés.

Heinrich Schmelzer est un des musiciens les plus intéressants et les plus originaux de son époque. Il fut élevé dans les camps militaires, car son père était officier. C'est très vraisemblablement là qu'il reçut ses premières impressions musicales et qu'on lui enseigna le violon. Les soldats polonais, hongrois, croates, bohémiens de l'armée autrichienne avaient en effet avec eux leurs musiciens, dont certainement d'éminents virtuoses populaires. Toute sa vie, Schmelzer fut très étroitement lié à la musique populaire, et la plupart de ses œuvres reflètent les impressions de jeunesse reçues au camp. Alors qu'il n'avait même pas vingt ans, sa technique de violon devait être si excellente qu'il fut nommé violoniste à la chapelle de la cour impériale. Là, il eut tôt fait d'impressionner l'empereur par son talent exceptionnel. Il devait écrire les intermèdes dansés de presque tous les opéras. Leopold l'estimait au point d'en faire en 1679 le premier maître de chapelle impériale qui ne fût pas italien. Certaines de ses œuvres se trouvent dans les archives de Kremsier. Celles-ci présentent de telles exigences techniques et musicales qu'elles ont certainement été écrites par Schmelzer expressément pour les virtuoses de cette chapelle. Formellement, toutes ces sonates en un mouvement ressortissent au style italien. Les diverses sections, dans des mesures différentes, ne sont pas séparées comme des mouvements par des silences, mais s'enchaînent directement l'une à l'autre. Parfois la forme est couronnée par des reprises.

Heinrich Ignaz Biber est né en 1644 à Wartenberg, en Bohême. On ne sait pratiquement rien de sa formation musicale. On suppose qu'il fut élève de Schmelzer, tant pour le violon que la composition.

Son style violonistique et son maniement de la technique de violon sont impensables sans une connaissance précise de l'écriture de Schmelzer. L'incontestable prédilection de Biber pour les éléments et les formes de la musique populaire semble également lui venir de Schmelzer. Il y avait en tout cas un contact étroit entre les deux musiciens : Schmelzer venait souvent avec l'empereur à Kremsier, composa de nombreuses œuvres pour les solistes de là-bas ; sans doute y a-t-il joué ses sonates en *scordatura* pour deux violons avec Biber lui-même. Biber se rendit en outre à Vienne à plusieurs reprises et finit, tout comme Schmelzer, par être anobli par Leopold Ier.

Biber servit d'intermédiaire pour acheter à Jacobus Stainer, dont il préférait les instruments à tous autres, un ensemble complet d'instruments à cordes destinés à l'orchestre de l'archevêque. On est donc bien renseigné sur les conceptions sonores de Biber. La raison pour laquelle Biber quitta Kremsier — certainement pas avec l'accord de son prince — pour s'installer à Salzbourg, n'a pas été tirée au clair. Il y trouva en tout cas une chapelle extraordinairement compétente et, ce qui pèse peut-être plus, comme maître de chapelle un compositeur intéressant et stimulant en la personne de Georg Muffat. Lui-même devint vice-maître de chapelle.

Dans presque toutes les compositions de Biber, le violoniste, le virtuose instrumental, est mis à contribution de façon audible. Dans la plupart des œuvres on trouve de petits ou grands solos de violon que le compositeur a certainement écrits pour soi-même. Mais même dans les œuvres vocales ou les pièces pour instruments à vent, on sent toujours très nettement la main du praticien, dans la maîtrise virtuose de toutes les finesses d'instrumentation de même que dans un sens infaillible des effets. Biber sut cependant toujours éviter l'écueil qui menace tous les virtuoses compositeurs, tentés de tout sacrifier, y compris l'expression musicale, à cet effet face au public. Il n'est guère d'œuvre religieuse ou profane de Biber qui n'allie de façon très heureuse la plus profonde substance musicale à une écriture brillante et efficace.

Dans sa *Tiersonate (Sonate des animaux)*, il imite les cris du rossignol, du coucou, des grenouilles, de la poule, du coq, de la caille et du chat, ainsi, curieusement, qu'une « marche de mousquetaires », tout cela dans une sonate pour violon alerte et printanière. Malgré tout cet esprit et tout ce comique, Biber estima tout à fait convenable de dédier cette sonate « à la plus grande gloire de Dieu, à la Vierge Marie et à sainte Cécile. » Manifestement, à l'époque baroque on pouvait s'imaginer, même à la cour d'un archevêque, un au-delà très gai et terre à terre.

En résumé, on pourrait dire qu'à Vienne c'est officiellement le goût italien qui prédominait, mais qu'au travers de l'alliance de l'écriture italienne et française avec la musicalité naturelle des Autrichiens, naquit un style nouveau et caractéristique.

Telemann — les goûts réunis

Dans le Nord de l'Allemagne, c'est avant tout Georg Philipp Telemann qui réalisa la fusion des goûts italien et français. Telemann était de loin le compositeur le plus célèbre de son temps. Aujourd'hui, en une époque d'historicité, on ne comprend guère l'artiste en tant que praticien qui doit satisfaire à l'immense demande de ses contemporains en quête d'un art destiné à l'usage quotidien. On a vite fait de prononcer l'expression péjorative d' « auteur prolixe », avec laquelle on déprécie de manière facile et commode la production si abondante de plus d'un artiste baroque. Il est clair que chacune de ces milliers de pièces de musique ne saurait être un chef-d'œuvre ; en fait elles ne sont pas conçues comme telles mais écrites pour un usage déterminé auquel elles suffisent largement. On ne peut rendre justice à un compositeur comme Telemann en l'opposant à son grand contemporain Bach et en invoquant l' « erreur de jugement » historique de ses contemporains : l'auteur prolixe et superficiel, fort célèbre — le grand cantor totalement incompris. Il va de soi que les connaisseurs tenaient Bach pour le plus grand compositeur vivant, mais ses œuvres ne pouvaient guère connaître une large diffusion puisqu'il n'en faisait imprimer que très peu. En outre, il écrivit essentiellement, en tant que cantor de Leipzig, la musique pour les offices dominicaux, qu'il ne publiait pas. Telemann en revanche avait une personnalité extrêmement dynamique. Où qu'il allât, il donnait à la vie musicale une impulsion décisive, fondait des ensembles de concertistes et s'occupait assidûment de l'impression et de la diffusion de ses œuvres. A douze ans, il écrivait son premier opéra, il jouait de la flûte à bec, du violon et du clavecin, acquérant presque toutes ses connaissances et compétences musicales par lui-même. Il n'avait jamais reçu d'éducation musicale solide. Alors qu'il était étudiant à Leipzig, il fonda un *collegium musicum* de haut niveau, à la tête duquel Bach dirigea plus tard plusieurs de ses concertos instrumentaux. Toute une série de postes, de maître de chapelle à la cour à Sorau et Eisenach, de directeur de la musique à Francfort et enfin à Hambourg, lui permirent de se familiariser avec les styles musicaux les plus divers. C'est ainsi qu'il écrivait à Sorau de nombreuses ouvertures à la française, et qu'il apprit à connaître en Silésie la musique populaire polonaise, dont il fit constamment usage dans ses œuvres.

La vie mondaine de Telemann, son activité inouïe et son talent éminent, tout cela devait lui valoir la réussite dans le monde entier. En 1730 il se rendit à Paris, où il eut un immense succès auprès des instrumentistes virtuoses les plus célèbres et auprès du public. Son style fut imité par de nombreux compositeurs allemands et français. Telemann s'efforçait toujours d'apporter du nouveau dans ses compositions ; il ne s'enfermait jamais dans un style qu'il avait un jour reconnu comme bon, mais se tenait toujours à l'avant-garde de l'évolution stylistique. Même octogénaire, il faisait honte aux jeunes avec des œuvres très modernes dans le style de l'école de Vienne-Mannheim. Telemann était à son aise dans tous les styles, maîtrisant souverainement l'écriture française et l'italienne, qui paraissaient alors tellement contradictoires, et cela aussi bien dans la forme la plus pure que dans toutes les nuances qu'offrait leur fusion. Il avait manifestement une prédilection particulière pour les sonorités et les combinaisons sonores inhabituelles et composa pour tous les instruments imaginables. Tout ensemble, si extravagante que soit sa constitution, trouve chez Telemann un répertoire.

L'instrumentation, le jeu avec certains timbres et certaines possibilités techniques, la création de nouvelles sonorités par les mélanges de différents instruments, étaient, assez loin dans l'époque baroque, essentiellement l'affaire des interprètes. Au XVIIe siècle encore on trouve très souvent dans les anciennes partitions l'indication « à chanter et à jouer, sur toutes sortes d'instruments ». Bien entendu, on ne pouvait utiliser et combiner arbitrairement n'importe quels instruments — il y avait certaines lois non écrites disant quels instruments s'accordaient l'un à l'autre ; mais dans l'ensemble, la réalisation sonore d'une pièce de musique n'était fixée que lors de l'exécution, et uniquement pour cette exécution. Ailleurs la même pièce pouvait sonner tout à fait autrement, et les interprétations les plus diverses étaient en accord avec la conception du compositeur. La partition d'une œuvre était une image abstraite, où il fallait voir bien sûr la substance musicale, mais non la réalisation sonore effective. Chaque maître de chapelle qui exécutait l'œuvre devait l' « arranger » suivant ses possibilités, c'est-à-dire qu'il devait décider ce qui serait joué, ce qui serait chanté, où il fallait ajouter des ornements et bien d'autres choses. Cette liberté alla s'étrécissant de plus en plus à mesure que les compositeurs commencèrent à exiger des combinaisons sonores déterminées. Assez loin dans le XVIIIe siècle, il resta cependant encore des traces de cette ancienne liberté, ainsi qu'en témoignent les nombreuses indications telles que « violon ou flûte, hautbois ou violon, basson ou violoncelle, clavecin ou piano-forte ».

Les trois grands compositeurs de la même génération — Bach, Haendel et Telemann — cherchèrent et trouvèrent les premiers l'idiome du nouveau langage sonore qui conduisit du baroque au classicisme. Ils étaient pleinement conscients de la nouveauté de leurs efforts et en parlaient ; l'intérêt de Haendel allait moins à l'instrumentation qu'à la mélodie, dont il recherchait les lois, en commun avec Telemann ; ce sont Bach et Telemann qui allèrent le plus loin dans leur quête de moyens d'expression sonores toujours nouveaux. Ils réalisèrent les rêves sonores les plus audacieux — ceux que leurs prédécesseurs réussissaient peut-être ici et là en improvisant dans des conditions particulièrement favorables, — une fois pour toutes, pour eux et pour la postérité. Leur palette sonore atteint à une richesse à laquelle on ne parviendra à nouveau que deux siècles plus tard, même si c'est d'une manière entièrement différente. Telemann trouva pour ses essais et ses comparaisons des conditions idéales : sa carrière de maître de chapelle et de compositeur l'amena dans les pays d'Europe les plus divers, où il eut l'occasion d'entendre, outre les plus célèbres virtuoses, les meilleurs musiciens populaires. « ... J'ai eu la chance, écrivait-il à propos de lui-même, de faire la connaissance de beaucoup des musiciens les plus renommés de différentes nations, dont l'habileté m'a toujours donné le désir d'exécuter mes pièces avec le plus de circonspection possible... » Toutes ces influences sont mises en œuvre dans ses compositions, et comme lui-même jouait depuis sa première jeunesse de toute une série d'instruments à cordes et à vent, il savait très bien adapter ses œuvres aux possibilités techniques des différents instruments. Les virtuoses se voyaient très bien mis en valeur et jouaient très volontiers ses œuvres.

Pour Telemann, l'instrumentation avait toujours constitué une partie essentielle de la composition ; dans ce domaine également il précédait de loin la plupart de ses collègues de la même génération, dont les œuvres permettaient de changer entre eux plusieurs instruments sans autre forme de procès. Dès ses plus jeunes années il se targuait, pour la technique de jeu, mais surtout afin d'obtenir une caractérisation précise, d'une écriture qui utilisât au mieux les particularités sonores et techniques de chaque instrument : « ... J'appris à connaître les diverses natures des différents instruments, que je ne manquais pas d'exploiter moi-même avec la plus grande application possible. Combien il est indispensable et utile de pouvoir distinguer ces traits dans leurs points essentiels, j'en fais l'expérience aujourd'hui encore et je dis que personne ne peut être content et heureux dans ses inventions sans savoir cela. Une connaissance précise des instruments est également indispensable à la composition. Car sinon on doit rendre le jugement suivant :

> Le violon est traité à la façon de l'orgue
> La flûte et le hautbois ressemblent à des trompettes
> La gambe flâne avec la basse
> Si ce n'est qu'ici et là se trouve un trille.
> Non, non, il ne suffit pas que les notes sonnent
> Que tu saches faire bon usage du fatras des règles.
> Donne à chaque instrument ce qu'il peut souffrir
> En sorte que l'exécutant en tire plaisir et toi satisfaction. »

En ce qui concerne l'instrumentation, bon nombre de ses œuvres ne sont imaginables dans aucune autre formation que celle exigée par le compositeur. Ainsi il oppose par exemple dans un *Concerto à 6. Flaute a bec et Fagotto concertato*, un instrument soliste mille fois éprouvé, la flûte à bec, à un interlocuteur comme le basson, qui jusque-là, à de très rares exceptions près, n'était employé que comme simple instrument de basse dans l'orchestre — et il traite cet instrument de manière tellement souveraine qu'il en fait aussitôt un partenaire égal.

Tel *Concerto à 4 Violini senza Basso*, donc pour quatre instruments mélodiques, est un prolongement logique de ce répertoire soliste que l'on aimait tant alors, destiné à des instruments seuls sans basse ; Telemann lui-même a écrit de nombreuses sonates et suites de ce genre pour un ou plusieurs violons ou flûtes. Les quatre violons sont traités exactement sur le même pied, et il doit en résulter une impression de rivalité, dans laquelle chacun essaie de surpasser l'autre, tandis que les fonctions de mélodie et de basse sautent d'un instrument à l'autre. Le désavantage apparent qu'il y avait à disposer pour un quatuor de quatre instruments de même hauteur est exploité par Telemann pour des jeux de timbre audacieux sur le plan harmonique.

Pour donner un autre exemple de la façon de composer de Telemann et de sa manière de traiter les instruments, j'aimerais citer l'*Ouverture* en *fa* majeur pour deux cors et orchestre à cordes : là aussi on trouve une fusion des différentes traditions, mais d'une tout autre espèce. La disposition formelle d'une ouverture (suite) française est ici fondue avec le principe concertant d'un concerto italien. C'est justement à l'époque de Telemann que le cor, qui servait jusque-là exclusivement à la chasse, fit son entrée dans la musique savante. Il est intéressant de noter que les premiers virtuoses itinérants du cor, qui du reste se produisaient toujours par deux, étaient toujours des chasseurs de Bohême, si bien que dans les premières œuvres pour cors on trouve surtout des motifs de chasse. Les deux cors étaient toujours employés ensemble, simultanément, comme *un seul* instrument ; le dialogue se déroule donc entre eux et l'orchestre à cordes. Les mouvements lents de la suite sortent du cadre habituel de la musique pour cor de l'époque.

Telemann exploite ici, sans doute pour la première fois dans l'histoire de la musique, la disposition particulière du cor pour les mélodies romantiques et lyriques. Tout autre compositeur n'aurait employé les cors que dans les mouvements vifs extrêmes, les faisant taire dans les mouvements lents; mais Telemann voulait manifestement démontrer justement le *cantabile* du cor, en plaçant trois mouvements lents entre les mouvements vifs qui évoquent la chasse.

La distribution des vents dans certaines des ouvertures « de Darmstadt » de Telemann n'est pas sans intérêt. Habituellement, on utilisait deux hautbois *obligés*, qui jouaient à l'unisson avec les premiers violons, ou qui suivaient séparément les premiers et seconds violons, ce qui donnait un renforcement et une coloration, telle une espèce de registration; on trouve parfois des trios — petits soli des deux hautbois avec basse. Le basson n'a pas de voix propre, et suit simplement les violoncelles et les contrebasses; peut-être, pour les soli de hautbois, lui faisait-on jouer la basse en solo, ce qui ne ressort cependant pas des parties instrumentales, mais était décidé *ad hoc* par l'exécutant. Il arrive toutefois que Telemann requière un quatuor complet de vents : trois hautbois et basson. Cette formation préserve bien entendu la fonction de registre (le troisième hautbois joue alors la partie d'alto, pour autant qu'elle soit dans sa tessiture), et offre de surcroît la possibilité d'une alternance équivalente avec les cordes; le chœur des vents est en effet à quatre voix, tout comme l'orchestre à cordes. Cette possibilité conduit à un mode d'écriture particulier : le dialogue ne se déroule désormais plus uniquement au sein de sonorités homogènes par l'alternance de motifs et de figures, mais entre des groupes sonores fondamentalement différents. Dans l'optique qu'on avait alors de l'écriture polychorale, de l'acoustique des salles et de l'organisation sonore, cela signifie incontestablement une disposition séparée des vents et des cordes, avec éventuellement plusieurs instruments de continuo.

A propos des possibilités d'exécution d'œuvres de ce genre, Georg Muffat fait, quelque vingt à trente ans plus tôt, de très intéressantes propositions et remarques. Il laisse la répartition des voix, dans une large mesure, à l'interprète, il décrit l'exécution avec la plus petite des formations (en omettant les voix intermédiaires) et l'exécution (particulièrement souhaitable) avec la plus grande formation possible : « Ayant encor plus grand nombre de Musiciens, Vous renforcerez non seulement le premier, & le second dessus, ou Violino du grand chœur, signifié par les mots de Concerto grosso ; mais aussy l'une, & l'autre partie, Taille, ou Viole du milieu, ainsi que la Basse du dit grand chœur, que Vous ornerez encore plus par l'accompagnement de quelques Clavecins, Theorbes, Harpes, ou autres semblables Instrumens, selon que Vous jugerez à propos ; faisant neantmoins jouër les trois parties du petit chœur, ou principal Trio (Concertino)... par les trois meilleurs de vôtre bande, en les accompagnant d'un seul Clavecin [1], ou Theorbe. » Il écrit aussi que ces deux « chœurs » peuvent être disposés séparément dans la salle ; cela n'a, en effet, de sens de prévoir un instrument propre de continuo que dans le cas d'une disposition séparée.

Dans certaines suites de Telemann, les vents sont opposés aux cordes, avec leur écriture spécifique, de manière concertante ; il ne s'agit cependant pas uniquement d'un dialogue entre deux groupes sonores égaux en droits (ce genre de dialogue prend également place ici par endroits), mais aussi d'un jeu concertant en solo, dans lequel les vents sont d'emblée mis en avant tels des solistes par des figures idiomatiques propres. Ce n'était nullement pratique courante à l'époque de Telemann, où la partie de hautbois ne se distingue que très rarement d'une partie de cordes. Le début de la suite de Darmstadt en *ut* majeur, où les cordes se taisent complètement, est caractéristique, soulignant l'aspect inhabituel et exceptionnel. Cela dut alors certainement produire un très grand effet de surprise que de faire commencer seul le groupe soliste au lieu du tutti qu'on attendait de toute évidence. (Cinquante ans plus tard, Mozart décrit un effet analogue lors de la création de sa *Symphonie parisienne*.)

En dernier ressort, le résultat du « conflit culturel » (entre les styles italien et français) fut enrichissant : il en naquit ce qu'on appelait les « goûts réunis », qui devinrent la caractéristique de la

---

1. Organiste dans le texte allemand. (*N.d.T.*)

musique allemande du XVIIIe siècle ; les grands compositeurs allemands écrivaient des suites françaises, des sonates et des concertos italiens, mais en y intégrant toujours des éléments du genre « ennemi », la tradition locale jouant dans cette fusion stylistique un rôle non négligeable de catalyseur. Il y eut enfin, par exemple dans le domaine particulier de la musique d'orgue, une évolution authentiquement allemande. Une suite ininterrompue de maîtres et d'élèves conduit du Néerlandais Sweelinck (1562-1620), en passant par H. Scheidemann (1596-1663) et J. A. Reincken (1623-1722) jusqu'à J. S. Bach. La particularité de ce style allemand de musique d'orgue est la prédilection pour la polyphonie complexe, issue du vieux contrepoint des Flamands, qui conduisit à l'élaboration formelle de la fugue.

La musique instrumentale baroque en Angleterre

La musique baroque, somptueuse débauche de sons et d'arpèges virtuoses, théâtrale, brillante, emplie d'effets — tous ces attributs correspondent à juste titre à l'idée que nous avons aujourd'hui de cette musique, même s'ils ne lui rendent pas vraiment justice. Il n'est pas étonnant que sous l'expression musique baroque on comprenne avant tout la musique italienne, et peut-être française, de cette époque, ces deux nations ayant en effet donné naissance aux tendances stylistiques les plus significatives de cette musique. La musique baroque allemande ou autrichienne, non moins importante, est également à classer selon ces deux styles, puisque chaque œuvre isolée se révèle appartenir à l'un ou à l'autre, de manière toujours clairement identifiable. On ne songe guère à la musique baroque anglaise, car, malgré toutes les tentatives de résurrection des dernières années, elle est toujours restée à l'arrière-plan.

L'époque d'aujourd'hui aime les effets, les grandes réalisations, et l'apparente renaissance actuelle de la musique baroque n'en est donc que trop facilement compréhensible. Mais la musique baroque anglaise ne trouve pas sa place dans cette renaissance ; elle repose sur de tout autres valeurs, elle ne possède ni l'élément moteur stimulant ni l'éclat sonore de la musique baroque courante. A la faveur de leur situation insulaire, les Anglais pouvaient s'isoler dans une large mesure des courants européens, et mirent au point leur propre manière de produire et de consommer l'art, les influences réciproques restant relativement minimes.

A l'époque baroque, où, partout ailleurs, l'élément décisif était l'effet extérieur, les Anglais s'intéressaient bien plus au contenu, à la profondeur de l'expression. La musique baroque anglaise n'est justement pas une musique concertante pour des virtuoses qui se produisent devant un public enthousiaste, mais une musique des plus raffinées et des plus profondes, destinée à un petit cercle d'initiés. Il n'y avait pas en Angleterre moins de passionnés de musique qu'en Italie ou en France, peut-être même plus, mais ils n'avaient pas besoin, pour écouter la musique, de l'ambiance stimulante du concert public. La vie musicale se déroulait donc avant tout dans d'innombrables petits cercles de véritables connaisseurs. Les Anglais restèrent aussi longtemps que possible attachés aux instruments de la famille des gambes, à la sonorité douce et délicate, car la qualité et la subtilité du son leur importaient infiniment plus que son volume. Ils voulaient en effet écouter activement, prêter intensément l'oreille. Si bien que la plus grande partie de la musique anglaise du XVIIe siècle est de la musique de chambre. Dans une certaine mesure, on pourrait comparer la vie musicale anglaise de cette époque à celle de l'Autriche à la fin du XVIIIe siècle. Même s'il existait là aussi une « grande » activité sous forme de concerts, les expériences musicales les plus significatives prenaient cependant place dans la musique de chambre, avant tout dans le domaine du quatuor à cordes. Ici aussi, il manquait le grand public, et la musique était pratiquée dans de nombreux cercles privés, qui accordaient bien plus de prix à la signification de l'expression musicale qu'à l'effet. Il n'est donc pas étonnant qu'ici comme là-bas les compositeurs aient justement écrit leurs plus grands chefs-d'œuvre pour la musique de chambre. C'est aussi la raison pour laquelle cette musique anglaise est si peu populaire : elle se tient à l'écart de l'effet, tout comme la musique de chambre classique, et est donc — comme celle-ci — laissée de côté à l'époque actuelle.

John Cooper (1575-1626) et William Lawes (1602-1645) sont deux des compositeurs les plus caractéristiques et les plus importants de ce siècle d'or de la musique anglaise. Il est significatif de ce culte tout à fait injustifié qu'on a voué en tous temps et tous lieux à tout ce qui est étranger, que John Cooper, après quelques années d'expérience en Italie, se soit fait appeler désormais Giovanni Coperario, même en Angleterre, afin de passer autant que possible pour un Italien et être ainsi estimé davantage. Cette idée paraît grotesque lorsqu'on compare les œuvres de Cooper à celles d'Italiens contemporains, lorsqu'on voit avec quelle indépendance il incorpore des éléments italiens dans des formes purement anglaises, du point de vue de la densité musicale, et aussi *combien* les premiers essais de sonates en trio des Italiens sont superficiels, comparés aux premières œuvres contemporaines du même genre de Cooper. Il n'est peut-être pas inintéressant d'observer sur d'autres exemples ce phénomène d'assimilation ou d'indépendance des styles nationaux. Au début du XVIIe siècle, quelques compositeurs italiens émigrèrent en Angleterre pour y faire fortune (par exemple Ferrabosco, Lupo) — dans les plus brefs délais ils écrivirent une musique *purement anglaise*, ils étaient musicalement devenus Anglais. Cooper, au contraire, avait tout simplement rapporté d'Italie un nom italien.

L'élève le plus important de Cooper fut William Lawes, un des plus grands compositeurs du XVIIe siècle. Charles Ier aimait sa musique et lui vouait personnellement une haute estime. C'est pour ce roi qu'il écrivit la plus grande partie de ses œuvres nombreuses. Après qu'il fut tué à la bataille de Chester, de nombreux poètes et compositeurs écrivirent des *lamenti* sur sa mort ; tous le reconnurent comme le plus grand. Une incroyable richesse d'invention, un langage sonore moderne, jusqu'alors inouï, et une bouleversante profondeur d'expression, tels sont les signes caractéristiques de sa musique.

Henry Purcell (1658-1695) est le dernier de toute une série de compositeurs importants qui incarnent la grande époque de la musique anglaise. Son œuvre semble indiquer que lui-même partageait ce sentiment. Ainsi, une de ses premières œuvres connues est un cycle de fantaisies pour plusieurs gambes (de trois à sept), dans lequel sont cités, entre autres, des thèmes de Dowland. Les formes de ces fantaisies sont également très traditionnelles, elles pourraient avoir été écrites soixante-dix ans plus tôt ; mais elles sont en même temps d'une modernité saisissante. Ces œuvres sont manifestement conçues comme la conclusion d'une grande époque, mais avec le désir de regarder simultanément vers l'avenir. Purcell les écrivit en quelques mois à l'âge de vingt-deux ans, et ce sont ses seules œuvres pour cette formation. Les possibilités techniques et sonores de la gambe y sont exploitées jusque dans leurs dernières conséquences.

Toutes les compositions ultérieures de Purcell doivent se comprendre à partir de ces œuvres : d'un côté il reprend et anglicise — c'est-à-dire qu'il raffine — constamment les formes de danses modernes, ou encore les effets sonores descriptifs ou même les formes d'ouvertures à la française, de l'autre il revient à l'ancienne fantaisie anglaise, avec ses amples et grandioses développements harmoniques.

Bien que la grande époque de la musique anglaise s'achève avec Purcell, il faut cependant considérer Georg Friedrich Haendel, qui passa l'essentiel de sa vie musicale en Angleterre, comme le dernier compositeur baroque anglais. Il est curieux qu'ici encore le climat musical spécifiquement anglais ait façonné à ce point le style de composition. Les œuvres de Haendel sont réellement un prolongement des créations de Purcell ; sans Purcell elles seraient impensables, et elles ne pourraient avoir été écrites nulle part ailleurs au monde. Il n'est pas de compositeur baroque dont la mélodie soit plus prégnante que celle de Haendel, ce qui renvoie incontestablement à l'influence de la musique de Purcell. Bien entendu, ce qui a été dit, au début, de la musique baroque anglaise ne s'applique plus à Haendel ; d'ailleurs même Purcell avait recouru dans certaines de ses œuvres aux gestes démesurés, théatraux du baroque.

Concerto grosso,
sonate en trio chez Haendel

Georg Friedrich Haendel fut le premier grand homme du monde parmi les compositeurs de son époque. Dès les débuts de sa carrière musicale, il connut toujours le succès, à la fois comme compositeur et comme virtuose de l'orgue et improvisateur éblouissant. Ses œuvres, il les écrivit toujours pour une occasion donnée, pour un lieu déterminé, pour un public qu'il connaissait bien. Son immense succès tient pour une bonne part à ce qu'il concevait son discours musical dans un « langage » que le public concerné comprenait, et donc que, comme un bon orateur, il formulait ses pensées selon le niveau de l'auditeur. Ses œuvres sont ainsi le reflet de la correspondance entre compositeur et auditeur, lui-même étant parfaitement conscient du devoir moral de l'artiste — captiver l'auditeur de telle manière qu'en écoutant sa musique il devienne un autre homme, un homme meilleur.

Haendel avait étudié à fond toutes les tendances stylistiques de son temps. Dès l'âge de dix-huit ans, il travaillait à l'opéra de Hambourg comme violoniste, claveciniste et compositeur; à vingt-deux, il se rendit en Italie, centre incontesté de la vie musicale baroque, où il entra dans le cercle du grand mécène qu'était le cardinal Ottoboni. Il travailla là avec les plus importants compositeurs italiens (Corelli, Scarlatti) et étudia leur écriture. Il était partout à son aise, devenant un authentique praticien qui savait jouer lui-même ce qu'il composait. Sa culture, son aisance d'élocution et son goût dans tous les domaines de l'art (plus tard, en Angleterre, il rassembla une importante collection de peintures) ne firent qu'accentuer son habileté innée à toucher exactement le nerf sensible du public. Dès sa période hambourgeoise, Haendel comptait au nombre des célébrités de la vie musicale internationale. Après son séjour et ses succès en Italie (de 1706 à 1710), on se disputa littéralement la nouvelle étoile dans les cours princières d'Allemagne pour se l'attacher. Haendel connaissait et exploitait d'ailleurs sa valeur marchande. Il est l'un des rares compositeurs pré-classiques à être également parvenu à quelque chose dans la vie sociale et économique. Sa collaboration avec les éditeurs assurait à ses œuvres une large diffusion et à lui-même une rente garantie. Il n'est donc pas étonnant qu'une grande partie des compositions de Haendel aient paru dans diverses éditions contemporaines, certaines d'entre elles dans différentes versions et instrumentations.

Haendel est aussi le compositeur qui fut découvert au XIXe siècle, avant Bach même, pour les concerts de la prétendue grande vie musicale, où il occupa, traditionnellement, une plus grande place que celui-ci. Il s'est donc développé, à partir de l'Angleterre, quelque chose comme un style haendelien typique. Un coup d'œil rapide à la notation suffit à nous montrer des différences considérables dans les grandes œuvres en forme d'oratorio des deux contemporains. La musique de Bach paraît sensiblement plus élaborée, ses voix intermédiaires avant tout sont beaucoup plus denses et participent de façon plus indépendante au déroulement musical que les voix intermédiaires de Haendel, qu'il faut considérer en premier lieu comme des voix de remplissage ; par ailleurs on trouve chez Haendel de plus grandes courbes mélodiques dans les voix supérieures. Dans l'ensemble, chez Bach, toutes les voix sont élaborées de manière beaucoup plus détaillée, tous les ornements sont écrits, et aucune place n'est laissée à l'improvisation — chez Haendel en revanche la grande ligne passe toujours avant le détail, qui n'est souvent qu'indiqué ; une grande part est laissée à l'interprète, de même, bien entendu, que les ornements aux cadences et dans les *da capo*. La primauté de la mélodie chez Haendel, opposée à l'élaboration des différentes parties chez Bach, nous donne certainement la clef d'une interprétation sensée.

Depuis que l'on rejoue les œuvres de Haendel — ce qui fut curieusement le cas presque aussitôt après sa mort — on a perçu de plus en plus les possibilités qu'elles offraient de mettre en valeur le monumental. C'est précisément la manière de composer plutôt linéaire décrite précédemment qui peut inciter à une interprétation d'un certain faste sonore. Dans la mesure où de telles interprétations représentaient, de manière impressionnante, ce que les générations postérieures qualifiaient de « baroque », et peut-être aussi l'image imposante d'homme du monde qu'on associa bientôt à Haendel, ce style haendelien fut généralement admis et accepté comme adéquat ; en dépit de cette fausse interprétation du goût du baroque pour l'opulence, et surtout du fait que les œuvres principales de Haendel ne datent justement plus du tout de l'époque baroque proprement dite, ce style haendelien, d'un point de vue purement musical, est plausible et convaincant, dans une certaine mesure. La sonorité monumentale obtenue par le style d'interprétation du siècle précédent fut transposée sans plus de façons à la substance de la musique elle-même ; les tempi furent élargis, l'écriture ample en accords mise en avant, si bien qu'il en résulta un style harmonique à la fois monumental et primitif, qui permettait à l'auditeur, comblé, de se rassurer. Ce style d'exécution passa bientôt pour la quintessence de la musique baroque : de gigantesques masses sonores, qui à l'aide d'enchaînements harmoniques à la fois très simples et pompeux produisent une sorte d'ambiance de fête enfantine.

La facture relativement simple, la prédominance de la mélodie, la fonction d'accompagnement des voix intermédiaires — tout cela pointe déjà vers le classicisme. Le fondement en était certainement social, que le compositeur en ait été conscient ou non. Tout au long de l'histoire de la musique, on peut observer que la musique qui compte sur un cercle d'auditeurs ayant une formation de haut niveau est ésotérique, complexe et raffinée dans son « travail » polyphonique — écrite en quelque sorte dans un code secret déterminé, conformément à leur culture ; alors que la musique qui veut plaire au « peuple », est avant tout mélodique, écrite pour ainsi dire à une voix avec accompagnement, une musique pour les « sentiments ». La vie musicale en Angleterre à l'époque de

Haendel était sensiblement plus libérale qu'elle ne l'était sur le continent, et le public d'opéra et d'oratorio était un public populaire.

Si l'on cherche à appliquer rationnellement, lors d'exécutions d'œuvres de Haendel, les principes connus de la pratique d'exécution d'autrefois concernant l'articulation, l'importance des effectifs, les tempi, les nuances, l'ornementation, c'est soudain une musique légère et souple qui apparaît. C'est précisément par là que la prédominance de la mélodie prend son sens, que le pathos insignifiant est remplacé par une expression claire et aisément compréhensible. D'elle-même la musique s'approche effectivement davantage des premiers musiciens du classicisme, et même de Mozart. La force de cette musique tient encore à la substance musicale, mais non au nombre des exécutants. Haendel disposait pour les exécutions du *Messie* d'un chœur de vingt-sept chanteurs, et d'un orchestre tout aussi réduit. (On n'employait de grands orchestres que pour les exécutions en plein air ou dans des occasions ou des circonstances exceptionnelles.) Il n'y a aucune raison de supposer qu'il considérait ces petites formations pour lesquelles il composait comme une solution provisoire, comme une contrainte ; bon nombre de détails ne peuvent même être réalisés qu'avec une formation de ce genre. L'articulation claire des valeurs de notes brèves — facteur essentiel du langage sonore de son époque — est importante précisément pour les coloratures de Haendel et pour l'ensemble de son vocabulaire musical. Tous les traités contemporains soulignent particulièrement l'importance d'une accentuation correcte de ces petites ou très petites phrases — qu'ils comparent aux syllabes et aux mots du langage. Dans l'expérience pratique, on voit aussitôt les nouvelles perspectives qui s'ouvrent au musicien et à l'auditeur, mais aussi que ce genre d'articulation n'est réalisable de façon sensée qu'avec une formation relativement petite. Avec une formation chorale et orchestrale plus grande, tout se noie à nouveau, ou alors les accents paraissent insistants et outrés. Il en va de même des tempi ; si l'on choisit les tempi vifs que nous indique la tradition, il faut incontestablement un outil sonore mince et agile. Une fusion sonore idéale, qui donne toute la clarté et la transparence sonore souhaitables, ne peut s'obtenir qu'avec les instruments de l'époque. L'objectif d'une interprétation ainsi élaborée est un style haendelien moderne. Pour cela l'auditeur doit redevenir actif; on ne lui servira plus une bouillie préfabriquée de sons opulents, mais qui se révèle indifférenciée à y regarder de près. La musique ne se déroule donc plus uniquement sur l'estrade, tandis que l'auditeur prend plaisir à s'en laisser baigner; elle ne naît au contraire que des efforts conjugués de l'interprète et de l'auditeur, dans une compréhension active du *discours sonore*. L'interprétation la plus conforme possible aux conditions historiques ne me paraît donc pas seulement la plus adéquate à l'œuvre, mais aussi la plus moderne.

Les *concerti grossi* de Haendel, tout comme ses concertos pour orgue, sont avant tout conçus comme intermèdes, ouvertures, musiques d'entracte pour ses oratorios, cantates et opéras; ce qui ne signifie nullement qu'ils soient constitués d'une musique moins importante; au contraire : il est attesté que les auditeurs des oratorios de Haendel s'intéressaient tout particulièrement aux concertos pour orgue joués entre les différentes parties, et même que l'on écoutait souvent les concertos joués pour remplir les entractes avec plus d'attention que la grande œuvre proprement dite de la soirée.

Les douze *Concerti grossi* op. 6 de Haendel furent pratiquement écrits d'une traite entre le 29 septembre et le 30 octobre 1739. Cette façon de procéder n'est nullement caractéristique de Haendel, puisqu'il puisait habituellement dans les compositions antérieures les plus diverses lorsqu'il faisait publier un nouvel opus. (Même ici, il y a des mouvements isolés qui sont empruntés à d'autres œuvres, mais bien moins que pour toute autre œuvre comparable.) Ce « jet » unique caractérise les douze *Concerti*, de même que la formation en principe unifiée : car au départ les seuls instruments obligés de ces concertos sont les cordes et un instrument de continuo harmonique. Il est vrai que Haendel a ajouté de sa propre main à certains des concertos des parties de vent, mais qui ont toujours un caractère *ad libitum* et peuvent donc être omises sans préjudice substantiel; elles montrent cependant clairement la manière dont Haendel procédait pour agrandir la formation. Ce sont donc des modèles qui peuvent certainement servir aussi pour tel ou tel des autres concertos.

Dans ces *Concerti grossi,* Haendel ne suivit aucun des schémas formels rigoureux alors en usage ; il aurait pu choisir entre trois modèles : premièrement, la vieille forme de sonate d'église avec sa succession de mouvements lent — vif — lent — vif (dans laquelle le mouvement lent pouvait être réduit à une introduction de quelques mesures). Deuxièmement la forme moderne du concerto italien de Vivaldi : vif — lent — vif (avec un grand mouvement lent autonome). Troisièmement, la suite d'orchestre française avec une ouverture en guise d'introduction et de nombreuses pièces de danse. Mais il façonna pour chacun de ses concertos son propre enchaînement de mouvements, en combinant à sa guise ces schémas formels.

Haendel paraît aimer conclure des concertos virtuoses captivants par un mouvement de danse léger et naïf (un menuet de préférence). Ce qui ne correspond pas du tout à notre conception d'une conclusion « efficace », qui suscite des applaudissements. L'auditeur ne devait pas être congédié dans un état d'excitation ; il fallait au contraire ramener sa sensibilité à l'équilibre, après lui avoir fait traverser les passions les plus diverses de la musique. Le repos et le calme, la remise en ordre des sentiments après l'enthousiasme et l'excitation sont comme intégrés à la composition. Haendel voulait certainement émouvoir et enflammer l'auditeur, il voulait toucher ses nerfs, mais ensuite le guérir et le laisser repartir tranquille.

Le titre original de la première impression publiée chez Walsh en 1740, sous la supervision de Haendel, est le suivant : « TWELVE GRAND CONCERTOS IN SEVEN PARTS FOR FOUR VIOLINS, A TENOR VIOLIN, A VIOLONCELLO WITH A THOROUGH BASS FOR THE HARPSICHORD. COMPOS'D BY GEORGE FREDERICK HANDEL. PUBLISHED BY THE AUTHOR. LONDON... » Les parties de hautbois citées plus haut sont ici omises, tout comme le chiffrage de la partie de violoncelle solo — ce qui indique la présence d'un deuxième instrument de continuo. Haendel a manifestement choisi la version la plus simple, qui avait donc le plus de chances de se vendre, car les diverses possibilités ainsi que l'usage courant pour l'exécution de concertos de ce genre étaient suffisamment connus depuis Corelli et Muffat, et tout musicien pouvait modifier l'instrumentation conformément à ses possibilités particulières et à celles du lieu d'exécution.

Les *Concerti grossi* de Haendel étant étroitement apparentés à ceux de Corelli, l' « inventeur » du *concerto grosso,* leurs modalités d'exécution devaient certainement être aussi très proches. Par chance, nous avons un témoin fiable, qui imita et décrivit le style de Corelli dans ses propres œuvres : Georg Muffat. Il avait pu entendre les premiers *concerti grossi* de Corelli à Rome, sous la direction du compositeur, ce qui l'incita à composer des œuvres analogues : « Il est bien vrai que les beaux concerts que j'ai pu entendre à Rome dans le genre nouveau m'ont été d'un grand encouragement en éveillant en moi quelques idées. » Il décrit ensuite les différentes possibilités d'exécution : « On peut les jouer à trois seulement. » (Cela s'applique tout particulièrement aux *concerti* de Haendel, qui sont conçus d'un bout à l'autre à la manière de sonates en trio ; ce n'est qu'à la fin du travail de composition que fut ajoutée la partie d'alto, qui tantôt donne l'impression d'une partie vraiment obligée, tantôt, comme un corps étranger, sans logique dans la conduite des voix, bondit à travers les différentes lacunes qui restent dans l'écriture musicale.) « On peut les jouer à quatre », et dans ce cas il faut tout simplement regrouper les soli et les tutti. « Tu peux aussi les arranger en un *concertino* complet à trois avec deux violons et violoncelle », opposé au *concerto grosso,* l'orchestre de tutti, dans lequel les altos sont redoublés « dans les proportions appropriées », donc d'après le nombre de premiers et de seconds violons dont on dispose. Ces *Concerti grossi* peuvent donc se jouer avec des orchestres qui vont du plus petit au plus grand, et c'est précisément ce que la tradition nous indique aussi pour Corelli. Dans la page de titre de ses *Concerti grossi* de 1701, Muffat écrit encore que les pièces pouvaient se jouer en petite formation, « mais aussi, beaucoup plus chaleureusement, divisées en deux chœurs, à savoir un grand et un petit ». On doit aussi jouer le *concertino,* le trio en solo, « simplement avec l'accompagnement d'un organiste » ; autrement dit, il doit avoir son propre instrument de continuo (ce qui explique le chiffrage chez Haendel de la partie de violoncelle de continuo dans l'autographe et dans d'autres sources). Muffat évoque même déjà l'ajout *(ad libitum)* de hautboïstes : « Mais si... quelques hautbois français... peuvent jouer aimablement... » Sous certaines conditions, il souhaite même leur confier, ainsi qu'à un « bon basson », le trio soliste. Ces possibilités très souples d'interprétation optimale demeurent la caractéristique essentielle de ce genre qu'est le *concerto grosso*. Ce qui veut dire qu'outre la forme, ce sont aussi les possibilités d'exécution qui se sont préservées de Corelli à Haendel et même au-delà ; pour plusieurs générations, *concerto grosso* signifiait à la fois un certain genre de musique instrumentale et le mode d'exécution qui lui correspondait.

A cet égard, la question de la disposition me paraît très importante. Les sources contemporaines décrivent constamment des chœurs (c'est-à-dire, bien entendu, des groupes instrumentaux) disposés à assez grandes distances, parfois répartis en largeur ou en longueur à travers toute la pièce. En effet, lorsque le *concertino* (le trio soliste) est joué par les premiers musiciens de l'orchestre — comme c'est malheureusement très souvent le cas aujourd'hui — bon nombre d'effets, qui apparaissent clairement dans la partition, et qui sont donc voulus par le compositeur, perdent tout leur sens ; par exemple, dans le premier *Concerto,* la deuxième demi-mesure des trois premières mesures, où les deux violons solo jouent en outre les mêmes notes. Cette répartition des voix n'a plus aucun sens si tout est joué dans l'orchestre. On la percevra au contraire comme une réponse au tutti si le *concertino* est situé ailleurs ; (il existe du reste bien d'autres passages analogues). Mais même le jeu alterné entre *ripieno* et *concertino* nécessite, pour bien fonctionner, une séparation spatiale.

Nous avons essayé, lors d'exécutions en concert, diverses dispositions et sommes parvenus à la conclusion que tous les effets exigés par le compositeur sont le plus clairement mis en valeur lorsque le *concertino* — avec son propre instrument de continuo — est placé à droite en retrait ; donc situé à la fois sur le côté et plus loin que le *ripieno*.

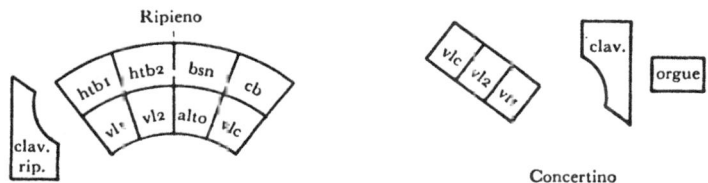

De cette manière, d'une part le dialogue *concertino-ripieno* devient très clair, et d'autre part les jeux de sonorité, tels qu'on en trouve dans bien des mouvements (par exemple *Concerto II*, quatrième mouvement, mesures 27-40 et passages correspondants, *Concerto V*, quatrième mouvement, entre autres), prennent alors seulement tout leur sens. En outre, les mouvements dans lesquels *concertino* et *ripieno* jouent ensemble revêtent une couleur particulière très convaincante, parce que tout l'appareil sonore est en quelque sorte enveloppé par les instruments de continuo, et parce que l'on n'entend plus les voix supérieures venant uniquement de la gauche, comme d'habitude, mais aussi venant de l'extrême droite. Il en résulte un effet sonore spatial particulier.

On peut traiter le continuo différemment d'un concerto à l'autre, et même d'un mouvement à l'autre : il faudrait utiliser deux clavecins (un chacun pour le *ripieno* et le *concertino*), avec éventuellement un orgue et un ou plusieurs luths, de toutes les façons imaginables.

Quant à l'emploi de vents, on sait que Haendel, de même que beaucoup d'autres compositeurs de son époque et que ses prédécesseurs en Angleterre comme Henry Purcell, utilisait souvent hautbois et bassons sans les marquer explicitement dans la partition ; c'était manifestement, avant tout, fonction de l'importance des effectifs et des musiciens dont on disposait. Pour les *Concerti I, II, V et VI* on peut s'en tenir aux parties de vent de Haendel. D'après ses principes, les hautbois et le basson sont visiblement censés donner plénitude et rondeur à un *ripieno* aux effectifs nombreux, ajouter du brillant aux passages virtuoses en jouant ponctuellement les notes de départ et d'arrivée des coloratures et rendre l'écriture plus claire, lors des diminutions complexes, en jouant la voix de basse sans ornements. Suivant ces principes, on pourrait aussi faire jouer un ou deux hautbois et un basson dans les *Concerti III, IV, V, VIII, IX* et *XII* par exemple. Les *Concerti VII* et *XI* sont sans doute des pièces destinées uniquement aux cordes.

J'aimerais encore souligner une particularité de la notation baroque trop peu prise en considération, et que l'on rencontre assez souvent chez Haendel : le regroupement en grandes mesures, qui détermine pour une part essentielle l'articulation et le phrasé. Malheureusement, cette notation très claire pour tout musicien est supprimée dans presque toutes les éditions modernes, en sorte qu'on ne peut plus voir comment le compositeur lui-même a noté l'œuvre. Ce regroupement de plusieurs mesures s'exprime ainsi : la mesure habituelle (par exemple 3/4) ressort de l'indication de mesure, tandis que les barres de mesure ne sont placées, par exemple, que toutes les quatre mesures, mais parfois aussi de manière irrégulière. Certains musicologues pensent que c'est uniquement pour des raisons de simplicité que l'on écrivait ainsi, parce que l'on pouvait ainsi disposer plus facilement les passages comportant de très petites valeurs de notes ; je suis bel et bien convaincu qu'il s'agit d'une manière d'écrire subtile qu'il faut en tout cas faire figurer dans le texte musical édité, et non se contenter d'évoquer quelque part dans l'appareil critique. Dans ces *Concerti grossi*, dix-sept mouvements sont notés de cette façon.

Les *Concerti grossi* op. 3 de Haendel (par opposition à ceux de l'opus 6), sont aussi connus sous l'appellation « concertos pour hautbois ». C'est le XIXe siècle qui les baptisera ainsi, pour les distinguer des *Concerti grossi* op. 6 que l'on considérait et exécutait comme des « concertos pour cordes ». Entre-temps, notre connaissance de ces œuvres et de leurs modalités d'exécution a beaucoup évolué, si bien que ces appellations ont perdu leur sens. Les « concertos pour hautbois » sont des œuvres parmi lesquelles on trouve les formations les plus diverses, et où presque tous les instruments ont aussi un rôle soliste : flûtes à bec, flûtes traversières, hautbois, violons, violoncelle — et dans les « concertos pour cordes », on utilise aussi des hautbois et le basson pour donner de la couleur sonore au tutti et obtenir des contours plus nets.

J'aimerais en venir maintenant aux *sonates en trio* de Haendel. Cette forme est en effet très étroitement apparentée au *concerto grosso* : le *concertino,* le groupe soliste du *concerto grosso,* se compose chez Corelli comme chez Haendel de deux violons (ou, dans les concertos pour instruments à vent, de deux instruments à vent) et d'un continuo. Les *concerti grossi* sont donc des sonates en trio concertantes, de forme amplifiée. La sonate en trio est la forme la plus caractéristique de la musique de chambre baroque, et son plein épanouissement s'étend du début du XVIIe siècle au milieu du XVIIIe. Il est extrêmement intéressant d'en étudier la naissance et l'évolution et d'observer, à travers précisément cette petite forme, les transformations historiques tant musicales que spirituelles.

C'est au XVIe siècle que s'est développée pour la première fois une musique instrumentale complètement autonome. Les formes en étaient empruntées aux chansons et madrigaux italiens et français et, bien entendu, à la musique de danse populaire, et développées suivant des figures typiques du jeu des différents instruments en usage. Ces *canzone* instrumentales, appelées aussi « fantaisies », étaient écrites à plusieurs voix — de trois à cinq — toutes les parties étant d'importance égale, dans une écriture en imitation.

Lorsque vers 1600 le soliste, le musicien individuel, commença à prendre le dessus (par opposition aux groupes instrumentaux et vocaux des siècles précédents), l'écriture de la musique instrumentale polyphonique se trouva également transformée. Les voix extérieures — dessus et basse — se virent attribuer un rôle plus important, alors que les voix intermédiaires se réduisaient de plus en plus à une fonction de remplissage et d'accompagnement. Certes, le nombre des voix passait très souvent à six, mais ce n'était pas une véritable extension, puisqu'il s'agissait en fait de l'ancienne écriture à cinq voix dont le dessus était divisé. Ces deux voix supérieures avaient à nouveau la même importance, et il leur incombait une fonction entièrement nouvelle, foncièrement baroque : « concerter », dialoguer l'une avec et contre l'autre.

L'époque baroque concevait — on le sait — la musique comme un « langage de notes », le soliste construisant son « discours » suivant les règles de la rhétorique ; bien entendu, la forme la plus intéressante de discours est le dialogue, la conversation, la controverse. C'est là la raison essentielle pour laquelle la musique baroque fait si souvent appel à deux ou plusieurs solistes. Lorsque, dans l'écriture instrumentale à six voix évoquée plus haut, avec deux dessus concertants (très courante chez Brade, Scheidt, Monteverdi), on abandonne les voix d'accompagnement intermédiaires, qui de toute façon avaient un caractère de continuo, pour faire accompagner les deux solistes par la seule basse continue, on obtient une sonate en trio ; c'est exactement de cette façon que les premiers trios sont construits. Les premières véritables sonates en trio se trouvent dans les recueils de ballets et de *canzone,* dès les premières décennies du XVIIe siècle.

Très tôt déjà, on est en présence de deux formes rigoureusement distinctes : la suite de danses (la future *sonata da camera*) issue du ballet et la *sinfonia* ou *sonata (sonata da chiesa)* provenant de la *canzona* instrumentale. Vers 1700, ces deux formes se trouvèrent à nouveau mêlées, les sonates de chambre furent dotées de mouvements d'introduction qui appartenaient en réalité à la sonate d'église, les sonates d'église incluant parfois des menuets ou des gigues. (L'évolution ultérieure conduisit directement à la forme sonate classique.) La sonate en trio est étroitement liée au violon. Tous les violonistes compositeurs italiens du XVIIe siècle, tels Marini, Uccelini, Pesenti, Cazzati, Legrenzi, Corelli, Vivaldi écrivirent des sonates en trio, avant tout pour deux violons et basse continue (clavecin, avec un violoncelle doublant la ligne de basse). Bien entendu, on écrivait aussi des sonates en trio dans d'autres pays, lesquelles tantôt s'appuyaient directement sur le modèle italien, au point qu'elles sont à rattacher à la même évolution, tantôt essayaient d'allier de nouveaux éléments stylistiques à l'idéal italien, comme par exemple les *Pièces en trio* de Marin Marais ou les *Trios* de Couperin. Dans ces pièces françaises, c'est une tout autre tradition qui est confrontée au style italien. Ici, ce n'est pas le dialogue qui est l'élément décisif ; les deux dessus « disent » au contraire ensemble la même chose, dans une « langue » extrêmement raffinée et articulée. Les compositeurs français ne partageaient pas la prédilection de leurs collègues italiens pour le violon, et employaient donc fréquemment dans leurs trios des instruments à vent — flûtes et hautbois — mais aussi des gambes. Quant aux compositeurs allemands du XVIIIe siècle, ils étaient avant tout des maîtres de ce qu'on appelait les « goûts réunis », qui alliaient des éléments stylistiques italiens et français. Tel est le cas, dans une large mesure, des sonates en trio de Bach, Telemann ou Haendel, la disparité stylistique qui en résulte étant compensée par le style personnel du compositeur. Les sonates en trio de cette période tardive réunissent justement tous les éléments qui ont marqué ce genre abondant au cours de son histoire séculaire, que ce soient les formes particulières du style d'église ou de chambre, les particularités spécifiques du mode d'expression musicale des musiciens italiens ou français ou encore l'emploi des instruments les plus divers.

Ce que dit un autographe

C'est une erreur répandue de penser que les notes, la notation graphique, seraient pour le musicien de simples signes lui indiquant quels sons il doit jouer — à quelle vitesse, avec quelle force et quelles nuances d'expression. La notation tant des différentes parties que, tout particulièrement, de la partition, dégage, outre le contenu purement informatif, un rayonnement suggestif, une magie à laquelle aucun musicien sensible ne peut échapper, qu'il le veuille ou non — qu'il en soit conscient ou non. Bien que ce rayonnement émane aussi des textes musicaux imprimés, il est manifestement le propre, dans une beaucoup plus grande mesure, des musiques manuscrites, étant bien entendu le plus fort lorsqu'il s'agit d'un autographe, du manuscrit du compositeur. Pour tout musicien, l'écriture musicale est la représentation graphique d'un événement sonore qui vit dans son imagination. Il est donc naturel que le contenu émotionnel se communique au geste de l'écriture : il est tout simplement impossible d'écrire un passage allegro bouleversant ou une harmonie angoissante avec de gentilles notes bien propres ; l'expression de chaque passage doit donc se manifester d'une certaine façon dans la notation, et se transmettre inéluctablement au musicien exécutant (sans même que celui-ci ait besoin d'y penser). C'est pourquoi il est pour nous de la plus grande importance de découvrir l'œuvre que nous exécutons dans sa forme originale, c'est-à-dire de recourir autant que possible à la partition originale ou du moins à une bonne édition en fac-similé. Les répercussions sur l'exécution peuvent être très importantes, tantôt sous forme de découvertes conscientes, tantôt inconsciemment, du seul fait de la suggestion magique émanant de l'écriture.

Le fac-similé de la partition originale de *Jephté* de Haendel nous offre un aperçu émouvant et inspirant sur la méthode de travail de Haendel, mais aussi un grand nombre d'indications directes pour l'exécution, telles qu'une partition imprimée ne saurait jamais en offrir. Haendel composait encore, suivant la méthode traditionnelle, vieille alors de quelque cent cinquante ans, d'abord les voix extrêmes, donc la basse en guise de fondement et une ou deux voix de dessus. Parfois, il notait aussi dans cette première phase de son travail des idées d'instrumentation, comme les entrées d'instruments nouveaux, parfois aussi les parties intermédiaires vocales et instrumentales, avant tout lorsqu'elles étaient conduites contrapuntiquement ; dans un premier temps, il laissait libres les portées destinées aux autres voix. Pour les récitatifs, il écrivait simplement le texte au-dessus de la plus haute des deux portées prévues à cet effet, donc sans les composer encore. On trouve constamment en fin de page une indication sur le progrès du travail, comme « commencé le 21 janvier », « terminé le 2 février l'acte I », « achevé le 13 août 1751 », etc.

De tout cela, il ressort que cette *première phase de travail* était pour Haendel le processus de composition proprement dit, que l'œuvre était alors « terminée », donc entièrement composée. Cette démarche n'est du reste pas du tout propre à Haendel : c'était la méthode de travail ancienne, académique. Bon nombre de compositions des XVIIe et XVIIIe siècles (en particulier en Italie et en France) ne nous sont parvenues que sous cette forme inachevée selon nos critères. Le « remplissage », le fait de compléter toutes les voix de l'écriture orchestrale ou vocale n'était justement pas une partie essentielle de la composition, mais au contraire l'affaire des exécutants ; il y avait ici une nette différence entre l' « œuvre » et son « exécution ». Cette différence d'appréciation est encore tout à fait perceptible dans les partitions de Haendel également, qui, lorsqu'il a fini la composition, écrit « terminé » (« geendiget »), et après la *deuxième phase de travail* — au cours de laquelle il composait les parties intermédiaires, raccourcissait tel passage, rallongeait tel autre, déplaçait les airs, effectuait des modifications de texte, composait les récitatifs — « achevé » (« *völlig* »). Or justement, chez Haendel il est assez facile de reconnaître ces deux phases de travail à leur écriture différente : soignée, bien ordonnée, clairement disposée pour la première, jetée en toute hâte sur le papier pour la deuxième. Dans la partition de *Jephté,* il est une caractéristique apparente supplémentaire : l'affection oculaire de Haendel, qui allait s'aggravant et qui l'obligea même à interrompre son travail à plusieurs reprises, lui rendait l'écriture difficile au point que la notation paraît complètement différente avant et après la crise ; on voit littéralement dans les fragments écrits après le 13 février 1751 comme il a dû se coller les yeux au papier pour pouvoir tout simplement écrire.

L'étendue des modifications, coupures, remaniements, est donc particulièrement bien visible, pour cette œuvre, dans la deuxième phase de travail. En étudiant ces processus, on remarque constamment que Haendel composait certaines pièces, puis il considérait manifestement qu'elles n'étaient pas parfaitement adaptées au passage en question, sur quoi il les rayait et les remplaçait par une autre. Parfois il reprenait celle-ci dans une ancienne composition qu'il avait sous la main, parfois dans un passage d'une autre œuvre qu'il avait rejeté, parfois encore il en composait une nouvelle. Rarement la pièce rayée disparaissait complètement ; le plus souvent elle réapparaissait dans un nouveau contexte au sein d'une autre œuvre. Lors de ces transformations — et malgré des différences considérables, comme des changements de disposition du texte, ou la transposition dans une autre tessiture — le caractère émotionnel fondamental demeure toujours préservé ; on remarque même que les idées musicales, dans leur forme définitive, acquièrent aussi le plus souvent leur rayonnement le plus fort. (Cette méthode de travail est très proche des différents procédés de parodie de Bach, chez qui l'on est toujours étonné de constater que la forme dernière, avec le nouveau texte, donc parodiée, est artistiquement la plus convaincante.)

Quand Haendel employait des fragments d'œuvres plus anciennes, il recourait également sans scrupule aux compositions d'autres maîtres, lorsque le caractère y était représenté de façon particulièrement juste : dans tel cas il emprunta un passage important des premiers et seconds violons tiré du *Concertino* en *fa* mineur de Pergolèse en guise de parties de violon obligées pour le chœur « *Doubtful fear...* » (mesures 54 — 63), ce qui donne aux cris homophones « *Hear our pray'r* » un caractère extrêmement insistant. Cet emprunt, Haendel le fit bien entendu dès la première phase du travail; on voit en effet clairement dans le manuscrit que les deux parties de violon ont été écrites d'abord.

L'air de Jephté « *Waft her, angels, through the skies...* » illustre de façon particulièrement claire les luttes menées par le compositeur pour donner à sa partition forme définitive. Ici il ne semble rester de la première phase de travail, en dehors de l'idée de base, guère plus que les quatre premières mesures d'introduction; on voit comment Haendel rejeta certaines mesures, voire des pages entières, corrigea, raya de nouveau... La pièce remplit, avec toutes les ratures, sept pages, dont un peu plus de trois furent employées en définitive.

Parmi les enseignements les plus importants que l'on peut tirer du manuscrit, il faut citer les nombreuses corrections des indications de tempo : l'air d'Iphis « *Tune the soft melodious lute* » était d'abord marqué par Haendel *larghetto*, indication qu'il raya ensuite pour la remplacer par *andante*. Or ces qualificatifs de « tempo » étaient autrefois aussi des indications de caractère, de même que des indices formels : le *larghetto* n'est pas seulement plus rapide que le *largo*, il a également un autre caractère. L'*andante* n'est pas uniquement une technique de composition — dans un tempo relativement déterminé — sur une basse régulière, mais aussi, entre autres, une mise en garde contre le choix d'un tempo trop lent. Il existe de nombreux exemples de ce genre. Certaines indications de tempo et de phrasé ressortent des indications de mesure, des barres de mesure et des chiffres de silence : comme beaucoup de compositeurs de l'époque (y compris Bach) Haendel écrit des barres de mesure de longueur différente et les place souvent à des intervalles de plusieurs mesures, faisant aussitôt apparaître des unités plus grandes (cette méthode fort pratique est malheureusement ignorée le plus souvent des éditeurs actuels).

Plus on se penche sur cette question, plus il devient clair que pour nous, musiciens, le manuscrit du compositeur ne saurait être remplacé même par la plus belle des impressions, la meilleure édition. Mis à part le pouvoir de suggestion, qu'aucune impression ne possède, il donne en outre de nombreux renseignements concrets que nous souhaitons, autant que possible, apprendre de la source première et la plus pure, et ne pas trouver seulement dans quelque appareil critique laborieux.

Les mouvements de danse les Suites de Bach

La suite, en tant que concept musical, désigne une série, une succession de pièces, qui, en fait, sont avant tout des danses. Il est vrai que Bach lui-même n'a jamais appelé ainsi ses suites, faisant au contraire du nom de l'important mouvement d'introduction, l' « ouverture », le titre de toute l'œuvre. Ce sont pourtant d'authentiques suites, qui comptent parmi les dernières œuvres de ce genre très ancien.

Aux débuts de la musique occidentale proprement dite, que l'on peut sans doute confondre avec la naissance de la véritable polyphonie au XIIe siècle, la musique de danse était exécutée par des ménestrels professionnels ; elle faisait partie de la musique populaire, et il ne serait venu à l'idée de personne de la mettre sur le même pied que la musique d'art savante, sacrée ou profane. Les cercles dans lesquels se pratiquaient ces deux genres étaient rarement en contact, si ce n'est tout au plus lorsqu'on associait des ménestrels à l'exécution d'œuvres sacrées dans les églises, ce qui était on ne peut plus mal vu par les autorités ecclésiastiques. Malgré cette protection, on ne pouvait à la longue éviter une influence réciproque. Les ménestrels jouaient leurs airs de danse devant les paysans et les princes ; si bien que, d'une part, la virtuosité des ménestrels pénétra dans les sphères sociales supérieures de la musique d'art profane, mais aussi sacrée, et que, d'autre part, les vieilles danses populaires traditionnelles furent bientôt exécutées à plusieurs voix, dans un ingénieux entrelacs des différentes parties, puisqu'on ne voulait plus renoncer, ici aussi, à la splendeur sonore de la musique savante. Malheureusement, on ne peut rien dire de plus de la musique de danse de cette époque, parce qu'elle n'était pas notée, se transmettant d'une génération de ménestrels à l'autre, avec certainement de légères modifications suivant la mode.

Très tôt déjà, certaines danses se divisaient en deux parties : à la danse d'allure marchée succède la danse d'allure sautée (*Nachtanz*). Le musicien jouait alors, les deux fois, le même air, mais sous une forme rythmique différente; d'abord à une allure modérée, puis vivement et fougueusement. Souvent la danse lente était exécutée en mesure binaire et la danse rapide en mesure ternaire. On peut considérer cette paire de danses comme l'embryon de la suite.

Bien entendu, le style musical des danses était constamment adapté à la mode qui prévalait alors. On observe en outre l'ascension « sociale » de certaines danses isolées, qui de frustes danses paysannes se transforment en danses de cour à la mode, avant de tomber en désuétude, tandis que de nouvelles danses gagnent les milieux nobles. C'est au XVIe siècle que furent publiés les premiers recueils de danses; les danses y sont le plus souvent groupées suivant leur espèce. C'est ainsi que dans les recueils de danses d'Attaignant de 1529 et 1530, toutes les danses du même genre sont réunies. Les musiciens devaient faire eux-mêmes leur choix et constituer des « suites », et même souvent chercher la danse rapide qui allait avec telle danse lente.

Malgré les frontières rigides qui la séparaient de la musique savante, celle-ci se laissait constamment féconder par le fonds inépuisable et original que constituait la musique de danse. La noble musique savante ne pouvait en effet pas, à long terme, ne pas tenir compte d'une telle concurrence. Peu à peu, les compositeurs les plus renommés commencèrent aussi à composer des danses. Il se maintint toutefois pendant longtemps encore une certaine distance, ou plutôt une différence de statut, entre les compositeurs de musique savante, profane ou sacrée, et les compositeurs de musique de danse. (C'est ainsi qu'au XVIIe siècle encore, les ballets des opéras parisiens étaient encore composés par un maître de ballet, ou ceux des opéras viennois par le « compositeur de ballets » Heinrich Schmelzer, qui écrivait cependant aussi de la « musique sérieuse ».)

Ayant donc pris possession de ce trésor, qui constituait une vigoureuse source d'inspiration, les grands compositeurs n'eurent de cesse d'amplifier les différentes formes et de les styliser, pour en faire d'ingénieux modèles dans lesquels on reconnaissait souvent à peine la danse d'origine. C'est ainsi que naquit, à côté de la musique fonctionnelle, toute une série de recueils qui n'étaient plus du tout destinés à la danse, étant conçus comme une musique purement instrumentale, pour le seul plaisir des auditeurs et des exécutants. Praetorius écrit dans la préface de son *Terpsichore*, en 1612 : « Toutes les sortes de danses, les mêmes que celles qui sont jouées par les maîtres à danser français en France, et devant des tables princières, peuvent très bien servir aussi lors des festivités pour la récréation et le divertissement. » Cette musique de danse faite pour le concert portait, dès le début, la marque des fêtes et de la cour.

L'exécution des brefs mouvements de danse souffrait bien entendu de l'absence de lien entre les pièces. Même les relations thématiques que l'on tentait parfois d'établir entre des pièces isolées n'apportaient pas de solution. Il fallait trouver une pièce initiale adéquate, pour donner à la suite, en tant que tout, une forme viable et achevée. Jusque-là, on avait placé au début une pièces plus ou moins appropriée tirée de la suite des danses — ainsi la somptueuse pavane, à pas glissés, mais qui passa de mode dès le début du XVIIe siècle, où l'allemande grave, qui n'était guère plus dansée depuis le milieu du XVIIe siècle (Mersenne), mais restait cependant un des mouvements de prédilection de la suite. Dans la deuxième moitié du siècle on finit par essayer d'utiliser aussi des mouvements d'introduction libres. L'Anglais Matthew Locke choisit ainsi la fantaisie pour ses suites pour *consort*, à quatre gambes, et l'Autrichien Heinrich Biber la *sonata* italienne dans sa *Mensa sonora* de 1680.

Au cours du XVIIe siècle, il était apparu, à côté de l'ancienne musique de danse proprement dite et de la suite composée de danses stylisées et destinée au concert, une autre forme de musique purement instrumentale : la sonate polyphonique. Celle-ci était issue des différentes formes de musique vocale et était destinée en premier lieu à l'église. Ses adagios et ses allegros étaient une musique inventée tout à fait librement, sans référence aucune aux danses. En tant que descendants directs du style en imitation des anciens Franco-Flamands et de l'époque palestrinienne, ils obéissaient normalement aux règles de l'écriture « fuguée », c'est-à-dire que les différentes voix entrent l'une après l'autre avec le même motif, et participent au déroulement ultérieur de la pièce en tant que partenaires égaux. Les deux grands représentants de la musique instrumentale, la suite et la sonate, étaient en même temps les symboles musicaux de la polarité profane-sacré ou encore cour-église. Or cette sonate joua également un rôle dans l'évolution de la suite vers une forme cohérente. Elle pouvait parfaitement être employée en guise de mouvement d'introduction, et par conséquent donner sa cohésion à la succession variée des danses.

C'est la France de Louis XIV qui donna à la suite sa forme définitive et en fit la grande œuvre brillante de la musique de cour profane. Lully, génial compositeur de cour, façonna, à partir de l'ancien « ballet de cour », une forme typiquement française d'opéra, dans laquelle le ballet jouait un rôle essentiel. Ses opéras étaient donc ponctués de mouvements de danses les plus divers, qui, à l'époque de leur exécution, devinrent aussi célèbres que des refrains populaires. Ces danses d'opéra, assemblées en suite, étaient jouées devant le roi et dans les palais princiers. Bien que Lully n'ait jamais composé de suites à proprement parler, ses suites d'opéra devinrent le modèle de ce qu'on appelait la « suite française », qui fut répandue à travers toute l'Europe par ses disciples et ses émules. Comme la suite d'opéra lulliste était tout naturellement introduite par l'ouverture de l'opéra, le problème essentiel dont souffrait ce genre trouva du coup sa solution. L'ouverture — création de Lully — donna désormais sa physionomie définitive à la suite française.

Dans les premiers opéras français, c'étaient le plus souvent des mouvements instrumentaux dérivés de la paire de danses solennelles intrada-courante ou pavane-gaillarde qui étaient joués. Lully combina alors dans ses ouvertures une section initiale lente, une section centrale fuguée — dans laquelle sont insérés des soli (le plus souvent de hautbois) et une section finale, qui reprend les éléments thématiques du début. Pour les sections initiale et finale il choisit l'allemande avec son rythme pointé, qui avait déjà fait ses preuves comme mouvement d'introduction. Mais ne pouvant plus l'agrandir, il inséra entre ses deux parties une sonate italienne fuguée. C'est cette idée géniale qui donna à l' « ouverture à la française », le mouvement d'introduction contrasté, la forme qu'elle conservera pendant des décennies. La suite, complètement formée maintenant, était un authentique produit de l'esprit français : d'une liberté extrême dans l'ensemble, concise dans son expression, rigoureuse et claire dans l'élaboration des détails.

La construction de l'ensemble de l'œuvre était d'une liberté sans bornes, telle qu'aucune forme musicale n'en avait jamais permis. Tant pour les compositeurs, qui pouvaient intégrer pratiquement n'importe quelle idée à une suite, que pour les interprètes, qui pouvaient et devaient choisir les mouvements et leur enchaînement selon leur fantaisie. Il ne fut jamais établi de règles fixes pour l'ordre des mouvements, il existait même, dans cette forme définitive de la suite française, des recueils (par exemple de Marais, gambiste à la cour) dans lesquels figuraient, pour chaque suite, plusieurs mouvements de la même sorte, parmi lesquels il fallait choisir suivant les circonstances et l'humeur. Mais cette liberté était compensée par la rigueur et la concision les plus grandes dans la forme des différents mouvements eux-mêmes. On s'en tenait à des pièces aussi brèves que possible, leur mélodie étant réduite à la plus extrême simplicité. C'étaient des espèces de traits d'esprit, dans lesquels il fallait éviter tout mot inutile. Leblanc dit en 1740 : « L'imitation de la Danse par des dispositions de Tons, en assemblage de plusieurs figures, comme les entrelacemens des pas dans les danses figurées ; la régularité dans un certain nombre de mesures... tout cela a formé ce qu'on appelle les Pièces, lesquelles sont une vraie Poésie dans la Musique » (par opposition à la prose des sonates). « La Nation Françoise, avide d'Honneur, s'est livrée entièrement à ce qu'on appelle le *Chant*, c'est-à-dire un compartiment dans l'atmosphère que forme la figure dans une Pièce à jouer ou à chanter, comparable au Compartiment de

Lignes en Buis, d'où résulte un dessein dans le Parterre des Thuileries. » On peut cependant trouver aussi des parallèles avec le mobilier de la période Louis XIV et ses lignes d'une grande netteté géométrique, alors que les surfaces planes sont richement marquetées. Car même les menuets et les gavottes les plus simples et les plus brefs sont ornés d'une grande variété d'agréments, placés sur les notes isolées et les groupes de notes. Ces ornements n'étaient cependant pas improvisés, comme on avait l'habitude de le faire dans la musique italienne; il existait au contraire une longue liste de tremblements, mordants, coulés, etc., qui devaient être employés en des endroits très précis, certains compositeurs prescrivant même exactement jusqu'aux vibratos et glissandi les plus compliqués.

Les « lullistes » — ainsi que les élèves de Lully se baptisaient délibérément — importèrent la suite française dans les autres pays d'Europe. (Seule l'Italie, dont la mentalité était par trop étrangère à cette forme, ne fut pas touchée par cette vague.) Elle rencontra un intérêt particulier en Allemagne, où les cours princières imitaient non seulement le mode de vie de la cour de Versailles, mais adoptèrent aussi la nouvelle musique française. Ce qui ne manqua pas de susciter d'intéressants conflits entre les tenants des différents styles. C'est à partir de la musique instrumentale française, italienne et allemande, et de ses formes les plus importantes — la suite des lullistes, le concerto et le style polyphonique — que se constituèrent les « goûts réunis ». Cette façon d'écrire n'est pas seulement un conglomérat de styles, car le compositeur était libre de choisir le style approprié comme forme principale, dans laquelle il pouvait à tout moment introduire d'autres éléments. C'est ainsi que dans les *Ouvertures* de Bach, qui sont écrites avant tout dans le goût français, se trouvent aussi de nombreuses caractéristiques des autres tendances, réunies dans une synthèse authentiquement bachienne.

Les pièces que l'on rencontre dans les *Suites* de Bach renvoient toujours aux formes traditionnelles. Elles s'étaient cependant déjà transformées en pièces de concert libres, n'ayant plus que des liens lâches avec leurs modèles dansés. Leur nom devait, comme une sorte d'appellation de genre, désigner en premier lieu la provenance d'une danse donnée. Mattheson écrit à ce propos : « Une allemande à danser et une allemande à jouer sont aussi différentes que le Ciel et la Terre. » On doit donc considérer le tempo et le caractère des différentes danses comme très variables, même si chaque danse devait préserver son caractère typique. Nous esquisserons ici l'histoire de ces mouvements de danse.

L'*allemande* ne se rencontre dans aucune des *Suites* pour orchestre de Bach, du moins expressément désignée comme telle ; les sections lentes des quatre ouvertures ne sont pourtant, en toute rigueur, rien de moins que des allemandes stylisées. Au XVIe siècle, le tempo de cette danse était assez rapide, et la mélodie simple et chantante. Comme elles n'étaient guère plus dansées dès le XVIIe siècle, les allemandes laissaient une large place à l'imagination du compositeur. Elles devinrent donc, comme du reste la plupart des danses, de plus en plus lentes au cours de leur évolution. Au début du XVIIIe siècle, l'allemande était devenue une pièce solennelle ingénieusement élaborée. Walther la décrit ainsi en 1732, dans son *Lexicon* : L'allemande « ... est dans une partie (suite) musicale, comme la proposition dont les autres suites (les mouvements suivants) découlent, elle est écrite avec sérieux et gravité et doit être exécutée de la même manière. » Les allemandes françaises et allemandes sont à cette époque soit pointées de façon incisive, soit écrites dans un mouvement coulant et régulier de doubles croches. Ces deux structures rythmiques se trouvent également dans les sections lentes des ouvertures de Bach. Il se produit alors souvent des chevauchements très séduisants, lorsque certaines voix s'en tiennent au rythme pointé tandis que le dessus ou la basse par exemple joue par-dessus des doubles croches continues. Ceci est particulièrement net dans l'ouverture de la première et de la quatrième suites, alors que dans la seconde et la troisième le rythme pointé prédomine dans toutes les voix.

La *courante* est une ancienne danse de cour. Depuis la fin du XVIIe siècle, elle n'était plus employée que comme mouvement instrumental et n'était donc plus dansée. Auparavant, il s'était forgé deux formes typiques de courante : l'une, italienne, était notée à 3/4 ou 3/8 ; son mouvement régulier rapide, et même pressé, de doubles croches ou de croches était caractéristique.

L'autre forme, française, beaucoup plus lente, était notée en général à 3/2, mais souvent d'ingénieux déplacements d'accent en rendaient la mesure difficilement reconnaissable pour l'auditeur (3/2 ou 6/4). Dans les œuvres de Bach, on rencontre les deux types. La courante de la première suite est purement française ; la description de Mattheson s'y applique parfaitement : « La passion ou l'émotion de l'âme qui doit être rendue dans une courante est une douce espérance. Car il y a dans cette mélodie quelque chose de résolu, de languissant et aussi de réjouissant : tous éléments dont est constituée l'espérance. » Mattheson montre ces trois éléments dans une courante dont la mélodie est tellement proche de celle de Bach que l'on aurait pu tout aussi bien prendre celle-ci comme exemple.

La *gavotte* était à l'origine une danse paysanne française, que l'on dansait aussi dans les milieux nobles au cours du XVIe siècle, ce qui lui permit de s'affiner musicalement. Elle demeura pendant des siècles une des danses de cour préférées, avant de passer de mode au XIXe siècle. La gavotte est encore dansée aujourd'hui dans plusieurs régions de France. Son caractère est d'une vivacité modérée — une joie qui ne perd jamais la maîtrise d'elle-même. Les gavottes « sont parfois jouées gaiement, mais parfois lentement aussi » (Walther). Leur anacrouse, composée de deux noires, tempère toute explosion trop vive. Dans les suites pour gambe de Marais, bon nombre de gavottes comportent les indications de tempo et d'expression « légèrement », « gracieusement » ou « gay ». La gavotte servait souvent de base à des formes plus grandes, comme le rondeau ; le rondeau de la suite en *si* mineur est en fait une « gavotte en rondeau ». Les gavottes des quatre *Suites* de Bach sont des pièces modérées et gaies.

La *bourrée* était aussi une danse populaire française qui, comme la gavotte, fut admise au XVIe siècle dans les collections de danses de cour. Dans toutes les descriptions anciennes, elle est dépeinte comme étant très proche de la gavotte. Son tempo doit être plus rapide que celui de la gavotte. Le caractère en est joyeux et marqué. Avec son anacrouse, composée d'une noire ou de deux croches, la bourrée commence pour ainsi dire par un saut vif.

La plus célèbre danse de cour française était très certainement le *menuet*. C'est Lully qui le reprit le premier dans ses opéras, et, durant le règne de Louis XIV, il était très fréquemment dansé à la cour. Le menuet, qui s'adapta à la cour au XVIIe siècle, était à l'origine une danse populaire vive du Poitou ; en tant que danse de cour, elle était également assez rapide et gaie tout d'abord (Brossard, 1703), mais devint, au fil du temps, en gagnant en distinction, de plus en plus mesurée et lente. Saint-Simon cite une raison concrète à cette évolution : Louis XIV, vieillissant, publia une ordonnance stipulant que le menuet devait se jouer plus lentement, car il lui était devenu trop pénible de danser plus vite ; on fit de même dans toute la France. Dans l'*Encyclopédie* de 1750, son caractère est décrit comme « modéré et noble ». Il était dansé avec des mouvements et des révérences sobres, et une réserve distinguée. Cette élégance retenue se reflète aussi dans le menuet de concert au début du XVIIIe siècle, pour lequel Mattheson ne requiert (1739) « aucun autre caractère qu'une gaieté modérée ». Pour Quantz, « le Menuet se joue d'une manière, qui porte ou élève quasi le Danseur, et l'on marque les Noires par un coup d'archet un peu pesant, quoique court. »

Le *passepied* est une façon rapide de jouer le menuet, très prisée en Angleterre, chez Purcell par exemple, sous le nom de *paspé*. La plupart des passepieds sont écrits à 3/8, le groupement fréquent des deux mesures en une mesure à 3/4 (hémiole) donnant à la pièce un charme rythmique particulier. Quantz décrit très précisément l'exécution de ces hémioles, qui se jouent « par un coup d'archet court et détaché ». Normalement, le passepied était caractérisé par des croches bondissantes, « sa nature n'est pas loin d'être frivole », dit Mattheson. Le passepied de la première *Suite* de Bach n'a plus qu'un rapport assez lointain avec ce schéma. S'il est sensiblement plus rapide que le menuet de la même *Suite,* il n'est nullement sautillant.

La *forlane* est une danse populaire sauvage, qui fut vraisemblablement introduite à Venise par des immigrants serbo-croates. Au XVIIIe siècle, elle était la danse préférée du peuple vénitien. Dans la musique d'art elle n'était employée que pour dépeindre l'agitation féroce du peuple, lors du carnaval par exemple. Le rythme pointé stéréotypé et la répétition de courtes séquences musicales soulignent l'extase brutale de cette danse. Türk écrit encore en 1798 : « Forlane désigne une danse à 6/4 qui à Venise est très courante chez l'homme de la rue. Cette danse gaie demande un mouvement assez rapide. »

C'est dans le cas de la *sarabande* que l'évolution progressive d'une danse rapide en une lente est la plus marquée. Originaire vraisemblablement du Mexique ou d'Espagne, elle était connue en Europe vers 1650 comme une chanson dansée licencieuse et érotique. Interdite dans un premier temps — les chanteurs de sarabandes de l'Espagne de Philippe II risquaient des peines de prison de plusieurs années —, la sarabande était dansée, dès la première moitié du XVIIe siècle, de manière débridée et sauvage, à la cour d'Espagne et de France. Alors qu'en Angleterre elle demeura encore longtemps une danse rapide et fougueuse — « ...les sarabandes, dit Mace en 1676, sont dans une mesure ternaire rapide, mais plus enjouées et légères que les courantes » — elle fut transformée en France, par Lully, dès le milieu du siècle, en une danse aimable, soutenue. A partir de là, elle devint en France de plus en plus grave et solennelle, et c'est de cette manière qu'elle fut reprise par les compositeurs allemands. « La sarabande, dit Mattheson, n'a pas d'autre passion à exprimer que la révérence. » Walther la considère comme « une mélodie grave, particulièrement prisée et pratiquée chez les Espagnols ».

L'origine de la *polonaise,* si célèbre au XVIIIe siècle, n'est pas claire. Il est vrai que dès le XVIe siècle, on aimait partout en Europe des « danses polonaises » de toute sorte, mais qui n'avaient encore aucune affinité avec le rythme typique de la polonaise. Celui-ci ne se répandit qu'au début du XVIIIe siècle, alors que la polonaise commençait à être généralement connue sous sa forme définitive : une danse fière à pas glissés, jouée avant tout pour l'entrée et la mise en place des invités d'une fête. Elle commence par un premier temps accentué, et cet accent sur la mesure lui donne « une franchise et une nature très libre » (Mattheson).

La *gigue* est sans doute issue d'une danse populaire anglaise, *jig,* qui ne fut cependant guère dansée sur le continent, mais transformée dès le départ en une pièce instrumentale. Bien que dès l'époque baroque on ait fait dériver son nom de *geigen* (jouer du violon), il faut accepter aujourd'hui cette étymologie avec une grande prudence. Les premières gigues se trouvent chez les virginalistes de l'époque élisabéthaine, et Shakespeare, dans *Beaucoup de bruit pour rien*, considère la danse comme « ...sauvage et agitée, bizarre ». Elle a donc toujours été un véritable allegro. Les virtuoses français du clavecin, au XVIIe siècle — Chambonnières, d'Anglebert, Louis Couperin entre autres — l'intégrèrent au répertoire de la suite. Quant à Lully, il écrivit pour ses ballets d'opéra les premières gigues en rythme pointé, tandis que les compositeurs italiens, autour de Corelli, façonnaient dans leurs sonates de chambre leur propre type, conçu dans un mouvement régulier de croches. Il se forma donc pour la gigue, comme pour la courante, deux types : la gigue française, en rythme pointé, bondissant, et la gigue italienne, en croches régulières, plus virtuose. Ces deux types avaient en commun un tempo vif, qui allait de l'avant. Les gigues « ont comme caractéristique propre un zèle ardent et fugace, une rage qui a tôt fait de s'apaiser » (Mattheson). Bach ne s'est décidé clairement pour un des deux types que dans peu de ses gigues.

Les compositeurs français avaient parsemé leurs opéras de petits mouvements de style dansé, dont le nom désigne soit leur fonction au sein de la musique soit un caractère particulier de la pièce. Comme elle était entièrement libre de tout schéma régissant un ordre ou un agencement fixe de mouvements, la suite offrait le cadre idéal pour recevoir de telles pièces de genre, en dehors de l'opéra. On faisait un usage abondant de cette possibilité, en sorte que des éléments de musique à programme, laquelle n'était apparue jusqu'alors que de manière tout à fait exceptionnelle, pouvaient se déployer librement dans la musique d'art. C'est ainsi que diverses imitations — sons de cloches, fanfare de trompettes, grognements asthmatiques, bavardages, caquetages de poules et autres charivaris — furent mises à l'honneur en tant que mouvements de suites.

La *badinerie* et la *réjouissance* — titres de mouvements particulièrement appréciés — appartiennent à cette espèce. Il n'est pas inintéressant de remarquer que, même sous de tels titres, il s'est façonné certaines formes qui trahissaient entre elles une forte ressemblance. Cela tient peut-être au fait qu'autrefois on n'hésitait pas à s'emparer d'idées d'autres compositeurs pour les élaborer, sans avoir l'impression de les plagier. Réjouissance « ...veut dire joie, gaieté et se rencontre dans les ouvertures, où l'on a l'habitude d'appeler ainsi certaines pièces » (Walther). Ce n'est donc qu'un mot savant pour « pièce finale gaie ».

Au XVIe siècle, on nommait *air* en France et en Angleterre des chansons sérieuses avec accompagnement instrumental homophone. Il en était né en Angleterre un genre particulier de pièces instrumentales dans lesquelles le dessus devait jouer une mélodie douce et flatteuse. A l'époque de Bach, le mot « air » était un terme générique pour désigner toutes sortes de pièces de musique, et avant tout des pièces instrumentales. Telemann appelait ainsi toutes les danses de certaines de ses suites « airs », un peu au sens de « mouvement ». C'étaient cependant essentiellement des pièces lentes, avec un dessus très chantant, qu'on appelait ainsi. « Aria veut dire en général toute mélodie, qu'elle soit rendue vocalement ou instrumentalement » (Walther) ; « ... cet air à jouer... a sa place aux instruments de toute sorte, et est communément une mélodie brève, divisée en deux parties, chantable et simple... » (Mattheson).

Musique baroque française
nouveautés passionnantes

Parmi les plus grandes expériences qui peuvent s'offrir au musicien compte la découverte d'une musique nouvelle, jusque-là inconnue. Cette expérience est bien entendu totalement indépendante de l'âge de l'œuvre ; il peut être tout aussi passionnant d'entendre ou de jouer pour la première fois une pièce musicale du XVIIe ou du XVIIIe siècle qu'une composition nouvelle de notre époque. La rencontre avec le *Castor et Pollux* de Rameau fut pour nous, Concentus musicus de Vienne, une telle expérience. Bien sûr, nous connaissions tous l'importance, dans l'histoire de la musique, des écrits théoriques de Rameau, certains d'entre nous connaissaient également sa musique de chambre et ses œuvres pour clavecin, ou même telle ou telle cantate. Nous savions aussi que lui-même et ses contemporains comptaient ses opéras parmi les réalisations les plus importantes et les plus sublimes du XVIIIe siècle ; ce fut cependant pour nous une aventure, une rencontre avec quelque chose de tout à fait inattendu. Même dans nos rêves les plus audacieux nous n'aurions jamais pu penser que ces volumes de bibliothèque recelaient une musique à ce point grandiose et absolument révolutionnaire pour son temps.

Nous fûmes alors amenés à quelques considérations sur les facteurs qui décident du caractère éphémère des chefs-d'œuvre de la musique ou de leur importance au-delà de l'époque. A quels hasards certaines œuvres doivent-elles d'être célèbres, connues et exécutées partout ? Bien sûr, il existe le jugement « infaillible » de l'Histoire, qui sépare le bon grain de l'ivraie ; mais une œuvre, avant d'arriver à ce procès, doit être tirée des archives où elle dort souvent depuis plusieurs siècles et être exécutée. Dans le cas de Rameau, il est possible que ce soit précisément le fait que la musique française, au XVIIIe siècle et même plus tard, fût assez isolée du reste de la vie musicale européenne qui ait joué un rôle important. La France était le seul pays à n'avoir pas accepté le langage international de la musique baroque italienne, auquel elle opposa son propre idiome musical, qui était tout autre. Peut-être la musique française est-elle toujours restée pour les autres Européens une espèce de langue étrangère, dont la beauté ne pouvait se livrer qu'à celui qui s'y donnait avec amour et passion. Pour nous, musiciens, il en va de même. Alors que la musique baroque italienne nous parle aussitôt, même dans une exécution extrêmement défectueuse, la musique française doit d'abord être assidûment travaillée avant que le musicien et l'auditeur n'accèdent à son noyau, à sa substance. Il se pourrait que cette crainte très répandue devant la musique française ait retardé la renaissance des grandes œuvres de Rameau.

Lors des répétitions d'orchestre pour *Castor et Pollux,* il nous fallait pour chaque pièce, individuellement, prendre conscience du fait que cette musique avait été composée dès 1737, à l'époque des grandes œuvres de Haendel et Bach ! La nouveauté inouïe de ce langage sonore avait dû être étourdissante en son temps : c'est celui de Gluck et, à bien des égards, celui des classiques viennois, qui est ici anticipé de quarante ans et plus. Il nous paraissait impossible qu'un compositeur unique ait pu *inventer* un traitement de l'orchestre et une instrumentation si radicalement nouveaux. Rameau n'a pas de prédécesseurs dans ce domaine. Certes, son harmonie est également frappante, fascinante ; pour ses contemporains hors de France, il était des dissonances et des développements harmoniques qui paraissaient franchement choquants et détestables — mais il y a quand même quelques compositeurs plus anciens, français, ou encore anglais, qui ont écrit parfois de ces harmonies d'avant-garde.

Nous avons eu exactement le même sentiment que décrivait Debussy dans sa critique d'une exécution du *Castor et Pollux* de Rameau, à savoir que pratiquement tout ce que l'on avait attribué à Gluck se trouvait déjà ici longtemps auparavant dans une forme musicalement parfaite. Sans que nous connaissions le texte de Debussy, le parallèle Gluck-Rameau fut pour nous tous évident dès le premier instant. Ainsi, à une époque où l'évolution était en outre sensiblement plus lente qu'à la nôtre, des *innovations* dans le domaine de la réalisation sonore musicale et dramatique, que l'on situait dans les années 1770, ont en fait été entièrement mises au point dès quarante ans plus tôt. Que signifient donc ces « parallèles » musicaux ? Rameau a vécu trop tôt, ce doit être cela sa « faute ».

L'opéra français : Lully — Rameau

Les opéras de Rameau sont les premiers grands chefs-d'œuvre de ce genre écrits en France au XVIIIe siècle, et, de façon générale, certainement l'un des sommets de la musique française. Nous examinerons et expliquerons brièvement ici la situation curieuse dans l'histoire de la musique de ces œuvres longtemps méconnues, et pratiquement inconnues hors de France.

Depuis le début du XVIIe siècle, l'Italie était devenue le centre unanimement reconnu de la musique européenne. Le tempérament extraverti des Italiens et l'imagination ardente des méridionaux avaient donné naissance à la contrepartie musicale du nouvel esprit « baroque ». Monteverdi et ses disciples avaient créé des œuvres musico-dramatiques entièrement nouvelles : les premiers opéras.

On avait beau souligner constamment la prédominance du texte, de l'expression dramatique sur la musique et s'efforcer d'étayer cette optique dans des écrits théoriques (la musique ne devait que renforcer l'expression du texte, dans une forme raffinée mais servile), l'essence même de la langue italienne, du tempérament italien, était à ce point musicale que la musique, pour ainsi dire d'elle-même, du fait de la prépondérance du médium abstrait, prit de plus en plus le dessus, jusqu'à ce que le livret finisse par n'être plus qu'un véhicule plus ou moins adéquat de l'expression musicale. Cette tendance est inhérente à la nature même de la relation entre texte et musique, au point que tous les dogmes — la musique n'est que la servante du mot — devaient à long terme rester sans effet. C'est ainsi qu'il y eut constamment, à intervalles réguliers, des réformes qui tentaient, au cours de son histoire de près de quatre siècles, de faire retourner à ses sources ce genre artistique fascinant.

C'est l'Italien Jean-Baptiste Lully, qui façonna l'opéra typiquement français, franchement opposé à l'opéra italien — la « tragédie lyrique ». Lully était arrivé à Paris en 1646, alors qu'il n'avait que quatorze ans. A vingt ans il était déjà à la tête de la musique instrumentale du roi, et à trente-neuf ans le maître incontesté de la vie musicale française. Dans les plus brefs délais, il s'était adapté au caractère français, si radicalement différent du tempérament italien, et après des études approfondies, il était devenu un éminent compositeur de musique de danse, dont l'importance était ici considérable. C'est alors qu'il créa, avec le poète Quinault, la version française de ce genre nouveau qu'était l'opéra. Certains éléments pouvaient être empruntés à l'Italie tels le récitatif, les préludes en forme de ritournelle avant les ariosos et, surtout, les éléments musicaux de base que constituaient l'ouverture et la chaconne. Mais conformément aux exigences musicales tout autres des Français et aux conditions très spécifiques dictées par la langue et la poésie françaises, cette matière fut élaborée en une forme entièrement nouvelle.

Lully avait introduit dans l'ouverture d'opéra, telle qu'il l'avait créée, les éléments de la musique instrumentale italienne, mais en les insérant dans un schéma formel génial et en même temps rigoureux, qui établit pour un siècle la forme définitive de l'ouverture à la française. De même pour la chaconne : Lully fit de cette ancienne danse instrumentale, bâtie sur une figure de basse répétée, une grandiose pièce conclusive d'un acte et même, le plus souvent, de l'opéra tout entier. Cette chaconne pouvait être chantée par le chœur ou jouée par l'orchestre, et sa forme était très exactement fixée. Il fallait également tenir compte, dans la nouvelle forme de drame musical, de la vieille prédilection des Français pour le ballet : c'est ainsi que tous les opéras de Lully sont parsemés de mouvements de danse les plus divers le plus souvent purement orchestraux, mais parfois aussi chantés. Ces intermèdes dansés furent bientôt soumis à un ordre fixe, chaque acte devant comporter vers sa fin une sorte de « théâtre dans le théâtre », ce qu'on appelait un « divertissement », qui, analogue en cela au « masque » de la musique de théâtre anglaise, n'avait souvent qu'un lien assez lâche avec l'action principale.

Bien entendu, le drame lui-même était fondé, comme dans l'opéra italien, sur le récitatif. Lully reprit cette forme de chant parlé à l'Italie, mais en lui donnant, conformément à la langue nouvelle, une forme tout autre. Le récitatif italien s'exécutait de manière très libre, rythmiquement, en suivant la langue dans une déclamation réaliste et libre, quelques accords secs de clavecin ou de luth étant placés sous le flot mélodieux du langage naturel. Les livrets d'opéra français utilisent, sciemment, une langue noble, rigoureuse, dont le rythme était dicté exactement par le mètre (le plus souvent en alexandrins). Lully étudia la mélodie et le rythme de la langue en écoutant les grands acteurs de tragédie, dont l'élocution devint ainsi le modèle de son récitatif. Il semble que le contraire se soit produit ensuite — les grands acteurs étudièrent la manière dont les chanteurs exécutaient le récitatif. Lully donna donc à la langue une forme déclamée en lui imposant un rythme très précis, qu'il souhaitait entendre exécuté littéralement. Le traitement des autres formes vocales — avant tout l'air — différait fondamentalement de ce qui se faisait en Italie. S'il s'agissait là-bas, à partir du milieu du XVIIe siècle, d'offrir au chanteur l'occasion de faire une démonstration vocale, dans le bel canto ou l'air de bravoure, ici, l'air était entièrement subordonné à l'œuvre et au déroulement de l'action, et moins différencié du récitatif.

On voit donc que, à partir des éléments fournis par l'opéra italien, récemment mis au point, et de l'ancien ballet français, l'Italien Lully créa une variante française entièrement autonome de drame musical qui se révéla, à long terme, être la seule alternative. L'opéra français demeurera toujours une combinaison de toutes les formes d'expression musico-dramatiques : chant, musique instrumentale et danse. Lully et Quinault fixèrent également une fois pour toutes la forme générale de la « tragédie lyrique », ainsi qu'on appelait alors en France l'opéra sérieux, en lui donnant un schéma formel pour ainsi dire obligé : l'action toujours mythologique, dont le déroulement *devait* être conduit par des dieux qui intervenaient constamment, était interrompue dans chacun des cinq actes par un « divertissement » — un ou plusieurs intermèdes légers, dansés et chantés, et plus ou moins extérieurs aux événements — dans lequel on recourait aux machineries de théâtre si importantes, aux machines volantes et aux feux d'artifice, et qui permettait au ballet de briller. Le compositeur avait ici l'occasion d'utiliser toutes les formes de danse françaises, toutes sortes d'airs dansants, sans trop se soucier de la cohérence dramatique. Le sommet musical et dramatique était l'indispensable « tonnerre », l'orage déclenché par les dieux au dernier acte. Tout compositeur devait en quelque sorte témoigner ici de ses capacités sur un thème donné.

La France avait du chant une conception entièrement différente de celle des autres pays d'Europe, qui s'alignaient sur le *bel canto* italien. La France était le seul pays d'Europe dans lequel les chanteurs italiens, en particulier les castrats, ne parvinrent pas à s'imposer. Même la répartition des types de voix différait. Les rôles féminins étaient chantés soit par des sopranos soit par des mezzos, suivant le caractère de la partie (l'ambitus allait dans les deux cas de do^3 à sol^4). Pour les rôles d'homme (y compris dans les chœurs) on disposait de hautes-contre — ténors très aigus, qui utilisaient aussi vraisemblablement la voix de fausset (do^2-do^4) — de tailles — ténors graves ou barytons aigus — et de basses.

Jean-Philippe Rameau (1683-1764) était déjà un compositeur célèbre lorsqu'il écrivit son premier opéra, à l'âge de cinquante ans. Pendant les premières décennies de sa carrière professionnelle, il avait travaillé comme organiste dans divers théâtres de province ; puis, à quarante ans, il vint s'installer à Paris, qu'il ne devait plus quitter jusqu'à la fin de sa vie. Menant personnellement une existence modeste et retirée, il trouva cependant quelques protecteurs fortunés — dont le fermier général Le Riche de la Pouplinière, qui l'installa chez lui, lui permettant de travailler avec son orchestre privé et qui le protégea à la cour. Rameau était extrêmement critique vis-à-vis de lui-même ; son épouse rapporte qu'il n'avait, par principe, jamais parlé de ses travaux réalisés durant les quarante premières années de sa vie. Une fois qu'il eut découvert l'opéra, alors qu'il avait déjà un certain âge, plus rien ne compta pour lui, et il écrivit au cours des vingt années suivantes une vingtaine d'œuvres scéniques diverses.

Son premier opéra, *Hippolyte et Aricie,* remporta déjà un immense succès, mais déclencha en même temps l'une de ces controverses pour lesquelles l'histoire de l'opéra français est célèbre et qui, à vrai dire, tournent toutes autour de l'œuvre de Rameau. En tant que compositeur français, Rameau était très étroitement lié à la tradition lulliste, et se considérait d'ailleurs comme lulliste, sans être, ainsi qu'il le dit lui-même, un « imitateur servile ». On lui reprocha cependant d'avoir trahi l'opéra français de Lully, d'y avoir introduit des harmonies italiennes (entre autres l'accord de septième diminuée), d'écrire une œuvre destructrice. Les « ramistes » s'opposaient donc aux « lullistes ». Peu après, le différend s'était déjà sensiblement aggravé et avait gagné en violence : dans la querelle dite « des bouffons », Rameau représentait maintenant le clan français, défendant l'ancienne tradition dont il se sentait le représentant, que l'on reconnaissait d'ailleurs en lui, contre les partisans d'un groupe de bouffons italiens qui avaient exécuté *La Servante maîtresse* de Pergolèse en guise d'intermezzo entre les actes d'un opéra de Lully. Il y allait, dans ce conflit, tout simplement des principes de la musique française et de l'italienne. Le principal détracteur de Rameau et de la musique française n'était autre que Jean-Jacques Rousseau qui, dans sa célèbre « Lettre sur la musique française », condamnait en termes les plus sévères la musique française, y compris celle de Rameau, faisant valoir la seule musique italienne. Les amis de Rameau finirent par l'emporter, ainsi qu'en témoigna l'accueil éclatant réservé à la deuxième version de *Castor et Pollux* en 1754. Vingt ans plus tard le conflit éclatait à nouveau ; Gluck avait maintenant pris la place de Rameau, et il s'agissait encore une fois des différences qui opposaient la musique d'opéra française et l'italienne. La virulence avec laquelle on s'affrontait dans ce conflit culturel gagna jusqu'à la vie privée. Lorqu'on rendait visite à quelqu'un, on se voyait demander si on était « gluckiste » ou « piccinniste » avant de pouvoir être accepté comme ami.

Malgré le traditionalisme notoire de Rameau, on comprend l'aversion que lui vouaient les « lullistes » ; car, en dehors des formes qu'on lui léguait et qu'il respectait rigoureusement, Rameau découvrit, inventa même, tout un arsenal de moyens d'expression entièrement nouveaux qu'il fut le premier à utiliser en musique. Il écrivait en quelque sorte des opéras français à l'ancienne, mais qui sonnaient comme une musique très moderne, et même d'avant-garde. Il est vraisemblable qu'on trouve ici le maillon manquant, si longtemps cherché, entre le baroque et le classicisme. L'harmonie de Rameau, par sa richesse et son audace, est en avance de plusieurs décennies sur l'évolution ultérieure. Il suffit de regarder l'instrumentation des grandes pièces orchestrales (ouvertures, chaconnes), des chœurs, et avant tout des récitatifs accompagnés pour être en présence d'authentiques inventions : les vents, qui n'étaient utilisés dans la musique baroque qu'à la manière de registres, ou pour des soli, sont souvent chez Rameau ajoutés à l'orchestre à cordes en guise de piliers harmoniques autonomes, ou pour des notes de pédales tenues. C'est ainsi que plusieurs sentiments peuvent être représentés en même temps, de façon à la fois crédible et intelligible. On pensait que cette technique n'avait été découverte que trente ans plus tard par Gluck. Afin d'améliorer le déroulement dramatique, Rameau introduisit de nombreux intermédiaires entre l'air avec accompagnement d'orchestre et le récitatif *secco*. Des récitatifs accompagnés de toutes sortes, ainsi qu'une instrumentation et une harmonie d'une richesse en couleurs incroyable pour cette époque, tout cela offrait des sonorités telles qu'on n'en avait jamais entendu jusqu'alors. Les parties d'instruments à vent sont en bonne partie *obligato*, et toujours écrites de façon spécifique pour chaque instrument ; c'est particulièrement clair dans le cas des bassons, qui ne se bornent pas à renforcer la basse.

C'est surtout dans les récitatifs accompagnés que Rameau pouvait se livrer ainsi à une peinture sonore extrêmement naturaliste : « imiter la nature » était un principe de base de l'esthétique musicale française du XVIIIe siècle. Dans le « Tonnerre » du cinquième acte de *Castor et Pollux*, l'éclair, le tonnerre, l'orage, le désarroi de la nature sont rendus par de sauvages trémolos et autres passages de cordes, de durs accords des vents et des notes tenues accentuées. Ce sombre tableau d'orage se transforme, à travers une peinture sonore presque romantique, en une image chaude et ensoleillée — des six instruments à vent qui avaient représenté l'éclair et le tonnerre, il ne reste qu'une flûte mélodieuse, le ciel se dégage et Jupiter en descend avec douceur et grâce. La conduite autonome des parties de basson, fondée uniquement sur un souci de peinture sonore, est aussi extrêmement moderne. Rameau est le premier à faire monter cet instrument jusqu'au *la*^{3}. Presque toutes les acquisitions des classiques semblent prendre leurs racines ici. Lorsqu'on songe que cet opéra fut écrit en 1737, à l'époque où Bach et Haendel composaient leurs oratorios et cantates, et où les innovations de Mannheim n'étaient encore qu'en germe, on mesure l'immense importance du génie de Rameau pour l'histoire de la musique.

Castor et Pollux fut accueilli avec enthousiasme par les contemporains. Dans son *Essai sur la musique*, de la Borde dit : « Plus de cent représentations de suite ne purent diminuer le plaisir que tout Paris éprouvait à entendre ce bel opéra, qui parlait à la fois à l'âme, au cœur, à l'esprit, aux yeux, aux oreilles et à l'imagination. » Vers 1900 *Castor et Pollux* fut rejoué par la Schola Cantorum de Paris ; Debussy assistait à cette exécution dont il rendit compte ; le parallèle avec Gluck s'imposa instantanément à ses yeux : « Le génie de Gluck trouve dans l'œuvre de Rameau de profondes racines... on peut faire de singuliers rapprochements, qui permettent d'affirmer que Gluck ne put prendre la place de Rameau sur la scène française qu'en s'assimilant et rendant siennes les belles créations de ce dernier. » Il décrit ainsi le début du premier acte : « Après une ouverture, bruit nécessaire pour permettre aux robes à panier d'étaler la soie de leur tour, s'élèvent les voix gémissantes d'un chœur célébrant les funérailles de Castor. Tout de suite, on se sent enveloppé d'une atmosphère tragique, qui, quand même, reste humaine, c'est-à-dire que ça ne sent pas le péplum ni le casque... Simplement des gens qui pleurent comme vous et moi. Puis arrive Télaïre, et la plainte la plus douce, la plus profonde qui soit sortie d'un cœur aimant est ici traduite... Au deuxième acte... il faudrait tout citer... : l'air-monologue de Pollux : " Nature, amour, qui partagez mon sort ", si personnel d'accent, si nouveau de construction, que l'espace et le temps sont supprimés, et Rameau semble un contemporain auquel nous pourrons dire notre admiration à la sortie... Arrivons à la dernière scène de cet acte. Hébé danse à la tête des plaisirs célestes... Jamais la sensation d'une volupté calme et tranquille n'a trouvé de si parfaite traduction ; cela se joue si lumineusement dans l'air surnaturel qu'il faut toute l'énergie spartiate pour échapper à ce charme, et penser encore à Castor. (Je l'avais oublié depuis un bon moment.) »

A la différence de la musique instrumentale, qui était le plus souvent notée assez précisément, les compositeurs n'écrivaient, depuis le début, leurs opéras que sous forme d'esquisse. C'est le cas des opéras italiens de Monteverdi et de Cavalli, mais aussi des opéras français de Lully et de ses successeurs. Or justement, de nombreuses parties d'orchestre datant des exécutions parisiennes, ont été conservées, si bien que pour certaines œuvres on peut reconstituer de véritables partitions. Bien entendu il est très difficile de déterminer d'après ces parties la part du compositeur ; dans de nombreux cas, elles étaient sans doute l'œuvre des musiciens eux-mêmes ou d'habiles arrangeurs issus peut-être de l' « atelier » du compositeur. La plupart des opéras de Rameau nous sont également parvenus sous cette forme. Pour *Castor et Pollux*, il existe deux partitions imprimées, l'une de la première version de 1737, l'autre de la deuxième version de 1754, toutes deux rédigées sous forme d'esquisse : l'ouverture n'est écrite que sur deux portées, comportant simplement quelques indications sur l'instrumentation (dans la section allegro figure parfois « violons », « hautbois », « bassons » ou « tous ») ; les parties de flûte et de hautbois sont parfois entièrement écrites, mais jamais les parties intermédiaires. Les nuances, en revanche, y compris les valeurs intermédiaires, sont indiquées assez précisément. Le matériel d'orchestre des premières exécutions qui a survécu permet cependant d'établir une partition en principe à cinq voix, avec deux altos, qui donne une impression de grande authenticité. Sa qualité m'incite à conclure que les voix intermédiaires et les détails de l'instrumentation sont également l'œuvre de Rameau, ou du moins qu'il les a supervisés ; les quelques indications des partitions imprimées sous forme d'esquisse sont très scrupuleusement respectées dans ces parties. Il existe également toute une série d'arrangements qui manifestement n'ont pas reçu l'approbation de Rameau (dont l'instrumentation s'écarte bien trop de ses indications), mais qui prouvent cependant combien la marge de liberté dont disposaient alors les exécutants était grande. (Il existe ainsi une partition comportant outre les flûtes, hautbois et bassons, des cors, ce qui n'était certainement pas l'intention du compositeur ; dans la même version, les soli de basson de Rameau sont confiés aux altos, et ainsi de suite.)

Outre les problèmes de partition et d'instrumentation, il faut, pour chaque opéra baroque, éclaircir également la question de l'improvisation et de l'ornementation. Les Français étaient dans ce domaine beaucoup plus rigoureux que les Italiens ; ils ne toléraient absolument aucune ornementation arbitraire, mais uniquement les « agréments » précisément codifiés de la musique instrumentale, lesquels requéraient une exécution extrêmement raffinée et réfléchie. Dans chaque cas isolé, il faut décider de quelle sorte d'ornement il s'agit (avant ou sur le temps, appoggiature longue ou brève, avec ou sans terminaison, etc.). « Qu'un agrément, dit Rameau, soit aussi bien rendu qu'il se puisse, il y manquera toujours ce certain je ne sais quoi qui en fait tout le mérite, s'il n'est guidé par le sentiment : trop ou trop peu, trop tôt ou trop tard, plus ou moins long-temps dans les suspensions, dans des sons enflés ou diminués, dans des battements de *trils* dits *cadences,* enfin cette juste précision que demande l'expression, la situation, manquant une fois, tout agrément devient insipide... » Ces ornements furent repris de la musique instrumentale dans la musique vocale, y compris dans les chœurs.

Rameau se trouve au terme d'une évolution qui avait commencé presque un siècle plus tôt avec Lully. Même si, en tant que compositeur, il était à tous égards moderne, et même prophétique, il se considérait cependant comme le gardien de la tradition française d'opéra. Il conserva le « divertissement », et même le « tonnerre », et il estimait que l'irréalité des scènes divines était une caractéristique essentielle d'un authentique opéra. Il découvrit cependant, comme aucun compositeur avant lui et comme très peu après lui, des voies entièrement nouvelles pour les formes traditionnelles.

Réflexions
d'un musicien d'orchestre
sur une lettre de W. A. Mozart.

Lettre du 3 juillet écrite de Paris[1] : « ... J'ai dû faire une symphonie pour l'ouverture du Concert spirituel... Elle a donc plu exceptionnellement. A la répétition j'ai eu très peur, car, de ma vie, je n'ai rien entendu de plus mauvais : vous ne pouvez vous imaginer comment ils ont, deux fois de suite, bâclé et raclé à fond la symphonie... Je l'aurais bien fait répéter une fois de plus, mais on a toujours tant de morceaux à répéter qu'il n'y avait plus assez de temps... La symphonie commença... juste au milieu du premier allegro était un passage que je savais bien devoir plaire : tous les auditeurs en furent transportés... et il y eut un grand applaudissement... Comme je savais bien, quand je l'écrivis, quelle sorte d'effet il ferait, je l'avais ramené une seconde fois, à la fin... même accueil da capo. L'andante plut aussi, particulièrement le dernier allegro... J'avais entendu dire qu'ici tous les derniers allegros commencent, comme les premiers, avec, tout de suite, l'ensemble des instruments, et généralement unisono ; aussi commençai-je avec les deux violons seuls, piano, et pendant 8 mesures seulement... puis, là-dessus, tout de suite, un forte... De sorte que les auditeurs (comme je m'y attendais) firent ch... au moment du piano. Et lorsque soudain éclata le forte... entendre le forte et battre des mains fut tout un. »

Le 12 juin : « ... Je n'ai pas manqué le *premier coup d'archet*[2] !... et c'est déjà assez... »

1. Traduction française des lettres empruntée à Henri de Curzon, *Lettres de W. A. Mozart*, Paris, Librairie Plon, 1928. (N.d.T.)
2. En français dans le texte. (N.d.T.)

Le 9 juillet : (Mozart écrit au sujet d'une conversation avec Le Gros, l'organisateur du Concert spirituel) « ... La symphonie a eu plein de succès... et Le Gros en est tellement content qu'il dit que c'est sa meilleure symphonie. — L'andante, cependant, n'a pas eu le bonheur de le satisfaire... Il dit qu'il y a dedans trop de modulation... et que c'est trop long... Mais cela vient de ce que les auditeurs avaient oublié de faire un aussi fort et soutenu fracas de battements de mains, à cet endroit, qu'au premier et au dernier morceau. Car l'andante a le plus grand succès *auprès de moi*, d'abord, et puis de tous les connaisseurs et amateurs et de la plupart des auditeurs... c'est juste le contraire de ce que dit Le Gros : il est tout naturel... et court. — Cependant, pour le contenter (et, avec lui, quelques autres), j'en ai composé un second. Chacun, dans son genre, est bien... parce que chacun a un caractère différent. — Mais le dernier me plaît encore davantage. »

Le premier fragment est extrait d'une des plus belles lettres de Mozart, écrite dans la nuit qui suivit le décès de sa mère. Dans la première partie, il cherche à apaiser son père et à le préparer à ce coup du destin, en lui disant que sa mère est très malade. Aussitôt après vient la description vivante et insouciante de la création de la *Symphonie parisienne*. Cette juxtaposition a pour nous quelque chose de choquant — pour les hommes profondément religieux de cette époque, la mort était une compagne familière.

L'orchestre parisien pour lequel la *Symphonie* fut écrite était d'une formation riche pour l'époque. Outre les cordes, il comportait flûtes traversières, hautbois, clarinettes, bassons, cors, trompettes et timbales. Mais il nous faut imaginer la sonorité de cet orchestre tout autre que celle à laquelle nous sommes habitués aujourd'hui : les instruments à cordes avaient autrefois une sonorité plus douce et plus mordante ; les cors et les trompettes étaient deux fois plus longs et avaient en conséquence une perce plus étroite qu'ils n'ont aujourd'hui, ce qui leur donnait une sonorité mince, mais — surtout dans le cas de la trompette — agressive et éclatante ; les pistons n'existaient pas encore, si bien qu'on ne pouvait obtenir que les sons naturels. Les bois étaient également plus doux et avaient un timbre plus caractéristique pour chaque instrument. Dans l'ensemble, un orchestre de cette époque devait avoir, même dans les *forte*, une sonorité beaucoup moins massive qu'un orchestre moderne de formation identique. Le son était plus coloré, moins rond et moins homogène qu'il ne l'est aujourd'hui. Il n'y avait pas de chef qui dirigeait, mais le premier violon donnait les départs de son pupitre.

Le compte rendu que donne Mozart de l'exécution de la *Symphonie* est pour nous d'un intérêt tout particulier, car ce précieux témoignage du compositeur nous montre non seulement l'effet produit sur le public, mais aussi la *conception* attentive de cet effet. Mozart étudia les programmes du Concert spirituel, afin d'obtenir un effet maximum en mettant en œuvre de façon raffinée son talent d'invention et son imagination. Il est dommage que les phrases de Mozart qui se rapportent à l'effet produit par cette *Symphonie* ne soient pas imprimées en première page de la partition de direction. Elles seraient une aide inestimable pour maints chefs soucieux d'authenticité, mais qui n'ont pas, par hasard, la lettre sous les yeux.

La *Symphonie* commence par un *forte unisono* de tout l'orchestre. Ce « *premier coup d'archet* » — l'attaque *forte* soudaine de toutes les cordes — était une particularité renommée du Concert spirituel, que l'on attendait au début de chaque symphonie. Quel plaisir presque enfantin Mozart ne prend-il pas avec son effet dans le finale ! Au lieu de l'attaque *forte* attendue — on attendait aussi le « *coup d'archet* » au début du mouvement final — il fait jouer les premiers et seconds violons tout doucement dans un duo en filigrane, avant de résoudre cette tension créée artificiellement huit mesures plus tard par un *unisono forte* qui libère tout l'orchestre. Je ne me souviens malheureusement que de très peu d'exécutions qui fissent ressortir cet effet.

Quel est donc le passage du premier mouvement tel que « tous les auditeurs en furent transportés » et qu' « il y eut un grand applaudissement ? » C'est un tendre passage en *spiccato* des cordes en octaves, sous lequel les flûtes et les hautbois jouent de longs accords, par-dessus une basse en *pizzicato*. Ce passage, dont Mozart savait déjà lors de la composition « quelle sorte d'effet il ferait » est joué sans que l'on y prête attention dans la plupart des exécutions. L'auditeur actuel n'y perçoit non plus rien de particulier. Les compositeurs des époques antérieures, en revanche, pouvaient compter sur un public attentif et compréhensif, qui remarquait chaque idée nouvelle, chaque effet d'instrumentation, chaque particularité harmonique ou mélodique et prenait position avec passion, pour ou contre. Le public d'aujourd'hui concentre son intérêt non sur la composition mais sur la restitution, qui est jugée, il est vrai, en connaissance de cause.

Les remarques sur le public sont donc également d'un intérêt particulier. Mozart n'est nullement choqué de ce qu'on applaudisse entre les mouvements, voire pendant la musique proprement dite, il y compte en quelque sorte par avance. Ces expressions d'approbation montraient au compositeur qu'on l'avait compris. Une part de la musique devait certes disparaître lors de la première audition dans l'écho suscité parmi le public, en sorte que les répétitions prenaient une signification supplémentaire. Evidemment, on n'a pas applaudi bruyamment après l'andante, tout intérieur. On ne connaît généralement pas aujourd'hui l'andante original dont Mozart trouvait qu'il était le meilleur de tous les mouvements, alors que lui-même le considérait comme valant bien l'autre — « Chacun, dans son genre, est bien. » On voit, à la réaction du public, à quel point la façon de faire et d'entendre la musique s'est transformée foncièrement. Autrefois on souhaitait constamment être surpris par des choses nouvelles, jamais entendues. Les auditeurs se laissaient volontiers arracher des explosions d'enthousiasme lorsqu'un compositeur génial avait réussi à trouver une idée qui faisait beaucoup d'effet. Le connu n'intéressait plus ; on voulait du nouveau et *rien que* du nouveau. Aujourd'hui en revanche on ne s'intéresse en fait qu'au connu, au trop connu. Ce souhait de n'entendre que du connu a été poussé trop loin, — c'est en tout cas ce que nous, musiciens, ressentons de façon particulièrement nette lorsque, en l'espace d'un temps très court, nous jouons à plusieurs reprises par exemple la *Septième symphonie* de Beethoven devant le même public ; ou alors nous ressentons péniblement le désintérêt du public — parfois même celui des chefs — vis-à-vis d'œuvres inconnues du présent ou du passé.

Cela conduit à une autre réflexion, malheureusement affligeante, à laquelle la lettre de Mozart nous incite également. Mozart se plaint amèrement et désespérément de ce que l'on consacre trop peu de temps à sa symphonie. « Mais on a toujours tant de morceaux à répéter qu'il n'y avait plus assez de temps... » Certains passages de la *Symphonie parisienne* présentent des difficultés, même pour un orchestre moderne, qu'une lecture à deux reprises ne suffit en aucun cas à aplanir. Ainsi le difficile duo de violons au début du finale. Pour autant qu'on joue aujourd'hui une autre symphonie de Mozart ou de Haydn que l'une des trois ou quatre les plus connues, elle sera condamnée à une misérable existence de Cendrillon. Les chefs consacrent la plus grande partie du temps de répétition à la grande pièce qui conclut le programme, le plus souvent une œuvre que tout musicien connaît par cœur, et à la fin de la dernière répétition, on procède à une lecture très rapide de la symphonie de Mozart, qui sert quasiment d'échauffement au début du programme : « C'est d'ailleurs très facile. » C'est ainsi que l'œuvre, qui devrait certainement, dans bon nombre de programmes, représenter le centre de gravité musical, est improvisée avec indifférence devant un public qui n'y porte aucun intérêt.

Il n'est pratiquement personne qui doute que Mozart ne fût l'un des plus grands compositeurs de tous les temps. Mais dans la pratique on passe sur ses œuvres sans y prêter attention, pour leur préférer des œuvres dont on admet sans hésiter la qualité inférieure. Cela devrait-il vraiment ne dépendre que du volume sonore ?

Du point de vue de l'orchestre, Mozart est donc un chapitre quelque peu triste. Bon nombre de ses œuvres les plus magnifiques ne sont presque jamais jouées. Dans ce domaine, aujourd'hui encore, on est loin de rendre justice à l'un des plus grands génies de l'humanité.

Postface

Au cours de mes nombreuses années d'activité en tant que musicien et enseignant, il s'est accumulé un grand nombre d'articles, de conférences et de cours parmi lesquels j'ai choisi les présents textes. Je les ai légèrement retravaillés, tout en en conservant parfois délibérément le caractère parlé. L'article « L'interprétation de la musique historique » date de l'année 1954 et constitue mon premier écrit sur ce thème, pour ainsi dire le « Credo » du Concentus Musicus, fondé à cette époque. Le chapitre initial, « La musique dans notre vie » est le discours de remerciement que j'ai prononcé à Amsterdam à l'occasion de la remise du Prix Erasme en 1980 ; c'est le texte le plus récent de ce livre.

Dans ce choix, je me suis avant tout soucié des thèmes généraux. J'en ai exclu les travaux sur Monteverdi, Bach et Mozart — compositeurs dont l'œuvre est au centre de mon travail : ils sont réservés à une publication ultérieure.

Je remercie tout particulièrement Mme Johanna Fürstauer, qui a rassemblé et ordonné tous les textes ; sans son travail ce livre n'aurait jamais existé.

NIKOLAUS HARNONCOURT

DISCOGRAPHIE[1]

JEAN-SÉBASTIEN BACH

Les grandes œuvres vocales
Messe en si mineur, BWV 232
Passion selon saint Matthieu, BWV 244
Passion selon saint Jean, BWV 245
Oratorio de Noël, BWV 248
Participants : voir enregistrements séparés
6.35414 (13 disques)
Edition complète en coffret avec partitions, prix spécial

Passion selon saint Jean, BWV 245, enregistrement intégral
Equiluz, van t'Hoff, van Egmond, etc., Wiener Sängerknaben, Chorus Viennensis, Concentus musicus de Vienne
6.35018 (3 disques)
4.35018 (2 cassettes)
GRAND PRIX DU DISQUE

Passion selon saint Jean, extraits
Equiluz, van t'Hoff, van Egmond, etc., Wiener Sängerknaben, Chorus Viennensis, Concentus musicus de Vienne
6.41069 (1 disque)

Passion selon saint Matthieu, BWV 244, enregistrement intégral
Solistes des Wiener Sängerknaben, Esswood, van Egmond, Schopper, King's College Choir, Cambridge, etc., Concentus musicus de Vienne
6.35047 (4 disques)
4.35047 (3 cassettes)
PREMIO DELLA CRITICA DISCOGRAFICA ITALIANA, EDISON-PREIS

Passion selon saint Matthieu, BWV 244, airs et chœurs
Concentus musicus de Vienne
6.42356 (1 disque)

Messe en si mineur, BWV 232,
« Grand messe »
Hansmann, Iiyama, Watts, Equiluz, van Egmond, etc., Concentus musicus de Vienne.
6.35019 (3 disques)
4.35019 (2 cassettes)
DEUTSCHER SCHALLPLATTENPREIS, GRAND PRIX DU DISQUE

Missa 1733, Kyrie — Gloria
Hansmann, Iiyama, Watts, Equiluz,

1. Tous les enregistrements cités ici sont publiés par Telefunken.

van Egmond, Wiener Sängerknaben, Chorus Viennensis, Concentus musicus de Vienne
6.41135 (1 disque)

Oratorio de Noël, BWV 248, enregistrement intégral
Esswood, Equiluz, Nimsgern, Wiener Sängerknaben, Chorus Viennensis, Concentus musicus de Vienne
6.35022 (3 disques)
4.35022 (3 cassettes)

L'Histoire de Noël, extraits de l'*Oratorio de Noël*, BWV 248
Solistes des Wiener Sängerknaben, Esswood, Equiluz, Nimsgern, Wiener Sängerknaben, Chorus Viennensis, Concentus musicus de Vienne
6.42102 (1 disque)

LES CANTATES

Premier enregistrement intégral en formation authentique. Avec introductions détaillées aux œuvres, textes complets des cantates et partitions
PRIX ÉRASME

Les cantates — vol. 1
Wie schön leuchtet der Morgenstern, BWV 1; *Ach Gott, vom Himmel sieh darein*, BWV 2; *Ach Gott, wie manches Herzeleid*, BWV 3; *Christ lag in Todesbanden*, BWV 4
Wiener Sängerknaben, Chorus Viennensis. Concentus musicus de Vienne.
6.35027 (2 disques)
DEUTSCHER SCHALLPLATTENPREIS

Les cantates — vol. 2
Wo soll ich fliehen hin, BWV 5; *Bleib bei uns, denn es will Abend werden*, BWV 6; *Christ, unser Herr, zum Jordan Kam*, BWV 7; *Liebster Gott, wann werd'ich sterben*, BWV 8
Wiener Sängerknaben, Chorus Viennensis, Concentus musicus de Vienne, King's College Choir, Cambridge, Leonhardt-Consort/Leonhardt
6.35028 (2 disques)

Les cantates — vol. 3
Es ist das Heil uns kommen her, BWV 9; *Meine seel' erhebt der Herren*, BWV 10; *Lober Gott in seinen Reichen*, BWV 11
Wiener Sängerknaben, Chorus Viennensis, Concentus musicus de Vienne, King's College Choir, Cambridge, Leonhardt-Consort/Leonhardt
6.35029 (2 disques)

Les cantates — vol. 4
Weinen, Klagen, Sorgen, Zagen, BWV 12; *Meine Seufzer, meine Tränen*, BWV 13; *Wär' Gott nicht mit uns diese Zeit*, BWV 14; *Herr Gott, dich loben wir*, BWV 16
Tölzer Knabenchor, King's College Choir, Cambridge, Leonhardt Consort/Leonhardt
6.35030 (2 disques)

Les cantates — vol. 5
Wer Dank opfert, der preiset mich, BWV 17; *Gleich wie der Regen und Schnee vom Himmel fällt*, BWV 18; *Es erhub sich ein Streit*, BWV 19; *O Ewigkeit, du Donnerwort*, BWV 20
Wiener Sängerknaben, Chorus Viennensis, Concentus musicus de Vienne
6.35031 (2 disques)

Les cantates — vol. 6
Ich hatte viel Bekümmernis, BWV 21; *Jésus nahm zussich die Zwölfe*, BWV 22; *Du wahrer Gott und Davids Sohn*, BWV 23
Wiener Sängerknaben, Chorus Vien-

nensis, Concentus musicus de Vienne, Tölzer Knabenchor, King's College Choir, Cambridge, Leonhardt Consort/Leonhardt
6.35032 (2 disques)

Les cantates — vol. 7
Ein ungefärbt Gemüte, BWV 24; *Es ist nichts Gesunden an meinem Leib*, BWV 25; *Ach wie flüchtig, ach wie nichtig*, BWV 26; *Wer weiss, wie nahe mir mein Ende*, BWV 27
Wiener Sängerknaben, Chorus Viennensis, Concentus musicus de Vienne
6.35033 (2 disques)

Les cantates — vol. 8
Gottlob! Nun geht das Jahr zu Ende, BWV 28; *Wir danken dir, Gott, wir danken dir*, BWV 29; *Freue dich, erlöste Schar*, BWV 30
Wiener Sängerknaben, Chorus Viennensis, Concentus musicus de Vienne
6.35034 (2 disques)

Les cantates — vol. 9
Der Himmel lacht, die Erde jubilieret, BWV 31; *Liebster Jesu mein Verlangen*, BWV 32; *Allein zu dir, Herr Jesu Christ*, BWV 33; *O ewiges Feurer, o Ursprung der Liebe*, BWV 34
Wiener Sängerknaben, Chorus Viennensis, Knabenchor de Hanovre, Leonhardt-Consort/Leonhardt
6.35035 (2 disques)

Les cantates — vol. 10
Geist und Seele wird verwirret, BWV 35; *Schwingt freudig euch empor*, BWV 36; *Wer da gläubet und getauft wird*, BWV 37; *Aus tiefer Not schrei ich zu dir*, BWV 38
Wiener Sängerknaben, Chorus Viennensis, Concentus musicus de Vienne
6.35036 (2 disques)

Les cantates — vol. 11
Brich dem Hungrigen dein Brot, BWV 39; *Darzu ist erschienen der Sohn Gottes*, BWV 40; *Jesu, nun sei gepreiset*, BWV 41; *Am Abend aber desselbigen Sabbats*, BWV 42
Wiener Sängerknaben, Chorus Viennensis, Concentus musicus de Vienne, Knabenchor de Hanovre, Leonhardt-Consort/Leonhardt
6.35269 (2 disques)

Les cantates — vol. 12
Gott fähret auf mit Jauchzen, BWV 43; *Sie werden euch in den Bann tun*, BWV 44; *Es ist dir gesegt, Mensch, was gut ist*, BWV 45; *Schauet doch und sehet, ob irgend ein Schmerz sei*, BWV 46
Wiener Sängerknaben, Chorus Viennensis, Concentus musicus de Vienne, Knabenchor de Hanovre, Leonhardt-Consort/Leonhardt
6.35283 (2 disques)

Les cantates — vol. 13
Wer sich selbst erhöbet, der soll erniedriget werden, BWV 47; *Ich elender Mensch, wer wird mich erlösen*, BWV 48; *Ich geh und suche mit Verlangen*, BWV 49; *Nun ist das Heil und die Kraft*, BWV 50
Wiener Sängerknaben, Chorus Viennensis, Consentus musicus de Vienne
6.35284 (2 disques)

Les cantates — vol. 14
Jauchzet Gott in allen Landen, BWV 51; *Falsche Welt, dir traue ich nicht*, BWV 52; *Widerstehe doch der Sünde*, BWV 54; *Ich armer Mensch ich Sündenknecht*, BWV 55; *Ich will den Kreuzstab gerne tragen*, BWV 56

Kweksilber, Kronwitter, soliste du Tölzer Knabenchor, Esswood, Equiluz, Schopper, Knabenchor de Hanovre, Leonhardt-Consort/Leonhardt
6.35304 (2 disques)

Les cantates — vol. 15
Selig ist der Mann, BWV 57; *Ach Gott, wie manches Herzleid*, BWV 58; *Wer mich liebet, der wird mein Wort halten*, BWV 59; *O Ewigkeit, du Donnerwort*, BWV 60
Tölzer Knabenchor, Concentus musicus de Vienne
6.35305 (2 disques)

Les cantates — vol. 16
Nun komm, der Heiden Heiland I, BWV 61; *Nun komm, der Heiden Heiland II*, BWV 62; *Christen, ätzet diesen Tag*, BWV 63; *Sehet, welch eine Liebe hat uns der Vater erzeiget*, BWV 64
Tölzer Knabencor, Concentus musicus de Vienne
6.35306 (2 disques)

Les cantates — vol. 17
Sie werden aus Saba alle kommen, BWV 65; *Erfreuet euch, ihr Herzen*, BWV 66; *Halt im Gedächtnis Jesum Christ*, BWV 67; *Also hat Gott die Welt geliebt*, BWV 68
Tölzer Knabenchor, Concentus musicus de Vienne, Knabenchor de Hanovre, Collegium Vocale, Leonhardt-Consort/Leonhardt
6.35335 (2 disques)

Les cantates — vol. 18
Lobe den Herrn, meine Seele, BWV 69a; *Lobe den Herrn, meine Seele*, BWV 69; *Wachet! betet! betet! wachet!* BWV 70; *Gott ist mein Köning*, BWV 71; *Alles nur nach Gottes Willen*, BWV 72
Tölzer Knabenchor, Concentus musicus de Vienne
6.35340 (2 disques)

Les cantates -- vol. 19
Herr, wie du willt, so schicks mit mir, BWV 73; *Wer mich liebet, der wird mein Wort halten*, BWV 74; *Die Elenden sollen essen*, BWV 75
Knabenchor de Hanovre, Collegium Vocale, Leonhardt-Consort/Leonhardt
6.35341 (2 disques)

Les cantates — vol. 20
Die Himmel erzählen die Ehre Gottes, BWV 76; *Du sollst Gott, deinen Herren, lieben* BWV 77; *Jesu, der du meine Seele*, BWV 78; *Gott der Herr ist Sonn und Schild*, BWV 79
Tölzer Knabenchor, Concentus musicus de Vienne, Knabenchor de Hanovre, Collegium Vocale, Leonhardt-Consort/Leonhardt
6.35362 (2 disques)

Les cantates — vol. 21
Ein feste Burg ist unser Gott, BWV 80; *Jesus schläft, was soll ich hoffen*, BWV 81; *Ich habe genung*, BWV 82; *Erfreute Zeit im neuen Bunde*, BWV 83
Huttenlocher, Tölzer Knabenchor, Concentus musicus de Vienne
6.35363 (2 disques)

Les cantates — vol. 22
Ich bin vergnügt mit meinem Glücke, BWV 84; *Ich bin ein guter Hirt*, BWV 85; *Wahrlich, wahrlich, ich sage euch*, BWV 86; *Bisher habt ihr nichts gebeten in meinem Namen*, BWV 87; *Siehe, ich will viel Fischer aussenden*, BWV 88; *Was soll ich aus dir machen, Ephraim?* BWV 89; *Es reisset euch ein schrecklich Ende*, BWV 90
Tölzer Knabenchor, Concentus musicus de Vienne, Knabenchor de Hano-

vre, Collegium Vocale, Leonhardt-Consort/Leonhardt
6.35364 (2 disques)

Les cantates — vol. 23
Gelobet seist du, Jesu Christ, BWV 91 ; *Ich hab in Gottes Herz und Sinn*, BWV 92 ; *Wer nur den lieben Gott lässt walten*, BWV 93 ; *Was frag ich nach der Welt*, BWV 94
Tölzer Knabenchor, Concentus musicus de Vienne, Knabenchor de Hanovre, Collegium Vocale, Leonhardt-Consort/Leonhardt
6.35441 (2 disques)

Les cantates — vol. 24
Christus, der ist mein Leben, BWV 95 ; *Herr Christ, der einge Gottessohn*, BWV 96 ; *In allen meinen Taten*, BWV 97 ; *Was Gott tut, das ist wohlgetan*, BWV 98
Tölzer Knabenchor, Concentus musicus de Vienne, Knabenchor de Hanovre, Collegium Vocale, Leonhardt-Consort/Leonhardt
6.35442 (2 disques)

Les cantates — vol. 25
Was Gott tut, das ist wohlgetan II, BWV 99 ; *Was Gott tut, das ist wohlgetan III*, BWV 100 ; *Nimm von uns, Herr, du treuer Gott*, BWV 101 ; *Herr, deine Augen sehen nach dem Glauben*, BWV 102
Tölzer Knabenchor, Concentus musicus de Vienne, Knabenchor de Hanovre, Collegium Vocale, Leonhardt-Consort/Leonhardt
6.35443 (2 disques)

Les cantates — vol. 26
Ihr werdet lachen und heulen, BWV 103 ; *Du Hirte Israel, höre*, BWV 104 ; *Herr, gehe nicht ins Gericht mit deinem Knecht*, BWV 105 ; *Gottes Zeit ist die allerbeste Zeit*, BWV 106
Tölzer Knabenchor, Concentus musicus de Vienne, Knabenchor de Hanovre, Collegium Vocale, Leonhardt-Consort/Leonhardt
6.35558 (2 disques)

Les cantates — vol. 27
Was willst du dich betrüben, BWV 107 ; *Es ist euch gut, dass ich hingehe*, BWV 108 ; *Ich glaube lieber Herr, hilf meinem Unglauben !* BWV 109 ; *Unser Mund sei voll Lachens*, BWV 110
Tölzer Knabenchor, Concentus musicus de Vienne, Knabenchor de Hanovre, Collegium Vocale, Leonhardt-Consort/Leonhardt
6.35559 (2 disques)

Les cantates — vol. 28
Was mein Gott will, das g'scheh allzeit, BWV 111 ; *Der Herr ist mein getreuer Hirt*, BWV 112 ; *Herr Jesu Christ, du höchstes Gut*, BWV 113 ; *Ach, lieben Christen, seid getrost*, BWV 114
Tölzer Knabenchor, Concentus musicus de Vienne, Knabenchor de Hanovre, Collegium Vocale, Leonhardt-Consort/Leonhardt
6.35573 (2 disques)

Les cantates — vol. 29
Mache dich, mein Geist, bereit, BWV 115 ; *Du Friedefürst, Herr Jesu Christ*, BWV 116 ; *Sei Lob und Ehr dem höchsten Gut*, BWV 117 ; *Preise, Jerusalem, den Herrn*, BWV 119
Tölzer Knabenchor, Concentus musicus de Vienne, Knabenchor de Hanovre, Collegium Vocale, Leonhardt-Consort/Leonhardt
6.35577 (2 disques)

Les cantates — vol. 30
Gott, man lobet dich in der Stille, BWV 120 ; *Christum wir sollen loben schon*, BWV 121 ; *Das neugebor'ne Kindelein*,

BWV 122; *Liebster Immanuel, Herzog der Frommen,* BWV 123
Tölzer Knabenchor, Concentus musicus de Vienne, Collegium Vocale, Leonhardt-Consort/Leonhardt
6.35578 (2 disques)

Les cantates — vol. 31
Meinem Jesum lass ich nicht, BWV 124; *Mit Fried und Freud ich fahr dahin,* BWV 125; *Erhalt uns, Herr, bei deinem Wort,* BWV 126; *Herr Jesu Christ, wahr' Mensch und Gott,* BWV 127. Tölzer Knabenchor, Concentus musicus de Vienne, Knabenchor de Hanovre, Collegium Vocale, Leonhardt-Consort/Leonhardt
6.35602 (2 disques)

Les cantates — vol. 32
Auf Christi Himmelfahrt allein, BWV 128; *Gelobet sei der Herr, mein Gott,* BWV 129; *Herr Gott, dich loben alle wir,* BWV 130; *Aus der Tiefen rufe ich, Herr, zu dir,* BWV 131
Tölzer Knabenchor, Concentus musicus de Vienne, Knabenchor de Hanovre, Collegium Vocale, Leonhardt Consort/Leonhardt
6.35606 (2 disques) enregistrement numérique

Les cantates — vol. 33
Bereitet die Wege, bereitet die Bahn, BWV 132; *Ich freue mich in dir,* BWV 133; *Ein Herz, das seinen Jesum lebend wei,* BWV 134; *Ach Herr, ich armer Sünder,* BWV 135
Knabenchor de Hanovre, Collegium Vocale, Leonhardt Consort/Leonhardt
6.35607 (2 disques) enregistrement numérique

Les cantates — vol. 34
Erforsche mich, Gott, und erfahre mein Herz, BWV 136; *Lobe den Herren, den mächtigen König der Ehren,* BWV 137; *Warum betrübst du dich, mein Herz?* BWV 138; *Wohl dem, der sich auf seinen Gott,* BWV 139
Tölzer Knabenchor, Concentus musicus de Vienne
6.35608 (2 disques)

Cantates de Pâques, BWV 4, 6, 12, 31, 42, 66, 85, 103, 104, 108, 112
Concentus musicus de Vienne, Leonhardt-Consort/Leonhardt
6.35551 (5 disques)

Cantates de Pâques, BWV 4, 6, 12, 31, 42, 66, 67
Concentus musicus de Vienne, Leonhardt-Consort/Leonhardt
4.35432 (3 cassettes)

Cantates de Noël, de l'Avent au Nouvel An, BWV 16, 28, 36, 40, 41, 57, 58, 61, 62, 63, 64, 91, 110
Concentus musicus de Vienne, Leonhardt-Consort/Leonhardt
6.35583 (5 disques)

Cantates pour l'Avent et Noël, BWV 40, 57, 61, 62
Concentus musicus de Vienne, Leonhardt-Consort/Leonhardt
4.35392 (2 cassettes)

Ich will den Kreuzstab gerne tragen, BWV 56; *Ich habe genung,* BWV 82
Schopper, Huttenlocher, Concentus musicus de Vienne, Knabenchor de Hanovre, Leonhardt-Consort/Leonhardt
6.42579 (1 disque)
4.42579 (1 cassette)

Mer han en neue Oberkeet, BWV 212, « Cantate des paysans », *Schweigt stille, plaudert nicht,* BWV 211, « Cantate du café »
Hansmann, Equiluz, van Egmond, Concentus musicus de Vienne
6.41359 (1 disque)
4.41359 (1 cassette)

Was frag ich nach der Welt BWV 94; *Herr, wie du willt, so schicks mit mir,* BWV 73
Wiedl, Erler, Equiluz, Esswood, Huttenlocher, van Egmond, Tölzer Knabenchor, Knabenchor de Hanovre, Concentus musicus de Vienne, Leonhardt-Consort / Leonhardt
6.42664 (1 disque)
4.42664 (1 cassette)

Der Zufriedengestellte Aeolus (Dramma per musica), BWV 205
Kenny, Lipovsek, Equiluz, Holl, Arnold Schönberg Chor, Concentus musicus de Vienne
6.42915 (1 disque) enregistrement numérique

Motets
Singet dem Herrn ein neues Lied, BWV 225; *Der Geist hilft unserer Schwachheit auf,* BWV 226; *Jesu, meine Freude,* BWV 227; *Fürchte dich nicht,* BWV 228; *Komm, Jesu, komm,* BWV 229; *Lobet den Herrn,* BWV 230
Chœur Bach de Stockholm, Concentus musicus de Vienne
6.35470 (2 disques) enregistrement numérique
4.42663 (1 cassette)
DEUTSCHER SCHALLPLATTENPREIS
CAECILIA PREIS

Musique de chambre — vol. 1
Sonates pour violon, BWV 1014-1019
Alice Harnoncourt, violon, Nikolaus Harnoncourt, viole de gambe, Herbert Tachezi, clavecin
6.35310 (2 disques)

Musique de chambre — vol. 2
Sonates pour flûte
Leopold Stastny, Frans Brüggen, flûtes traversières, Herbert Tachezi, clavecin, Alice Harnoncourt, violon, Nikolaus Harnoncourt, violoncelle
6.35339 (2 disques)

Musique de chambre — vol — 3
3 sonates pour viole de gambe, etc.
Concentus musicus de Vienne
6.35350 (2 disques)

Sonates pour viole de gambe et clavecin, en *sol* majeur, BWV 1027; *ré* majeur, BWV 1028; *sol* mineur, BWV 1029; Sonate pour deux flûtes traversières et b.c.; Sonate en trio en *sol* majeur, BWV 1039
Nikolaus Harnoncourt, viole de gambe et violoncelle, Frans Brüggen et Leopold Stastny, flûtes traversières, Herbert Tachezzi, clavecin
6.41243 (1 disque) (réédition : 1983)

ŒUVRES POUR
ORCHESTRE

Concertos brandebourgeois n°s 1-6
Concentus musicus de Vienne
6.35620 (2 disques) enregistrement numérique
4.35620 (2 cassettes)

Concertos brandebourgeois n°s 1, 2, 4
Concentus musicus de Vienne
6.42823 (1 disque) enregistrement numérique
4.42823 (1 cassette)

Concertos brandebourgeois n°s 3, 5, 6
Concentus musicus de Vienne
6.42840 (1 disque) enregistrement numérique
4.42840 (1 cassette)

Concertos brandebourgeois n°s 1-6
Concentus musicus de Vienne
6.35043 (2 disques)
4.35043 (2 cassettes)
GRAND PRIX DU DISQUE

Concertos brandebourgeois n°s 1, 3, 4
Concentus musicus de Vienne
6.41191 (1 disque)
4.41191 (1 cassette)
GRAND PRIX DU DISQUE

Concertos brandebourgeois n°s 2, 5, 6
Concentus musicus de Vienne
6.41192 (1 disque)
4.41192 (1 cassette)
GRAND PRIX DU DISQUE

Suites n°s 1-4
Concentus musicus de Vienne
6.35046 (2 disques)
4.35046 (2 cassettes)
DEUTSCHER SCHALLPLATTENPREIS
GRAMMY

Suites n° 1 en *do* majeur, BWV 1066, n° 2 en *si* mineur, BWV 1067
Concentus musicus de Vienne
6.41228 (1 disque)
4.41228 (1 cassette)
DEUTSCHER SCHALLPLATTENPREIS
GRAMMY

Suites n° 3 en *ré* majeur, BWV 1068; n° 4 en *ré* majeur, BWV 1069
Concentus musicus de Vienne
6.41229 (1 disque)
4.41229 (1 cassette)
DEUTSCHER SCHALLPLATTENPREIS
GRAMMY

Concerto pour clavecin n° 1 en *ré* mineur, BWV 1052; Sinfonia du Concerto en *ré* majeur, BWV 1045 (fragment); Double concerto en *ré* mineur, BWV 1060
Herbert Tachezi, clavecin, Alice Harnoncourt, violon, Jürg Schaeftlein, hautbois, Concentus musicus de Vienne
6.41121 (1 disque)

Offrande musicale, BWV 1079
Concentus musicus de Vienne
6.41124 (1 disque)
4.41124 (1 cassette)
EDISON-PREIS

Sinfonia, mouvements instrumentaux des cantates BWV 18, 21, 29, 31, 35, 42, 49, 244
Concentus musicus de Vienne
6.41970 (1 disque)

Concertos pour violon — vol. 1
Concerto pour deux violons en *ré* mineur, BWV 1043; Concerto pour violon en *mi* majeur, BWV 1042; *la* mineur, BWV 1041
Alice Harnoncourt et Walter Pfeiffer, violons, Concentus musicus de Vienne
6.41227 (1 disque)
4.41227 (1 cassette)

Concertos pour violon — vol. 2
Concerto pour violon en *sol* mineur, BWV 1056; Concerto pour hautbois d'amour en *la* majeur, BWV 1055; Concerto pour violon en *ré* mineur, BWV 1052; Concentus musicus de Vienne
6.42032 (1 disque)

HEINRICH IGNAZ FRANZ BIBER

Schlachtmusik, Pauernkirchfahrt Ballettae, Sonatae
Concentus musicus de Vienne
6.41134 (1 disque)

GEORG FRIEDRICH HAENDEL

Alexander's Feast ou *le Pouvoir de la musique* (*Ode à sainte Cécile* de 1736)
Palmer, Rolfe-Johnson, Roberts, Chœur Bach de Stockholm, Concentus musicus de Vienne
6.35440 (2 disques)
4.35440 (2 cassettes)

Belshazzar, oratorio, enregistrement intégral
Tear, Palmer, Lehane, Esswood etc., Concentus musicus de Vienne
6.35326 (4 disques)
EDISON-PREIS

Concerti
Concerto en *fa* majeur, Concerto en *ré* mineur, Concerto en *sol* mineur, Sonate à 3 en *fa* majeur, Concerto en *ré* majeur
Concentus musicus de Vienne
6.41270 (1 disque)
4.41270 (1 cassette)

Concerti grossi, op. 3 n°s 1, 2, 3, 4a, 4b, 5, 6 ; Concerto pour hautbois n° 3 en *sol* mineur
Concentus musicus de Vienne
6.35545 (2 disques)
4.35545 (2 cassettes)

Jephtha, enregistrement intégral
Hollweg, Linos, Gale, Esswood, Thomaschke, Sima, etc.
Concentus musicus de Vienne
6.35499 (4 disques)
4.35499 (3 cassettes)
DEUTSCHER SCHALLPLATTENPREIS

Ode for St. Cecilia's Day
Palmer, Rolfe-Johnson, Chœur Bach de Stockholm, Concentus musicus de Vienne
6.42349 (1 disque)
4.42349 (1 cassette)

Concertos pour orgue op. 4 — op. 7
Herbert Tachezi, orgue, Concentus musicus de Vienne
6.35282 (3 disques)
4.35282 (2 cassettes)

Concertos pour orgue — vol. 1 op. 4, n°s 1-4
Herbert Tachezi, orgue, Concentus musicus de Vienne
6.42658 (1 disque)

Water Music, enregistrement intégral
Concentus musicus de Vienne
6.42368 (1 disque)
4.42368 (1 cassette)

Le Messie, enregistrement intégral
Gale, Lipovsek, Hollweg, Kennedy, Chœur de chambre de Stockholm, Concentus musicus de Vienne
6.35617 (3 disques) enregistrement numérique
4.35617 (3 cassettes)

Concerto grossi, op. 6 n°s 1-12
Concentus musicus de Vienne
6.35545 (2 disques) enregistrement numérique

CLAUDIO MONTEVERDI

L'Orfeo, Il Ritorno d'Ulisse in Patria, L'Incoronazione di Poppea, enregistre-

ments intégraux, bandes son originales, Unitel Film & TV Production, Ensemble Monteverdi de l'Opéra de Zurich
6.35590 (8 disques)

L'Orfeo, enregistrement intégral, bande son originale, Unitel Film & TV Production
Huttenlocher, Yakar, Schmidt, Hermann, Franzen, etc., Ensemble Monteverdi de l'Opéra de Zurich
6.35591 (2 disques)

Il Ritorno d'Ulisse in Patria, enregistrement intégral, bande son originale, Unitel Film & TV Production
Hollweg, Schmidt, Araiza, Estes, Esswood, Huttenlocher, Minetto, Perry, etc., Ensemble Monteverdi de l'Opéra de Zurich
6.35592 (3 disques)

L'Incoronazione di Poppea, enregistrement intégral, bande son originale, Unitel Film & TV Production
Yakar, Tappy, Esswood, Schmidt, Salminen, Perry, Minetto, Huttenlocher, Araiza, etc., Ensemble Monteverdi de l'Opéra de Zurich
6.35593 (3 disques)

L'Orfeo, Il Ritorno d'Ulisse in Patria, L'Incoronazione di Poppea, enregistrements intégraux, instruments originaux
Concentus musicus de Vienne
6.35376 (12 disques)

Orfeo, Ulisse, Poppea, extraits
Concentus musicus de Vienne
6.35377 (3 disques)

L'Incoronazione di Poppea, enregistrement intégral
Donath, Söderström, Berberian, Esswood, Langridge, Equiluz, Concentus musicus de Vienne
6.35247 (5 disques)
DEUTSCHER SCHALLPLATTENPREIS, GRAND PRIX DU DISQUE, PREMIO DELLA CRITICA DISCOGRAFICA ITALIANA

L'Incoronazione di Poppea, extraits
Concentus musicus de Vienne
6.41974 (1 disque)

L'Orfeo, enregistrement intégral
Berberian, Kozma, Hansmann, Katanosaka, Rogers, Equiluz, van Egmond, Villisech, etc., Capella Antiqua, Munich, Concentus musicus de Vienne
6.35020 (3 disques)
DEUTSCHER SCHALLPLATTENPREIS, EDISON-PREIS

L'Orfeo, extraits
Berberian, Kozma, Hansmann, Katanosaka, Rogers, Equiluz, van Egmond, Villisech etc., Capella Antiqua, Munich, Concentus musicus de Vienne
6.41175 (1 disque)

Il Ritorno d'Ulisse in Patria, enregistrement intégral
Eliasson, Wyatt, Baker-Genovesi, Hansmann, Lerer, Esswood, Equiluz, Rogers, van Egmond, Dickie, Mühle, etc., Concentus musicus de Vienne
6.35024 (4 disques)

Il Ritorno d'Ulisse in Patria, extraits
Hansmann, Eliasson, Equiluz, Rogers, Esswood, etc., Concentus musicus de Vienne
6.41178 (1 disque)

Lettera amorosa — Lamento d'Arianna — Disprezzata Regina — A Dio, Roma extrait de *L'Incoronazione di Poppea*

Cathy Berberian, mezzo. Concentus musicus de Vienne
6.41930 (1 disque)

Vespro della Beata Vergine, Vêpres à la Vierge 1610
Hansmann, Jacobeit, Rogers, van't Hoff, van Egmond, Villisech, solistes des Wiener Sängerknaben, Monteverdi Chor, Hambourg, Concentus musicus de Vienne
6.35045 (2 disques)
GRAND PRIX DU DISQUE

WOLFGANG AMADEUS MOZART

Idomeneo, enregistrement intégral
Hollweg, Schmidt, Yakar, Palmer, Equiluz, Tear, Estes, Orchestre Mozart et Chœur de l'Opéra de Zurich
6.35547 (4 disques) enregistrement numérique
4.35547 (3 cassettes)
PRIX MONDIAL DU DISQUE, CAECILIA-PREIS

Idomeneo (supplément)
Schmidt, Palmer, Hollweg, Araiza, Orchestre Mozart de l'Opéra de Zurich
6.42650 (1 disque) enregistrement numérique
4.42650 (1 cassette)

Concertos pour cor n°s 1-4
Hermann Baumann, cor naturel, Concentus musicus de Vienne
6.41272 (1 disque)
4.41272 (1 cassette)

Œuvres pour orgue
Adagio et allegro (adagio) en *fa* mineur pour orgue mécanique, K. 594; Sonate d'église en *fa* majeur, K. 244; Allegro de Vérone, K. 72a; Gigue de Leipzig en *sol* majeur, K. 574; Fantaisie en *fa* mineur, K. 608; Sonate d'église en *do* majeur, K. 328; Andante en *fa* majeur, K. 616
Herbert Tachezi, orgue, membres du Concentus musicus de Vienne
6.41117 (1 disque)

Requiem en *ré* mineur, K. 626
Yakar, Wenkel, Equiluz, Holl, Wiener Staatsopernchor, Concentus musicus de Vienne
6.42756 (1 disque) enregistrement numérique
4.42756 (1 cassette)

Symphonie n° 33 en *si* bémol majeur, K. 319, Symphonie n° 31 en *ré* majeur, K. 297 (« Parisienne »)
Orchestre du Concertgebouw
6.42817 (1 disque) enregistrement numérique
4.42817 (1 cassette)

Symphonie n° 34 en *do* majeur, K. 338, Symphonie n° 35 en *ré* majeur, K. 385 (« Haffner »)
Orchestre du Concertgebouw
6.42805 (1 disque) enregistrement numérique
4.42805 (1 cassette)

Thamos, König von Ägypten, K. 345
Thomaschke, Perry, Mühle, van Altena, van der Kamp, Chœur de chambre néerlandais, Collegium Vocale, Orchestre du Concertgebouw
6.42702 (1 disque) enregistrement numérique
4.42702 (1 cassette)

Symphonie n° 25 en *sol* mineur, K. 183, Symphonie n° 40 en *sol* mineur, K. 550.

Orchestre du Concertgebouw
6.42935 (1 disque) enregistrement numérique
4.42935 (1 cassette)

Symphonie n° 41 en *do* majeur, K. 551
(« Jupiter »)
Orchestre du Concertgebouw
6.42846 (1 disque)
4.42846 (1 cassette)

JEAN-PHILIPPE RAMEAU

Castor et Pollux, enregistrement intégral
Souzay, Scovotti, Lerer, Vandersteene, Schéle, etc., Chœur de chambre de Stockholm, Concentus musicus de Vienne
6.35048 (4 disques)

Castor et Pollux, extraits
Souzay, Scovotti, Lerer, Vandersteene, Schéle, etc., Chœur de chambre de Stockholm, Concentus musicus de Vienne
6.42024 (1 disque)
4.42024 (1 cassette)

JOHANN HEINRICH SCHMELZER

Sacro profanus concentus musicus, Sonata Natalitia, Sonata « la Carolietta » etc.
Concentus musicus de Vienne
6.42100 (1 disque)

GEORG PHILIPP TELEMANN

Der Tag des Gerichts, Poème chanté en quatre méditations
Concentus musicus de Vienne
6.35044 (2 disques)
GRAND PRIX DU DISQUE

Ouvertures de Darmstadt, Ouvertures en *ré* majeur, *sol* mineur, *do* majeur, *ré* mineur
Concentus musicus de Vienne
6.35498 (2 disques)
4.35498 (2 cassettes)

Doubles concertos sur instruments originaux
Frans Brüggen, flûte à bec, Jürg Schaeftlein, hautbois, Alice Harnoncourt, violon, Concentus musicus de Vienne
6.41204 (1 disque)
4.41204 (1 cassette)

Suite en *fa* mineur pour cordes, 2 flûtes à bec et b. c. ; Suite en *la* mineur pour flûtes à bec et b. c. ; Suite en *la* mineur pour flûte à bec, cordes et b. c.
Frans Brüggen, Jeanette van Wingerden, flûtes à bec, Concentus musicus de Vienne
6.41225 (1 disque)

ANTONIO VIVALDI

Il Cimento dell'Armonia e dell'Inventione, 12 Concerti op. 8 : *Les Quatre Saisons, La Tempesta di Mare, Il Piacere, La Caccia*, etc.
Concentus musicus de Vienne
6.35386 (2 disques)
4.35386 (2 cassettes)
GRAND PRIX DU DISQUE

Les Quatre Saisons, op. 8
Alice Harnoncourt, violon, Concentus musicus de Vienne
6.42500 (1 disque)
4.42500 (1 cassette)

Concerti a cinque, a quattro, a tre
Frans Brüggen, flûte à bec, Jürg Schaeftlein, hautbois, Otto Fleischmann, basson. Alice Harnoncourt, et Walter Pfeiffer, violons, Nikolaus Harnoncourt, violoncelle, Gustav Leonhardt, clavecin
6.41239 (1 disque)

Concerto pour hautbois en *la* mineur ; Concerto pour flûte traversière, hautbois, violon, basson et b. c. en *sol* mineur ; Concerto pour basson en *mi* mineur ; Concerto pour cordes en *sol* mineur
Concentus musicus de Vienne
6.41961 (1 disque)
4.41961 (1 cassette)

JOHANN DISMAS ZELENKA

Hipocondrie — Sonate pour deux hautbois, basson et b. c. ;
Ouverture a 7 concertanti
Concentus musicus de Vienne
6.42415 (1 disque)
4.42415 (1 cassette)

PROGRAMMES

Concentus in Concert — vol. 1
Vivaldi : Concerto op. 10,2 « La Notte » ; Haendel : Concerto en *sol* mineur pour hautbois, cordes et b. c. ; Marais : Suite extraite d'*Alcyone*
Concentus musicus de Vienne
6.41361 (1 disque)

Concentus in Concert — vol. 2
Rameau : Suite extraite de *Castor et Pollux* ; Biber : Trois Sonates extraites de *Fidicinium sacro-profanum*
Concentus musicus de Vienne
6.42072 (1 disque)

Doubles concertos des fils Bach
C. Ph. Bach : Concerto en *mi* bémol majeur pour clavecin, piano-forte, 2 flûtes, 2 cors, cordes et b. c. ; J. Chr. Bach Concerto en *fa* majeur pour hautbois, violoncelle, second hautbois, 2 cors, cordes et b. c. : W. Fr. Bach : Concerto en *mi* bémol majeur pour 2 clavecins, 2 trompettes, 2 cors, timbales, cordes et b. c.
Leonhardt-Consort, Concentus musicus de Vienne
6.41210 (1 disque)

Concertos pour flûte à bec
Œuvres de Vivaldi, Sammartini, Telemann, Naudot
Frans Brüggen, flûte à bec, Concentus musicus de Vienne
6.41095 (1 disque)
EDISON-PREIS

Musique pour flûte à bec sur instruments originaux — I
Œuvres de Parcham, Eyck, Lœillet, Dieupart, Telemann
Frans Brüggen, flûte à bec, Nikolaus Harnoncourt, viole de gambe, Gustav Leonhardt, clavecin
6.41203 (1 disque)

Œuvres pour flûte à bec de l'époque baroque — vol. 1
Vivaldi : Concerto en *do* mineur ; Corelli : Variations sur « La Follia » ; Lœillet : Sonate en *do* mineur, etc.
Frans Brüggen, flûte à bec, Nikolaus Harnoncourt, viole de gambe, Anner Bylsma, violoncelle, Gustav Leonhardt, clavecin, Brüggen-Consort, Concentus musicus de Vienne

6.41357 (1 disque)
4.41357 (1 cassette)

Œuvres pour flûte à bec de l'époque baroque — vol. 2
Vivaldi : Concerto pour flûte à bec en *fa* majeur; Naudot : Concerto pour flûte à bec en *sol* majeur; Telemann : Sonate en *fa* majeur; Bach : Sonate en trio en *sol* majeur
Frans Brüggen, flûte traversière, Frans Brüggen, Leopold Stasny, flûte traversière, Nikolaus Harnoncourt, Anner Bylsma, violoncelle, Herbert Tachezi, Gustav Leonhardt, clavecin, Concerto Amsterdam, Concentus musicus de Vienne
6.41360 (1 disque)
4.41360 (1 cassette)

Œuvres pour flûte à bec de l'époque baroque — vol. 3
Vivaldi : Concerto en *ré* majeur; Concerto en *fa* majeur; Telemann : Concerto en *fa* majeur
Frans Brüggen, flûte à bec, Concerto Amsterdam, Concentus musicus de Vienne
6.42324 (1 disque)
4.42324 (1 cassette)

Frans Brüggen — Œuvres pour flûte à bec de dix maîtres italiens
Œuvres de Frescobaldi, Cima, Marcello, Corelli, Veracini, Barsanti, Vivaldi, Sammartini, Bigaglia, Scarlatti
Anner Bylsma, violoncelle, Gustav Leonhardt, orgue, clavecin, Marie Leonhardt, Antoinette van den Hombergh, violons Concentus musicus de Vienne
6.35073 (3 disques)

Musique à programme de l'époque baroque
Farina : *Capriccio stravagante*; Schmelzer : *Die Fechtschule*; Biber : *Sonata Violino solo, representativa — Representatio avium*; Marais : *Le Tableau de l'Operation de la taille* — 1717; Vivaldi : Concerto op. 10,2
Concentus musicus de Vienne
6.41110 (1 disque)
DEUTSCHER SCHALLPLATTENPREIS

Œuvres pour alto
Œuvres de Johann Christoph Bach, Buxtehude, Bernhard, Ziani, Telemann
Paul Esswood, alto
Concentus musicus de Vienne
6.41929 (1 disque)

Musique à la cour de Frédéric le Grand
C. Ph. E. Bach : Double concerto en *mi* bémol majeur; J. S. Bach : Ricercare à 6, de l'Offrande musicale, BWV 1079; Frédéric le Grand : Sonate en *ré* mineur pour flûte et b. c.; Quantz : Sonate en trio en *do* majeur pour flûte à bec, flûte traversière et b.c.
Brüggen, Vester, Bylsma, Leonhardt, Concentus musicus de Vienne, Leonhardt-Consort / Leonhardt
6.41174 (1 disque)

Musique à la cour de Mannheim
Joh. Chr. Bach : Quintette en *ré* majeur; Holzbauer : Quintette en *si* bémol majeur; Stamitz : Trio en *la* majeur; Richter : Quatuor à cordes en *si* bémol majeur
Concentus musicus de Vienne
6.41062 (1 disque)
4.41062 (1 cassette)

Musique dans la Vienne de Marie-Thérèse
Haydn : Divertimento en *la* majeur ; Monn : Quartetto en *si* bémol majeur ; Wagenseil : Concerto pour trombone en *mi* bémol majeur ; Gassmann : Quatuor n° 3 en *mi* mineur
Concentus musicus de Vienne

Les Wiener Sängerknaben chantent Bach — Haydn — Mozart
Chorus Viennensis, direction, Hans Gillesberger, Concentus musicus de Vienne
6.41018 (1 disque)
4.41018 (1 cassette)

I. PRINCIPES FONDAMENTAUX DE LA MUSIQUE ET DE L'INTERPRÉTATION   7

La musique dans notre vie   9
L'interprétation de la musique historique   14
Intelligence de la musique et formation musicale   21
Problèmes de notation   34
L'articulation   50
Le mouvement   66
Système sonore et intonation   78
Musique et sonorité   90
Instruments anciens — oui ou non ?   95
La reconstitution en studio des conditions sonores originales   106
Les priorités — hiérarchie des différents aspects   123

II. INSTRUMENTARIUM ET DISCOURS SONORE   135

Viola da brazzo et viola da gamba   137
Le violon — l'instrument baroque soliste   146
L'orchestre baroque   151
La relation du mot au son dans la musique baroque instrumentale   161
Du baroque au classique   166
Naissance et évolution du discours musical   176

III. MUSIQUE BAROQUE EUROPÉENNE — MOZART 189

Musique à programme — l'op. 8 de Vivaldi — 191
Le style italien et le style français — 198
Compositeurs baroques autrichiens — tentatives de conciliation — 205
Telemann — les goûts réunis — 219
La musique instrumentale baroque en Angleterre — 227
Concerto grosso, sonate en trio chez Haendel — 231
Ce que dit un autographe — 244
Les mouvements de danse — les Suites de Bach — 249
Musique baroque française — nouveautés passionnantes — 261
L'opéra français — Lully — Rameau — 264
Réflexions d'un musicien d'orchestre sur une lettre de W. A. Mozart — 273

Postface — 279

Discographie — 281

DU MÊME AUTEUR

Aux Éditions Gallimard

LE DISCOURS MUSICAL. Pour une nouvelle conception de la musique (« Tel », n° 409).

LE DIALOGUE MUSICAL. Monteverdi, Bach et Mozart (« Arcades », n° 7).

tel

Volumes parus

343. Collectif : *Histoire des droites en France, II* (Cultures).
344. Collectif : *Histoire des droites en France, III* (Sensibilités).
345. Élie Halévy : *Histoire du socialisme européen.*
346. Bertrand Saint-Sernin : *Le rationalisme qui vient.*
347. Moses Mendelssohn : *Jérusalem ou Pouvoir religieux et judaïsme.*
348. Philippe Muray : *Après l'Histoire.*
349. Marcel Gauchet et Gladys Swain : *La pratique de l'esprit humain.*
350. Alexandre Kojève : *Esquisse d'une phénoménologie du droit.*
351. Pierre Manent : *Enquête sur la démocratie - Études de philosophie politique.*
352. Pierre Manent : *Naissances de la politique moderne Machiavel-Hobbes-Rousseau.*
353. Louis Dumont : *Homo æqualis*, I.
354. Michel Foucault : *L'archéologie du savoir.*
355. Collectif : *Presence du bouddhisme.*
356. Aristote : *Météorologiques.*
357. Michael Screech : *Rabelais.*
358. Marcel Jousse : *L'Anthropologie du Geste.*
359. Collectif : *Midrash Rabba sur Ruth. Midrash Rabba sur Esther.*
360. Leo Strauss : *La Persécution et l'Art d'écrire.*
361. Leo Strauss : *La renaissance du rationalisme politique classique.*
362. Karl Polanyi : *La Grande Transformation.*
363. Georges Roque : *Art et science de la couleur.*
364. René Descartes : *Discours de la méthode et essai.*
365. Marcel Detienne : *Apollon le couteau à la main.*
366. Michel Henry : *Marx.*
367. Raymond Aron : *Penser la guerre, Clausewitz*, I.
368. Raymond Aron : *Penser la guerre, Clausewitz*, II.
369. Paul Mattick : *Marx et Keynes.*

370. Robert Darnton : *Bohème littéraire et Révolution.*
371. Louis Massignon : *La Passion de Husayn ibn Mansûr Hallâj*, I.
372. Louis Massignon : *La Passion de Husayn ibn Mansûr Hallâj*, II.
373. Louis Massignon : *La Passion de Husayn ibn Mansûr Hallâj*, III.
374. Louis Massignon : *La Passion de Husayn ibn Mansûr Hallâj*, IV.
375. Yves Pagès : *Céline, fictions du politique.*
376. Annie Le Brun : *Les châteaux de la subversion.*
377. Jean-Paul Sartre : *Saint Genet, comédien et martyr.*
378. Hans Magnus Enzensberger : *Politique et crime.*
379. Jürgen Habermas : *Le discours philosophique de la modernité.*
380. Luc Boltanski/Ève Chiapello : *Le nouvel esprit du capitalisme.*
381. Raymond Bellour : *Lire Michaux.*
382. Michel Schneider : *Voleur de mots.*
383. Yosef Hayim Yerushalmi : *Le Moïse de Freud.*
384. Hilary Putnam : *Le Réalisme à visage humain.*
385. Rudolf Eisler : *Kant-Lexikon*, I.
386. Rudolf Eisler : *Kant-Lexikon*, II.
387. Jean-François Kervegan : *Que faire de Carl Schmitt ?*
388. Nadejda Mandelstam : *Contre tout espoir, Souvenirs.*
389. Jean-Marc Durand-Gasselin : *L'école de Francfort.*
390. Michel Surya : *Georges Bataille, la mort à l'œuvre.*
391. Pierre Guenancia : *Descartes et l'ordre politique.*
392. René Descartes : *Correspondance*, I.
393. René Descartes : *Correspondance*, II.
394. Michel Chodkiewicz : *Le Sceau des saints.*
395. Marc Fumaroli : *Le sablier renversé.*
396. Jean-Yves Tadié : *Le roman d'aventures.*
397. Roberto Calasso : *La littérature et les dieux.*
398. Moshe Lewin : *La formation du système soviétique.*
399. Patrick Verley : *L'échelle du monde.*
400. Nadejda Mandelstam : *Contre tout espoir, Souvenirs*, II.
401. Nadejda Mandelstam : *Contre tout espoir, Souvenirs*, III.
402. Marcelin Pleynet : *Lautréamont.*

403. Louis Dumont : *L'idéologie allemande*.
404. Ludwig Wittengstein : *Recherches philosophiques*.
405. Harold Searles : *L'environnement non humain*.
406. Henri Godard : *Poétique de Céline*.
407. Yves Bonnefoy : *Shakespeare : théâtre et poésies*.
408. D. W. Winnicott : *La nature humaine*.
409. Nikolaus Harnoncourt : *Le discours musical, Pour une nouvelle conception de la musique*.
410. Michel Surya : *L'autre Blanchot*.
411. Wolfgang Sofsky : *Traité de la violence*.
412. Jürgen Habermas : *L'avenir de la nature humaine. Vers un eugénisme libéral ?*
413. Georges Bataille : *L'Histoire de l'érotisme*.
414. Max Weber : *Concepts fondamentaux de sociologie*.
415. René Descartes : *Premiers écrits. Règles pour la direction de l'esprit*.
416. Jean Baudrillard : *L'échange symbolique et la mort*.

*Achevé d'imprimer par Dupli-Print
à Domont (95) le 11 avril 2017.
Dépôt légal : avril 2017.
Premier dépôt légal : janvier 1994.
Numéro d'imprimeur : 2017033977.*

ISBN 978-2-07-014696-3/Imprimé en France

321330